KTV
与歌曲知识 那点事

The culture connections behind karaoke and songs

《KTV与歌曲知识那点事》编委会 著

中国友谊出版公司

图书在版编目（CIP）数据

KTV 与歌曲知识那点事 / KTV 与歌曲知识那点事编委会著．-- 北京：中国友谊出版公司，2019.9
　　ISBN 978-7-5057-4787-6

Ⅰ.①K… Ⅱ.①K… Ⅲ.①卡拉 OK－歌舞厅－经营管理－研究－中国 Ⅳ.① F726.95

中国版本图书馆 CIP 数据核字（2019）第 143083 号

书名	KTV 与歌曲知识那点事
作者	《KTV 与歌曲知识那点事》编委会
出版	中国友谊出版公司
发行	中国友谊出版公司
经销	新华书店
印刷	北京中科印刷有限公司
规格	710×1000 毫米　16 开 20 印张　276 千字
版次	2019 年 9 月第 1 版
印次	2019 年 9 月第 1 次印刷
书号	ISBN 978-7-5057-4787-6
定价	288.00 元
地址	北京市朝阳区西坝河南里 17 号楼
邮编	100028
电话	（010）64678009

编委会

主　编　王　宏　秦　毅
副主编　严秋朴　高　霄
编委名录

胡　林	张忠范	李绵庆	许道谋	王　斌	程　檀	万　敏
童　政	闫天军	杨　沫	王　乐	任　宇	朱　昀	贾　强
王　丽	徐德世	赵　雷	钟希钦	陈亚雄	黄宗标	张福仁
张　岩	岳耀武	胡桂平	王福臣	闫艳秋	乔国波	邢胜辉
陆金榜	胡斯扬	李　宁	陈文秀	顾春高	李　曜	谢　斌
刘　伟	王　兵	郑　丽	何利刚	林　杰	李红星	王宝明
高雪松	连全镇	曾建平	牛　犇	刘建超	周久春	曾晃中
黄东辉	袁　野	刘桃安	郑金华	宋少棣	陈成昌	陈甲龙
宋志颖	潘基立	杨宏孝	吴　钧	张　洋	王守鹏	胡　雁
邹　彬	李海兵	隰晓坤	吴坤伦	李翰鹏	马　杰	陈　林
蔡志伟	荣　政	杨华昆	焦玉玲	刘午阳	郝兴龙	赵　伟
王俊驰	常冬冬	朱雪峰	殷凯辉	王　鹏	孙海斌	李　倩
闫治钢	张亚朝	王　森	姜芹芹	胡凤霞	姜　耿	勾蒲亮
庞益忠	王　炜	王　岩	叶国良	王　楠	李禹欣	甄立刚

目 录

前　言　001

♪ **第一章　行业发展进衰期　原因必须怪歌曲**　001
　　第一节　歌曲不佳是造成KTV行业衰退的重要原因　002
　　第二节　KTV对歌曲的重视程度极其不够　004
　　第三节　KTV行业没有形成对歌曲的统一认识　007
　　第四节　版权收费对歌曲的使用产生了极大影响　013

♪ **第二章　盈利主要靠歌曲　搞懂道理才不奇**　015
　　第一节　歌曲是KTV的经营之本　016
　　第二节　KTV的原始盈利模式靠歌曲　021
　　第三节　懂得歌曲才能服务好客人　024

♪ **第三章　剥开歌曲看仔细　复杂程度真不低**　028
　　第一节　卡拉OK歌曲的组成　029
　　第二节　卡拉OK歌曲的演变　031

♪ **第四章　歌曲标准把握好　客人演唱拍手笑**　039
　　第一节　卡拉OK歌曲的基本标准　040
　　第二节　卡拉OK歌曲的技术标准　047
　　第三节　优质卡拉OK歌曲的标准　050

第五章　歌曲画面版本多　不懂千万别瞎说　　052

  第一节　卡拉OK歌曲的版本分类　　053

  第二节　MTV版本的分类　　053

  第三节　演唱会版本的分类　　057

  第四节　影视版本的分类　　059

  第五节　故事版本的分类　　060

  第六节　人物版本的分类　　062

  第七节　风景版本的分类　　063

  第八节　其他版本　　064

第六章　歌曲灵魂是伴奏　把好关来别瞎凑　　065

  第一节　卡拉OK歌曲伴奏的分类　　066

  第二节　原版伴奏　　066

  第三节　导唱伴奏　　068

  第四节　专业伴奏　　071

  第五节　漏音伴奏　　073

  第六节　MIDI伴奏　　076

  第七节　消音伴奏　　079

  第八节　不良伴奏　　081

  第九节　四音轨伴奏　　083

第七章　歌曲字幕不统一　看着就让人生气　　088

  第一节　卡拉OK歌曲字幕的分类　　089

  第二节　字体的选择　　092

  第三节　字号的介绍　　093

  第四节　字幕的摆放位置　　093

  第五节　简繁体字的介绍　　093

  第六节　字幕滚色　　096

  第七节　其他字幕　　098

  第八节　问题字幕的表现　　099

第八章　听歌学歌要原唱　首唱歌手是榜样　　101
　　第一节　原唱的定义　　102
　　第二节　歌曲原唱的分类　　105
　　第三节　歌曲原唱的意义　　111

第九章　盲目追求歌曲量　鱼目混珠把当上　　114
　　第一节　歌曲库的质量不是由数量决定的　　115
　　第二节　对歌曲库规模的定位方法　　119
　　第三节　备用歌曲的选择方法　　121
　　第四节　应用云端技术的歌曲库　　124

第十章　歌曲数据很重要　全面正确要做好　　133
　　第一节　歌曲数据库的重要作用　　134
　　第二节　歌曲数据库的完善　　140
　　第三节　歌手数据库中的辅助数据　　143
　　第四节　歌曲数据库的各种辅助数据　　145

第十一章　违禁歌曲不能放　千万别往枪口撞　　151
　　第一节　法律法规是衡量歌曲是否合法的标准　　152
　　第二节　对歌曲库中违禁歌曲的清理　　158
　　第三节　对使用违禁歌曲行为的处理方式及规避违规行为的方法　　161

第十二章　新歌必须补充好　一天断顿都不妙　　166
　　第一节　卡拉OK新歌的概念和作用　　167
　　第二节　卡拉OK新歌的组成　　168
　　第三节　卡拉OK新歌的获取方式和问题　　171
　　第四节　各类网站和App上的歌曲　　174

第十三章　改造老歌作用大　质量提升全靠它　　179

第一节　歌曲库中新、老歌曲必须同步发展　　180
第二节　新歌数量与歌曲库质量之间的关系　　183
第三节　如何对经典老歌进行改造　　186
第四节　如何对歌曲库质量进行整体提升　　189
第五节　需要了解的歌曲库数据表　　192

第十四章　卡拉OK格调高　滞后上线莫吵闹　　197

第一节　音乐形式的介绍　　198
第二节　卡拉OK歌曲的滞后性　　200
第三节　应对客人投诉歌曲缺失的方法　　201

第十五章　中国歌曲三条线　融合发展永不断　　210

第一节　中国歌曲的三条发展主线　　211
第二节　中国内地（大陆）歌曲的发展史　　212
第三节　中国香港地区歌曲的发展情况　　217
第四节　中国台湾地区歌曲的发展情况　　223
第五节　歌曲随着时代的发展而进步　　226

第十六章　歌曲演唱靠歌手　若不认识会丢丑　　230

第一节　歌手的分类　　231
第二节　歌手与歌唱家的区别　　233
第三节　国家表演艺术团　　234
第四节　各地歌手　　239
第五节　歌手的成名平台　　246

第十七章　幕后创作很辛苦，期盼首首都突出　　255

第一节　在幕后默默付出的词曲作家（者）　　256
第二节　中国词曲作家介绍　　258

第十八章　歌曲创作有版权　依法缴费理当然　272
第一节　法律对著作权的保护　273
第二节　对违法使用版权歌曲行为的处罚　276
第三节　遵纪守法才能基业长青　280

第十九章　音乐文化要承传　责任艰巨别怕难　284
第一节　KTV是传播和传承中国音乐文化的平台　285
第二节　KTV应具备高品质歌曲库　288
第三节　KTV要努力打造优质的演唱平台　290

第二十章　歌曲质量是核心　全面重视益无尽　293
第一节　歌曲库的质量直接决定KTV的效益　294
第二节　保障歌曲库的质量是VOD商应尽的义务　296
第三节　保障歌曲库质量绝不可敷衍了事　299

后　记　303

前　言

众所周知，卡拉 OK 歌曲是 KTV 的灵魂，是大众到 KTV 消费的核心因素，缺少了它，就不能称为完整的 KTV 系统。

早期的 KTV 经营者对自家使用的卡拉 OK 歌曲库比较熟悉，因为当时的歌曲数量不多，仅有 4000 至 5000 首，有的经营者甚至可以充当 DJ 的角色，亲自下场为消费者选歌、放歌。随着 KTV 点歌设备的不断优化，如今，选歌、放歌环节已不再需要人工服务，加之歌曲的总量猛增，更无法实现人工点歌了，所以大多数 KTV 的投资经营者和服务人员都不再关注歌曲。但是，消费者对歌曲的需求却有增无减，他们到 KTV 娱乐的初衷也没有发生变化，如果 KTV 的投资经营者持续地忽略歌曲这个经营核心和行业的重中之重，就无法提高服务质量，还会造成无法估量的损失。此情此景与早期 KTV 的投资经营者们兢兢业业服务消费者的态度形成了鲜明的反差，这种反差如今已经严重影响到了 KTV 的正常经营，且由点及面，逐步覆盖了整个行业，具体表现为整个行业都对歌曲十分漠视，丢弃了盈利的核心点，使消费者无法在 KTV 中尽兴，进而引发了对行业的颇多不满，不少消费者已经渐渐失去了对 KTV 的兴趣。这么一个好端端的、充满了希望的行业，由于歌曲被严重忽视，在经过不到 40 年的发展期后，迅速进入了衰落期。

卡拉 OK 歌曲是音乐的最高表现形式，若对此形态的歌曲不够了解，就无法使消费者满意，也无法开张经营。或许有朋友会发问：歌曲真的这么玄乎吗？真会造成一个行业的衰败吗？能问出这些问题，说明很多 KTV 的投资经营者并未意识到歌曲的重要性，如果有人说一首歌曲的得失能影响 KTV 50 万元的销售额，肯定有大批的 KTV 投资经营者会认为这是天方夜谭；如果有人说歌曲版本之间存在着巨大的差异，也肯定会被人嗤之以鼻，但是，这些看似不存在的天方夜谭却实实在在出现在现实生活中。认识与现实的偏差主要缘于当前 KTV 的投资经营者对歌曲的重要性了解不足，这个问题绝不是个别从业者的问题，而是中国 KTV 产业链中相当普遍的一个问题。当前无论是 KTV 的投资经营者、歌曲的供应厂商，还是 KTV 的服务人员，几乎没有几个真正懂得卡拉 OK 歌曲的人，可以说，现在是一群"外行"在运作这个行业，随着卡拉 OK 歌曲数量的增加，更凸显了 KTV 的投资经营者对卡拉 OK 歌曲的认识不足与消费者对卡拉 OK 歌曲了解程度的加深及需求上升之间的矛盾，矛盾越来越尖锐，最终导致了整个行业的衰败。

正因为卡拉 OK 歌曲影响到了行业的兴衰，所以我们本着挽救行业颓势的初衷挺身而出，把积攒多年的对卡拉 OK 歌曲的理解和制作标准这一商业秘密公之于世，让整个 KTV 产业链的从业者都能对卡拉 OK 歌曲给予充分的了解和重视。20 年来，我们一直按照这个标准来开展工作，得到了很多客户的认可，为求得整个行业的认同，给大家提供一个深入了解和探讨问题的契机，现将我们多年来严守的"秘密"和盘托出，看看到底是不是卡拉 OK 歌曲这个因素造成了行业的衰败，卡拉 OK 歌曲的质量到底要不要提高，卡拉 OK 歌曲与 KTV 的盈亏之间到底有没有关系。

在 2015 年出版的 KTV 三部曲之一《投资 KTV 那点事》中，我们简略地叙述了歌曲的重要性。通过 4 年多的实践，我们发现书中对卡拉 OK 歌曲重要性的提示还没有真正唤起 KTV 投资经营者的重视，他们对自己投资的事业依然浑浑噩噩，不解其中关窍，所以，我们将在本书中对卡拉 OK 歌曲进行全面、细致、系统的论述，使卡拉 OK 歌曲与盈亏之间的关系更加清晰易懂。最重要的目的还是让 KTV 的投资经营者们高度重视起来，不再稀里糊涂下去，否则，就是对自己的投资严重不负责，即便将 KTV 建设好了，也无法经营好，甚至很快就会进入衰败期，赔个底掉；对于经营多年的 KTV 而言，也不可大意，应尽快升级换代，不断焕发新的生机，才能留住老客，吸引新客。

  我们作为在 KTV 娱乐行业中奋斗了近 20 年的行业志士，根据中国消费者对卡拉 OK 歌曲需求的特殊性，拿出了十足的诚意，倾囊奉献出了我们积攒多年的经验和智慧，也算在中国 KTV 行业乃至全球 KTV 行业中率先推出当前唯一一部针对卡拉 OK 歌曲的专著，其中还包含了我们创新发明的一些内容，希望拙作能吸引更多人士来了解卡拉 OK 歌曲，重视卡拉 OK 歌曲，抛砖引玉，引发行业探讨，令 KTV 行业迅速扭转衰落的局面，使 KTV 这种娱乐模式得到更长远的发展。

《KTV 与歌曲知识那点事》编委会

第一章
行业发展进衰期　原因必须怪歌曲

近年来，整个KTV行业都进入了衰落期，几乎所有的投资经营者都在反思。尽管大家对衰落的原因认真总结、分析，得出了不少结论，却没有几个人从歌曲的角度去分析问题和发现问题，更没有人将其定位为行业衰落的根本原因，人们甚至不会将歌曲与行业衰落建立丝毫联系。为什么会如此呢？因为绝大多数的KTV投资经营者根本不懂歌曲，所以才无法就此进行任何分析。

有一个特别简单的问题，很多KTV的投资经营者却未必明白，那就是消费者莅临KTV到底是为了什么。是来欣赏装潢？是来享受服务？是来喝酒聚会？还是来唱歌的？很明显，消费者到店的根本目的就是唱歌，如果把这个简单的问题想清楚了、搞明白了，那么KTV的兴衰与歌曲之间的逻辑关系也就捋清了。

目前有大量数据显示，由于卡拉OK歌曲的质量问题，造成消费者无法正常发挥或无歌可唱，此类现象屡见不鲜，引发了消费者的不满和反感。试想，如果连消费者最基本的需求都无法满足，那么KTV还怎么保证客流量呢？恐怕整个KTV行业都会受到极大影响。

如果不把卡拉OK歌曲的重要性说清楚、讲明白，一些KTV的投资经营者就会一直模糊不清，对从业者和KTV行业而言，都不是好事，不仅会浪费投入的巨额资金，还会给KTV行业的发展带来不良影响。我们看在眼里，急在心上，如鲠在喉，不吐不快，只想尽快为大家普及卡拉OK歌曲的相关知识，于危急时刻，略尽绵力。

故在此章中，我们将扼要论述歌曲的重要性和现存的一些问题，并希望大家能从后面的章节中得到更具体、更详尽的解决方案。

第一节　歌曲不佳是造成KTV行业衰退的重要原因

卡拉OK歌曲是KTV的第一生产力，如果认识不到这一点，就无法掌握整个KTV行业发展的规律。

一、伴奏质量良莠不齐是KTV行业衰退的原因之一

1. 伴奏是卡拉OK歌曲的灵魂

我们一直在强调，伴奏是卡拉OK歌曲的灵魂，因为自卡拉OK这个娱乐模式出现伊始，就只有伴奏而没有其他元素，后期卡拉OK歌曲才被赋予了字幕、画面和原唱，形成了伴奏、字幕、画面和原唱为一体的新形态，所以，伴奏是卡拉OK歌曲最早存在的元素，并且续存至今。如果离开了伴奏，就不能称其为卡拉OK歌曲。

在大众的认知中，任何KTV都应具备卡拉OK歌曲，否则就不叫KTV，且KTV是一个专业提供演唱卡拉OK歌曲服务的经营场所，因为只有KTV才具有最全、最好、最新的卡拉OK歌曲伴奏，如果KTV提供的卡拉OK歌曲总是无法令人满意，无法令客人尽兴演唱，那么其专业形象就会大打折扣，最终与KTV行业的发展初衷相悖离。

2. 伴奏是客人到KTV消费的首要因素

到KTV进行消费的客人，其首要需求就是演唱卡拉OK歌曲，而演唱卡拉OK歌曲就意味着必须要有伴奏，也就是说，伴奏是客人来店消费的首要因素。如果伴奏不够精良，存在诸多纰漏，必然会影响客人的演唱效果，破坏客人的娱乐兴致，还会对KTV的经营和专业形象产生负面影响。

3. 伴奏的质量良莠不齐

当前各KTV经营场所使用的卡拉OK歌曲库中，伴奏种类繁杂，没有形成统一的标准，譬如一些老歌曲的伴奏还不错，但新歌曲的伴奏就非常差了，简直令人"不忍卒闻"，在后面的章节中我们还会详细介绍伴奏的种类和不良伴奏产生及存在的原因。在现存的近20万首卡拉OK歌曲中，

起码有近一半的伴奏是不标准的，甚至是无法用于演唱的。中国和国际老牌的 KTV 经营企业对卡拉 OK 歌曲伴奏的理解相差甚远，如果以国际老牌 KTV 经营企业的视角来评价中国卡拉 OK 歌曲的话，那么 80% 以上的伴奏都是不符合标准的，甚至有的根本就不能称为卡拉 OK 歌曲的伴奏。

二、字幕没有统一标准是KTV行业衰退的原因之二

1. 卡拉 OK 歌曲字幕没有统一标准

当前的卡拉 OK 歌曲字幕没有一个统一的标准，这也源于卡拉 OK 歌曲的出处繁多、历史时间跨度太大等客观原因，加之很多出品方根本不重视字幕的制作品质，所以字幕杂、乱、繁的问题愈演愈烈。至于 KTV 的投资经营者，也鲜有人会重视这个问题，所以，字幕不标准现象已经成了业界常态，严重影响了客人演唱水平的发挥。

2. 繁体字幕严重影响客人的正常演唱水平

当前，人们对繁体字的识别率正在逐渐下降，尤其是年轻的消费人群，更无法迅速识别繁体字，而 KTV 目前所使用的 20 万首卡拉 OK 歌曲中，约有 30% 的中文歌曲为繁体字幕，这就为客人的正常演唱制造了障碍。此类字幕的成因主要缘于早期流行歌曲来自香港和台湾地区，后期内地（大陆）在制作卡拉 OK 字幕时，一些人盲目学习港台地区的做法，没有考虑到内地（大陆）普遍使用的是简体字。

正因为繁体字幕的存在，很多客人在演唱时无法快速、准确识别，严重影响了演唱水平的发挥。即使一首歌曲中只有一两个繁体字无法识别，也会让客人的演唱不够完美，甚至失去继续演唱的信心，还会引发旁观者对其个人文化修养的质疑。

三、画面没有统一标准是KTV行业衰败的原因之三

1. 卡拉 OK 歌曲的画面没形成统一标准

卡拉 OK 歌曲最早是不存在视频画面这一元素的，随着时代的发展，视

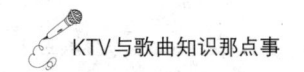

频画面不仅出现在卡拉 OK 歌曲中，而且还成为标准卡拉 OK 歌曲的主要表现形式。但是，目前，卡拉 OK 歌曲画面还没有形成统一的标准，各种画面被随意加载，甚至一些低俗镜头也出现在卡拉 OK 歌曲中，令人忧心不已。据调查，"根正苗红"的 MTV 版本和原汁原味的演唱会版本画面是最受消费者欢迎的，但是，由于各种因素的制约，这些广受欢迎的画面并不能应用于所有歌曲，若将歌库中的所有歌曲都更换为 MTV 版本或演唱会版本，将耗费巨大的人力和物力，加上不可控因素的影响，甚至是一个不可能完成的任务。所以，具有不良画面的卡拉 OK 歌曲从诞生开始，一直存在至今，没有人有能力对其进行版本提升，从而使得歌曲画面无法形成一个统一的标准，画面质量参差不齐，鱼龙混杂。好歌曲自然会受到客人的欢迎，不良歌曲则会引发客人的反感。

2. 卡拉 OK 歌曲画面的质量会影响客人的演唱

几乎每一首原人原唱画面版本的卡拉 OK 歌曲都是出品方精心策划、拍摄和制作的，凝聚着工作人员的智慧和汗水。在当前 KTV 所使用的歌曲库中，MTV 版本和演唱会版本的视频画面虽然占据多数，但是，仍存在上万首非原人原唱画面的歌曲，这类歌曲画面粗陋，多为配给经典金曲或传唱度较高的老歌。由于消费者已经习惯欣赏高清画质的原人原唱版本的歌曲，所以对那些非原人原唱的画面和粗糙的画质无法接受，且因每家 KTV 的歌曲库都不统一，画面版本的优劣比例也不尽相同，难免令消费者产生不同的反应和情绪波动。

第二节　KTV 对歌曲的重视程度极其不够

KTV 行业就是围绕卡拉 OK 歌曲来开展多种经营活动的，如果不抓住歌曲这个核心，就不可能好好开展其他的经营活动。

一、KTV的投资经营者不重视歌曲

1.KTV的投资者不懂歌曲

KTV投资者从事KTV事业的初心林林总总，但很少有人出于热爱音乐、重视歌曲这个原因，绝大多数人都没有真正搞懂KTV经营的基本原则，所以说，真正懂得或者受过歌曲专业知识培训的投资经营者几乎没有，所有KTV的投资者对卡拉OK歌曲的认知都是苍白的，意识决定行为，所以根本没有人对歌曲给予足够的重视。

当前KTV投资者的关注点已经出现了严重偏差，他们宁愿盲目追求豪华装修、包房家具，也不愿出资购买、建设一个优质的歌曲库，甚至不愿意添置硬盘等经营必需品，试问，如此舍本逐末的投资理念又怎么能搞好经营呢？这就是当前KTV投资者根本不懂歌曲重要性的具体表现，也是其经营无方的根本原因之一。

2.KTV的经营者基本不重视歌曲

KTV行业存在大批的职业经理人，也是投资者聘请的经营管理者，他们流动频繁，无法长期服务于一家KTV，主人翁意识淡薄，但是，他们掌管着KTV的日常经营。按照常理来说，这些职业经理人比投资者更加接近消费者，更重视经营效果，也应该更加重视歌曲才对，但是，他们的专业度往往只反映在对KTV的管理和服务上，对歌曲的了解却明显不足。即便有些经营管理者是歌手出身，也未必能对歌曲给予足够的重视。在此奉劝KTV的经营者们，切不可认为自己对知名歌手的名字信手拈来，或者会演唱几首"拿手曲目"，就等于对歌曲有了透彻的了解，也不能因为随便凑合使用了一套歌曲库就沾沾自喜，得意自满。在KTV的实际运营中，卡拉OK歌曲是核心，是盈利之基，这是毋庸置疑的，如果对这一点都没有充分的认识和理解，就不会重视歌曲，也就不会提升KTV的歌曲质量，最终的结局将是因无知而酿成投资惨剧。

由于忽视卡拉OK歌曲重要性的错误思想泛滥，KTV经营者从未将歌

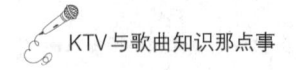

曲质量置于首位，反之大搞特色服务和设施建设，本末倒置，导致了歌曲质量的急剧下降。

二、KTV经营者忽略歌曲与消费者之间的关系

1. 歌曲被KTV强加给了消费者

从严格意义上讲，KTV应该是一个对卡拉OK歌曲有着专业了解和认识的经营性场所，但在实际经营中，KTV却处处暴露着不专业，还强迫到店的消费者也去适应这种不专业，这种行为无疑是对消费者的"绑架"。当"绑架"成为整个行业的通病时，必然会引发消费者的反感，从而给整个KTV业态带来巨大的负面效应。

2. 消费者的鉴赏能力在不断提高

随着时代的发展，消费者对卡拉OK歌曲各组成元素的鉴赏能力也在不断提高，甚至已经超越了KTV的投资经营者。消费者普遍认为，如果卡拉OK歌曲出现瑕疵，KTV作为专业的歌曲经营场所是完全有责任和能力去解决的。然而KTV虽然披着"专业"的外衣，实则外强中干，毫无自行处理歌曲问题的能力，这就激化了KTV与消费者之间的矛盾，最终给KTV的经营和发展带来了不良影响。

三、KTV在应对歌曲的投诉时束手无策

1. 消费者对歌曲的投诉从未间断过

消费者有权对KTV的歌曲质量提出意见，而这些意见和投诉也从未间断过，这种现象不仅说明了歌曲库的重要性，也使我们看到了目前歌曲库普遍存在的纰漏和不足。然而KTV收到了投诉，却不想也无力去快速彻底地解决歌曲的质量问题，造成了投诉—安抚—继续经营—投诉的死循环，在这个怪圈中，消耗了消费者的信任与耐心，造成了客源和利润的流失，严重影响了KTV的经营业绩。

2. KTV 没有制作卡拉 OK 歌曲的能力

卡拉 OK 歌曲的制作需要一定的专业技术和资源，几乎所有的 KTV 都不具备此类专业人才，有的门店连最简单的添加歌曲都搞不定，更别提自行承担制作卡拉 OK 歌曲的重任了，可见，技术人员的短缺造成了 KTV 无法及时处理歌曲质量问题的相关投诉，从而间接影响了经营业绩。

3. KTV 在歌曲补充整理方面不够专业

当前歌曲库中的卡拉 OK 歌曲数量已接近 20 万首，VOD 厂商（销售点歌系统的厂商）通常会随产品附赠一套歌曲库，其实，无论是 VOD 厂商，还是 KTV 的投资经营者，都要对歌曲库进行系统化、科学化的管理，都要投入大量的人力、物力、财力，还需要具备一定的专业知识储备。如果 KTV 连制作一首卡拉 OK 歌曲的能力都没有，就不要再幻想可以自行补充、整理、改造整个歌曲库了，可以说，卡拉 OK 歌曲的补充和整理是一个专业性和长期性的工作。虽然 KTV 是以卡拉 OK 歌曲为基础盈利点的企业，但是，对卡拉 OK 歌曲和经营所需的歌曲库而言，KTV 可谓是一个处于被动地位的"门外汉"。

第三节　KTV 行业没有形成对歌曲的统一认识

就目前的情势而言，一套毫无瑕疵的"完美歌曲库"是不存在的，但这并不代表市面上没有质量相对较好的歌曲库，也不代表 KTV 的投资经营者就可以因此放弃对歌曲知识的学习和对优质歌曲库的追求，更不代表未来歌曲库的发展会停滞不前，所以，只有了解卡拉 OK 歌曲的重要性，了解谁能做好歌曲库，才能为未来拥有一套优质歌曲库做好准备。

一、没有形成卡拉 OK 歌曲的统一标准

1. 卡拉 OK 歌曲始终没有统一标准

一首卡拉 OK 歌曲看似简单，实则包含了很多元素，每种元素又可分

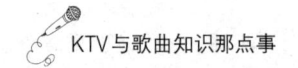

为几大类，只有搞清楚各项元素和具体分类等基础知识，才能形成一套卡拉OK歌曲的评判标准，依照这套标准，我们才能去判断歌曲库的优劣。

可叹的是，自从卡拉OK歌曲诞生之日起，到今天都没形成一个统一的行业评判标准，不仅歌曲来源五花八门，数据库也是东拼西凑、谬误百出，加之没有专门的审核机构，所以我国的卡拉OK歌曲库呈现出自由粗放的发展态势。在一个没有规则和约束的荒原中，卡拉OK歌曲呈现野蛮生长之势，这种情况不仅给KTV行业的发展带来了阻碍，也令消费者对卡拉OK歌曲的概念模糊不清，如果放任自流，势必会导致整个KTV行业不规范，长此以往，难免会造成KTV行业的衰败。

2. 企业制定的标准得不到推广

针对卡拉OK歌曲不规范的弊病，也有一些企业试图建立一套自己的标准，遗憾的是，其影响力微乎其微，得不到KTV产业链中相关企业的认同和推广，形单影只，故卡拉OK歌曲的整体状况迟迟难以得到改善。

3. 国家标准笼统模糊

2018年，由国家标准化研究院牵头，应KTV行业所需，制定了一套专门针对卡拉OK歌曲的标准，但是，这套标准只规定了歌曲文件格式的技术性指标，并没有对歌曲诸元素和分类进行描述，更无法据此对卡拉OK歌曲的优劣做出评判，既不能满足消费者对优质歌曲的需求，也不能协助KTV经营者提升业绩，更不能助力整个行业摆脱衰败的困局。

二、没有一个统一的歌曲制作和发行平台

1. 歌曲来源分散，无法统一

造成卡拉OK歌曲不标准的首要原因，可归咎于歌曲来源过于分散，不统一，使得歌曲的组成元素及其表现形式十分复杂。如果所有卡拉OK歌曲都出自同一家制作公司，且由一家企业发行，那么形成统一标准的可行性就会大大增加。

正由于歌曲在创作、录制、发行等环节都存在极大的分散性，加之词

曲作者、演唱者众多，出品歌曲的公司也很多，才令音乐文化呈现出百花齐放的发展态势，同时也造成了卡拉OK歌曲制作环节上的随意性，给卡拉OK歌曲的标准化和统一化工作造成了障碍。

2. 歌曲制作渠道和发行渠道分散

歌曲最基本的元素就是词和曲，有了这两项就可以组成书面的歌曲谱子，不一定非要体现为音频或视频形式，更不一定要形成卡拉OK歌曲形式。

要把一个音乐作品制作成卡拉OK歌曲形式，就必须通过专门的技术团队来实施。如果要产量大于等于1000首/天，那么仅靠一个技术团队是无法实现的，所以，卡拉OK歌曲制作渠道的分散，也会给卡拉OK歌曲的标准化和统一化工作造成障碍。

卡拉OK歌曲在发行环节上也是分散的，因为卡拉OK歌曲的制作单位并不一定同时为卡拉OK歌曲的发行单位，制作单位无法自行联系KTV去逐家分发歌曲，有的歌曲甚至是歌手自己制作的，根本不具备发行资格。

正规的发行渠道有自己的歌曲来源，还会在上游不断收集歌曲，也会对原始歌曲进行制作加工，最终形成卡拉OK歌曲，但由于渠道商之间没有互联互通，所以很多卡拉OK歌曲的制作工作都是重复的"无用功"，以致在不同的分发渠道总会出现同一首歌曲的不同卡拉OK版本，这些因素直接或间接地给卡拉OK歌曲的标准化和统一化工作造成了障碍。

这种情况也催生了KTV歌曲库的乱象，由于每家KTV获取卡拉OK歌曲的渠道不同，所以版本五花八门，时效性也无法保障。譬如A店KTV里能点唱的歌曲，B店KTV却查无此歌，这种差异也会直接影响客人的消费体验。

三、没有一套最全、最优的标准卡拉OK歌曲库

1. 歌曲的历史跨度太大，难以保证全部达到优质

消费者莅临KTV，首要目的是享受优质的卡拉OK歌曲服务，但是，由于卡拉OK诞生距今只有50余年，引入中国仅30余年，而歌曲的历史却源远流长，想要把具有一定传唱度的歌曲全部制作成优质的卡拉OK歌

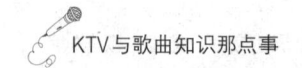

曲，确实存在一些不可逾越的障碍。因为很多老歌的母带已经遗失，歌唱艺术家和歌手也早已离世，再加上音像储存和保存技术的更迭换代，致使不少珍贵的资料无法进行升级改造，这些客观因素都给优质卡拉OK歌曲库的组建造成了障碍。

2. 视频技术的发展造成了巨大的画质差异

卡拉OK歌曲如果没有视频图像，就无法用于KTV场所，也配不上KTV这个称号，但视频技术的发展却是一把双刃剑，一方面，它令卡拉OK歌曲的画面越来越清晰、美观；另一方面，却使不同年代制作的视频画面产生了巨大的画质差异，从早期的录像带、VCD、DVD到当前的高清4K图像，其清晰度和美观性简直不可同日而语。

如要将低画质歌曲升级为高画质，则需要进行大量的资金投入，还要满足一定的前提条件，因为很多老歌曲已不具备改造条件，所以这里所谓的改造是指有针对性的改造，而非全面改造，故歌曲库中的歌曲质量必然参差不齐，或许这将是一道永远无解的行业难题。

3. 有偿使用的版权歌曲无法全部收集

随着大众对版权意识的提高和版权获取成本的增加，卡拉OK制作方若要同时实现每首卡拉OK歌曲都符合最优标准且获得版权授权，简直是难上加难。

对于卡拉OK歌曲的制作方而言，必须获得歌曲词曲著作权人的授权，还应取得视频画面权利人的授权，如果无法取得后者的授权，可在获得词曲版权的前提下，另行配制自己拍摄的视频背景画面，如此一来，画面的内容质量就无法保障，虽然不影响演唱，但肯定不能与原人原唱画面相提并论，消费者也只能无奈将就，然后归罪于KTV，得出KTV无能和不专业的结论。

4. 制作改造成本巨大，无人愿意全力投入

每个KTV都想拥有一套优质歌曲库，也希望以此解决客人的投诉难题，在了解到上述种种无解难题后，想必KTV的投资经营者们也开始理解，建设一套优质歌曲库是一项多么艰巨的任务，背后要付出多少金钱、时间和心血。

（1）任何KTV企业都无法承担该项工作

卡拉OK歌曲的质量问题本应由KTV自行解决，我们也看到有些KTV曾想独担重任，进行最佳歌曲库的建设工作，但都以流产告终，因为这项工作伟大而艰巨，需要耗费巨大的人力、物力、财力，每年不拿出上百万元来根本就无法完成，所以，不管是连锁KTV，还是单店KTV，都不会盲目投入这么一大笔资金，也不可能把辛苦获得的利润拿出来扶持这项工作，尤其近年来KTV的生意日渐冷清，更不能指望其来出资构建一套优质歌曲库，所以，指望KTV自身来打造优质歌曲库的设想是不成立的，即使某家KTV实现了这一夙愿，也不会无偿奉献给整个行业共享，无法从根本上解决整个行业所面临的困境。

（2）任何VOD企业都无法独立支撑该项工作

每个VOD商都拥有自己的一套歌曲库，并不断对其进行完善和维护工作，还有一些VOD商在悄悄进行歌曲库的差异化改造，但受制于自身基础、技术、审美、成本等因素，导致目前KTV中的歌曲库质量参差不齐，未能达成整体优化。

对VOD商而言，虽然建设和完善歌曲库是其分内之事，但是，要想独立建设一套高品质的基础歌曲库，也并非易事。即便VOD商们为歌曲库投入了不少资金，但要想做出"最佳歌曲库"，仅靠资金投入是远远不够的，还需要培养一支懂歌曲、懂标准、懂技术的专业制作队伍，所以，打造优质歌曲库是一个浩繁的工程，无法依靠某一家VOD商来完成，故而KTV因采用不同的VOD系统而获得不同质量歌曲库的情况还将继续存在。

（3）任何组织和机构都无法独立承担该项工作

当前，无论是著作权集体管理组织还是其他机构，都无法提供一套完整、优质的基础歌曲库。一些组织和机构看似权威专业，但向KTV收取卡拉OK歌曲版权费与向KTV提供全套优质的卡拉OK歌曲完全是两码事，

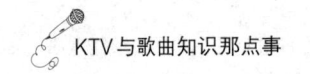

不可混为一谈，这就意味着即使有集体管理组织或机构向 KTV 收取歌曲的版权使用费，也不代表其有义务和能力为 KTV 提供优质的卡拉 OK 歌曲库，所以，不可期望任何一个组织或机构来独立完成提升卡拉 OK 歌曲库质量的工作。

目前，KTV 行业内出现了一些号称能提供新歌的机构和个人，但其提供的歌曲质量却不尽如人意，而且歌曲数量也无法满足 KTV 的经营所需，真是"本来数量就不多，况且质量也不好"。因此，这些机构和个人提供的卡拉 OK 歌曲无法撑起一片天，只能占据市场一隅，对提升整个 KTV 行业的歌曲质量无法起到关键作用。

四、没有正规的歌曲培训机制

1. 没有正规的歌曲培训机构

KTV 虽然拥有一个年销售额上千亿元的市场，但是，在这个行业内，却没有一个专门培训卡拉 OK 歌曲知识的机构和正规学校，与餐饮业的培训机构相比，就是零与千、万的惨烈对比，这也使得 KTV 的从业者们无法在卡拉 OK 歌曲的基本认知和制作标准等意识层面达成统一，由此导致的"业内人士不专业"、制作卡拉 OK 歌曲的人才紧缺、优质歌曲青黄不接等怪象也就见怪不怪了。

2. 没有正规的歌曲培训教材

无论是 KTV 的从业者，还是到 KTV 消费的客人，对卡拉 OK 歌曲的认识都比较肤浅，没人会想到卡拉 OK 歌曲里还有什么乾坤，还需要去专门学习，更不会有人特地去编纂培训教材和参考资料，所以，无法从专业培训机构处获得对卡拉 OK 歌曲正确、系统的认识，也无法通过教材和资料自学。

3. 没有正规的歌曲培训教师

卡拉 OK 歌曲的研究者必须有大量的实践积累，还要站在一定的专业高度之上，否则就等于在沙中建塔、管中窥豹，但是，同时满足这两个条件的人才凤毛麟角、屈指可数，即使有专业级的"大咖"出现，也未必能一举影响和改变整个业态。

第四节　版权收费对歌曲的使用产生了极大影响

目前，将版权卡拉OK歌曲用于经营，就要向权利人缴费的版权意识在KTV的投资经营者中已经得到了普及，大家都不希望再冒着侵权的风险进行违规经营，也不希望下架歌曲。因为下架歌曲不仅会流失客源，还会直接影响KTV的经济效益，给投资带来风险。

一、版权收费对KTV歌曲的影响

我们一再强调，卡拉OK歌曲被KTV用于经营时，是需要缴纳版权使用费的，多年来，通过普及和运作，已经令从业者达成了共识，而且缴费的KTV也在经营活动中得到了实惠，免去了很多不必要的诉讼和开销。

凡是缴纳版权歌曲使用费的KTV，都能享受到正版的卡拉OK歌曲资源，这些歌曲的质量有保障，不仅吸引了消费者，还避免了法律诉讼的麻烦。

然而，有些KTV至今没有缴纳过版权歌曲使用费，或者中断缴费，那么其在使用版权卡拉OK歌曲进行营利时，就可能遭遇权利人的诉讼，还会被要求停止使用侵权歌曲，因此造成经营损失。

二、歌曲权利的分散使得KTV随时面临被诉的风险

歌曲版权的分散性和复杂性给KTV的经营或多或少地带来了一些困扰，面对这些困扰，KTV的投资经营者们往往束手无策，但是，只要KTV对此给予足够的重视，并且使用正确的应对方法，就可以规避很多问题。目前，向中国音像著作权集体管理协会缴纳版权使用费是最简单易行的方法。根据以往的经验，我们发现缴纳版权歌曲使用费是大势所趋，拒

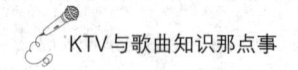

绝缴费则会付出更高的代价。

我们对卡拉OK歌曲的重要性做了以上论述，对卡拉OK歌曲与KTV经营之间的关系也做了说明，希望大家意识到：如果再不重视卡拉OK歌曲的重要性，就会影响到每间KTV的经营和发展，最终对KTV行业造成重创，而如何破局，令行业重新焕发生机呢？看官莫急，我们将在后文中为大家逐一道来。

第二章
盈利主要靠歌曲　搞懂道理才不奇

在理解了行业兴衰与卡拉 OK 歌曲质量的密切关系之后，想必大家对 KTV 盈利的根本点也逐渐明晰，卡拉 OK 歌曲才是 KTV 的经营之本和盈利之基，与 KTV 的生存和发展休戚相关。

如果客人到 KTV 是来欣赏装潢的，那其装潢远不及五星级酒店奢华；如果客人是来享受服务的，那其服务质量在服务行业中也未必是最出色的；如果客人是专门来喝酒聚会的，那餐厅、酒吧等很多场所都能超标准满足他们的需求。实际上，客人光临 KTV 就是为了点唱卡拉 OK 歌曲，无论其演唱水平高低，都会吼上几嗓子，这就需要 KTV 必须提供卡拉 OK 歌曲。如果想令客人满意，就必须提供优质的卡拉 OK 歌曲，否则就会与客人莅临的初衷相悖，因此影响 KTV 的经营效果。

当前 KTV 的业态主要分为商务型和量贩型两种，二者都不能缺少卡拉 OK 歌曲，否则，连场所营业执照和文化经营许可证都办不下来，上述两种形态只是盈利方式不同，但就其经营形态而言，卡拉 OK 歌曲都是不可或缺的。虽然前者对卡拉 OK 歌曲的重视程度要明显低于后者，但是，如果歌曲质量不好，也会引发各种不必要的纠纷；而后者基本上靠卡拉 OK 歌曲为生，如果歌曲质量不好、数量不足，或缺少新歌、热歌，就会严重影响服务质量和经营效果。所以，只要是 KTV，无论什么形式，都必须把好歌曲质量关，这是个颠扑不破的硬道理。

本章主要为大家讲述 KTV 的发展史。KTV 行业的从业者必须了解 KTV 行业的相关发展史，还必须掌握一些基础的理论知识，如果对自己投入了巨额资金的事业都不求甚解，甚至搞不明白这究竟是一个什么样的行业，那就太可悲、太可叹了。

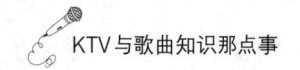

第一节　歌曲是KTV的经营之本

没有歌曲的产生和发展，就没有今天的卡拉OK歌曲；没有科技的进步，也不会产生卡拉OK歌曲；没有卡拉OK歌曲，就不会出现KTV这种经营模式。追根溯源，还是要从歌曲的诞生伊始说起。

一、歌唱是人类主要的娱乐方式

1. 人类的歌唱史源远流长

人类的歌唱史由来已久，就连语言都是通过劳动号子演化而来的，可以说，人类最初的语言，就是一种特殊形式的歌唱。数千年来，人们无论是开心还是悲愁，无论何种肤色、何种民族，无论是文明社会还是原始部落，都免不了要用歌声抒发自己的情感，所以，歌唱不受种族、信仰、国界的限制，如同微笑一样，是人类共同继承的来自祖先的宝贵遗产。

2. 歌唱是一种情感的抒发

人们平时大多使用语言文字进行交流，唱歌则是情感作用下产生的行为，不管什么样的情感，都可以用唱歌来表达。譬如我们在开心的日子会引吭高歌，在苦恼的时候也会浅唱低吟，就连项羽被"四面楚歌"所困，慷慨赴死的最后时刻，也不忘凄怆地吟唱一首流传千古的《垓下歌》。

3. 不同的国家和时代会产生不同的音乐风格

每个国家由于历史、民族构成和社会发展形态的不同，会产生自己独特的音乐风格。随着时代的发展，同一个国家的音乐风格也会发生变化。在当前经济全球化的大背景下，国家之间的贸易往来日趋频繁，文化领域的交流与合作也更加密集、多元化。正是由于歌曲的多样性，卡拉OK歌曲也产生了多国歌曲、多时代歌曲的多元化特性。

二、卡拉OK是大众歌唱的最佳方式

人类的歌唱技能在卡拉OK形式出现以后得到了广泛普及、提高和极大发展，可以说，卡拉 OK 是大众歌唱的最佳方式。该模式出现后，很快就得到了世界范围的运用和认可。

1. 卡拉 OK 的定义

卡拉 OK 的日语发音是"karaoke"，"卡拉 OK"是其中文译名。"kara"的意思是"空"和"无"，"karaoke"的含义为"无真人乐队的伴奏"，也可以简单理解为"伴奏"，此伴奏是为歌曲演唱者准备的。所以，带有伴奏的歌曲就叫作"卡拉 OK 歌曲"。

2. 卡拉 OK 的诞生

发明卡拉 OK 的是一位名为井上大佑（原名井上裕辅）的日本人，他曾是当地的一名乐手。20 世纪 60 年代，井上大佑在为歌手进行伴奏时突然产生了一个灵感，他将自己的现场伴奏音乐录制下来，做成了伴奏录音带，让歌手试着在"无真人乐队伴奏"的情况下进行演唱。虽然当年录音带的音质和效果完全不能与真人乐队相较，但井上大佑的心血来潮却成功打破了传统的真人乐队伴奏模式，既解除了歌手对真人乐队的依赖，又为大众娱乐演唱创造了基础条件，卡拉 OK 的雏形由此产生。也就是说，卡拉 OK 的最初模式源于为歌手制作伴奏音乐录音带，而非为大众提供娱乐。

幸好井上大佑先生没有就此止步，而是继续将伴奏音乐录音带演变成了大众都可使用的演唱产品，促使卡拉 OK 模式的诞生和普及，同时，井上大佑还无偿奉献出此项发明专利，使得卡拉 OK 模式不受专利成本限制和知识产权限制，在全世界普及开来。

3. 卡拉 OK 歌曲的发展过程

科技的发展为卡拉 OK 歌曲的诞生和发展提供了先决条件。

（1）录音带时代

最早期的卡拉 OK 只有伴奏音频，没有视频图像，且以录音带为载体，要配合录音机一起使用。

（2）录像带时代

对专业歌手来说，使用录音带形式的伴奏可谓是驾轻就熟，但是，对

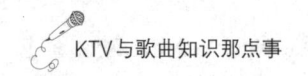

于普通大众而言，就产生了诸多不便，于是，以录像带为载体的卡拉 OK 歌曲应运而生，用音频、视频相结合的形式为大众演唱者带来了便利，也为 KTV 的经营注入了活力。

（3）LD 时代

录像带使用起来虽然比较方便，但是图像的清晰度却会随着使用次数的增加而迅速衰减，这时科技的力量再次大显神威，激光光碟横空出世，一脚将录像带踢进了历史的垃圾堆。激光光碟的英文名叫作 laser disc，简称 LD，由于其碟片的直径比较大，比传统的黑胶唱片还要大，所以又俗称"大碟"，播放这种大碟的机器则被称为 LD 机或者大碟机。

LD 激光碟片所存储的卡拉 OK 歌曲不仅清晰度高于录像带，使用寿命也长于录像带，所以，LD 碟片与 LD 播放机一度成为 KTV 行业和家用卡拉 OK 设备的主流，并持续了很长时间，兴盛了约 20 年之久。

（4）VCD 时代

随着视频技术的发展，数字压缩技术也走进了人们的生活，MPEG（Moving Picture Experts Group，中文译为：动态图像专家组）组织成立后，MPEG-1 技术随之面世。该技术的代表性应用产品为 VCD 光盘与光机，VCD 产品质优价廉，甫一问世就从价格上打败了 LD 产品，尽管其图像质量与 LD 产品相比还是稍逊一筹，声音也仅为左右声道，并非立体声，但其价格优势却凸显无疑。此阶段的 LD 产品虽然受到了威胁，但还有一定的市场空间。

（5）DVD 时代

VCD 产品刚刚普及了数年，应用 MPEG-2 技术的更新一代产品 DVD 光盘和 DVD 光机又出现在人们面前，DVD 储存的压缩图像不仅清晰度有了大幅提升，且音质也有了重大提升，出现了立体声音轨，价格仅为 LD 光盘的 1/10，于是，物美价廉的 DVD 产品迅速占领了全部市场，令 LD 设备毫无立锥之地，彻底退出了历史舞台。

（6）VOD 时代

在卡拉 OK 技术的发展史中，前三个阶段都属于模拟时代，从 VCD 开始才进入了数字时代的范畴。

目前，数字技术已经发展到 VOD（Video on Demand）阶段，VOD 的中文意思为按需要进行视频点播，实际上就是一种数字媒体的播放应用，当前 VOD 技术在 KTV 领域已经应用了 20 多年，还没有被其他技术所取代。

要判定一款产品究竟属于模拟时代的产物还是数字时代的产物，有一个很简单的方法：模拟时代产品中的卡拉 OK 歌曲是无法通过电脑直接进行复制和加工的，必须借助专门的机械设备来完成复制；而数字时代的产品却可以通过电脑直接复制。也就是说，我们无法用电脑直接将录音带、录像带和 LD 光盘中的卡拉 OK 歌曲拷贝出来，因为它们的存储形式不是数字化的，必须通过专门的设备和程序才能实现，而 VCD 和 DVD 存储的是数字文件，可以通过电脑直接进行拷贝，只要有光驱等读取设备就可以将文件直接读取，并存储在硬盘上。无论使用多少次，都不会出现画面质量衰减的问题，除非硬盘被损坏后造成文件丢失，才会无法播放。

数字技术的成熟和应用催生了数字时代的巅峰产品——VOD 设备，该设备应用视频点播技术，先将各种存储在 VCD 和 DVD 中的卡拉 OK 歌曲读取出来，存储于硬盘中，同理也可以将 LD、录像带中储存的卡拉 OK 歌曲在重放过程中进行一些处理，再转成数字文件，并存储于硬盘中，最后，硬盘中存储的各种编码格式的卡拉 OK 歌曲可用各种与之对应的电脑设备及播放器进行解码播放，这就是 VOD 的技术原理和构建 VOD 点歌系统的基本原理。

尽管 VOD 与 VCD、DVD 同属于数字时代的产品，但是，VCD 和 DVD 适用于单体设备和应用，而 VOD 则适用于网络设备和群体应用，VOD 的优势和独特魅力是 VCD 和 DVD 所不具备的，因此才会被广泛应用于各种网络环境中，无论是局域网还是广域网，在此为大家简要介绍 VOD 的一些特点：

①并发性。并发即为多个用户可以同时调用数字文件，如果没有 VOD 的并发技术，则无法实现多个包房的播放设备同时使用一套歌曲库，客人们也无法同时点播各自心仪的歌曲。

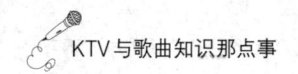

②共享性。共享即为多个用户可以同时享用同一个数字文件，VCD和DVD这种独立设备播放独立碟片的模式，只能满足个体用户的需求，而VOD则可满足群体用户同时调用一个或多个文件的需求。这种特性可以令KTV各包房中的客人同时共享一首歌曲，满足了群体用户的使用需求。

③网络性。VCD和DVD都是各自独立的个体设备，其点播和播放的交互要求不需要通过计算机网络来实现，而VOD要点播和播放数字文件则必须在网络环境下进行。

在VOD时代，实体碟片已不复存在，数字文件都存储于硬盘中，依靠硬盘的处理能力来满足群体用户的调用需求。其实早在30多年前，VOD技术尚未出世，KTV就已经在使用计算机网络了，不过当时网络技术还只局限于单向上行传输点播需求信息，没有实现下行发送歌曲数字文件，下行工作是由人工利用各种设备对碟片进行操作来实现的，然后再通过视频线传输给包房电视。直至20年前，VOD技术应用后，才真正实现了计算机网络的双向交互。

目前很多视频网站都在广域网中应用了VOD技术，但是，由于无法保障播放的实时连贯性和投放于电视机显示器的清晰度等问题，所以，暂未用于KTV的经营。KTV在局域网中的VOD技术应用，既保证了视频图像的清晰度，也保障了图像的连贯性，彻底满足了营业所需，那么，这种局面是否会一成不变呢？唯物主义发展观告诉我们，事物是不断发展变化的，相信在5G或6G技术成熟后，一定会出现更新的技术替代当前的VOD技术。

4.KTV是歌唱的最佳场所

尽管当前演唱卡拉OK歌曲的方式比较多，但是对大众而言，无论使用家庭KTV设备，还是用手机进行演唱，都不能与专业KTV的消费体验相媲美，在其他场所既享受不到最佳的音响效果，也得不到其他的附加服务，所以，KTV这种娱乐场所必然有存在的理由。

KTV作为一个演唱卡拉OK歌曲的特殊场所，也正是由于其他演唱方式的局限性和缺陷，才得以在中国存在和发展了近40年，如今，KTV模式已经成为人们娱乐欢聚的主要方式之一，其行业价值和地位难以撼动。

第二节　KTV的原始盈利模式靠歌曲

很多人都明白KTV名称的含义，但对于更深层次的知识却知之甚少，如果您是一名将KTV作为事业来经营和发展的投资经营者，则应对KTV行业的形成过程、发展变化和一些基本概念加深了解，才能胸有成竹，把投资和经营活动搞得有声有色。

一、最早的盈利模式

我们已经认识到卡拉OK就是歌曲的伴奏，以伴奏来营利的模式就是让消费者为娱乐服务付费。到目前为止，所有的营业性歌舞娱乐场所招揽消费者的主要方式也是最基本的方式，都沿用了这个刚需原则：专门向消费者提供卡拉OK伴奏，让大家来点唱娱乐，并设计出了各种衍生产品和功能来配合营利，可以说，伴奏是营利的先决条件和基础，没有伴奏就没有客人，没有伴奏就不是KTV，没有伴奏KTV就无法经营，没有伴奏就无法营利。

井上大佑先生不仅是卡拉OK这种伴奏模式的发明人，也是最早的卡拉OK经营者，他认为仅将无人伴奏模式用于辅助专业歌手演唱还不够，应该将其商品化，通过商业运作产生持续性盈利。因此，他又发明了卡拉OK机，通过投币点唱的方式播放录音带上存储的卡拉OK歌曲伴奏，这就是卡拉OK最原始的盈利模式，虽然后期设备和运营方式都发生了显著改变，但其实质依然是为大众提供歌曲伴奏。

二、后期发展出的模式

1. 大厅模式（歌厅模式）

20世纪80年代初期，当人们第一次接触到卡拉OK这种娱乐模式时，

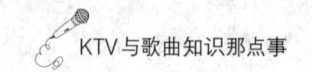

卡拉 OK 歌曲已经进入了 LD 时代，由于当时 LD 设备比较昂贵，一个场所通常只有寥寥一两台设备，故而只能以大厅模式进行经营。

所谓大厅式模式，就是利用餐厅或咖啡厅的场所、设备和家具，在晚间时段为消费者提供卡拉 OK 演唱服务。当时的播放设备是 LD 播放机和 LD 碟片，视频输出设备为投影机和电视机，点播方式是客人通过翻阅歌本上的歌曲名单，选择心仪的歌曲并在点歌单上填写歌曲编号，由专人收集点歌单后，按照歌曲编号所对应的 LD 光碟及歌曲进行播放。由于这种经营模式以唱歌为主，又以大厅为主要经营场所，所以俗称歌厅。

2. 包房模式（KTV 模式）

随着歌厅经营的开展，大厅模式逐渐暴露出一些弊端，一两台设备无法满足大厅众多人群的需要，有的客人可能一晚上也唱不到一首歌曲，却因消费酒水饮料等花了不少钱，还会出现治安问题，为此，歌厅的投资经营者特地增设了包房。进入包房后，就不再通过投影设备来播放歌曲了，而是改用清晰度更高的电视机进行播放，所以，才有了 KTV 这个名词，KTV 为 "karaoke TV" 的缩写，即 "用电视来演唱卡拉 OK 歌曲"。当前的 KTV 基本都采用了包房经营的模式，即使有部分保留大厅，其大厅也不作为主要的经营场地，而是作为临时的活动区域。

90 年代，量贩式出现在中国后，KTV 又分化为量贩式和商务式两大类，早期的商务式 KTV 又被称为夜总会，中国的夜总会与西方的夜总会（night club）又完全是两种风格和性质。中国的夜总会以在包房中唱歌、喝酒、聚会、社交为主；西方的夜总会则以喝酒、看表演和在 DJ 的调动下蹦迪为主。当前中国也出现了一些迪场夜店，这些店的性质与西方的夜总会更为相似。

三、KTV 的盈利模式始终离不开歌曲

1. 以点唱歌曲为主要经营内容的时代

最早的歌厅以唱歌为主，进入歌厅时需要购买门票或进行最低消费，

有时为了抢先点唱，还需要向服务员支付一定数额的小费，但真正为高档酒水买单的消费者却屈指可数，即便如此，当时歌厅的消费群体也以中年富裕阶层为主，年轻人还不是主流客户群。

2. 以点唱歌曲和酒水营销为主的时代

当量贩式 KTV 进入中国后，唱歌娱乐逐渐普及开来，年轻人开始成为 KTV 消费的主力军。由于量贩式开创了新的收费模式，即按照娱乐时长收取相应的费用，所以，无论消费者的经济状况如何，只要愿意，都能进入 KTV 进行消费。

如果仅仅赚取包房使用费，那么 KTV 的收益渠道就太狭窄了，回收成本更是遥遥无期，所以，量贩式 KTV 还会以出售高价酒水饮料、小吃餐点的方式增加利润，尤其是利润颇高的酒水，更是一个不可或缺的盈利点。如同餐饮业不许客人自带酒水一样，KTV 也常常谢绝客人自带酒水到店饮用。

即便如此，客人到量贩式 KTV 消费的主要目的还是点唱歌曲，酒水、小吃消费则遵循自愿原则，即使不进行任何额外消费，量贩式 KTV 也依然欢迎这类客人。当前很多量贩式 KTV 在工作日白天接待的客人都是闲暇时间较多的中老年人，这类人群对酒水、小吃的消费能力很低，有的还会自带保温杯加枸杞，一点酒水、小吃都不买，这种现象也从侧面说明卡拉OK 歌曲确为 KTV 的经营之本和盈利之基。

3. 以酒水营销为主的时代

以酒水为主要盈利来源的经营模式始终存在于商务型 KTV 中，商务型 KTV 的包房房费与消费时长没有关系，每个包房都会捆绑一定的酒水最低消费额或酒水套餐，也就是说，客人必须消费到一定价值的酒水后，才可以获得一个 KTV 房间的当日使用权，即可在规定的营业时间内不限时使用。客人来得越早，其娱乐时间就越长；来得晚，也必须在 KTV 结束营业时离场。前来消费的客人不会为唱歌去支付昂贵的包房费，而是以饮酒作乐、联络感情为主，这时点唱卡拉 OK 歌曲对他们而言就成了一个辅助功能，虽然

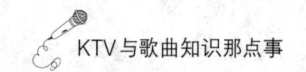

一些客人也有唱歌的需求，但是，对歌曲的要求比量贩式场所的客人要低很多。

尽管商务KTV模式中卡拉OK歌曲的重要性被相对弱化，但是，如果没有歌曲，也无法进行经营活动，客人总不能干喝不唱，也不会干唱不喝，"对酒当歌"才是商务KTV模式中的常态，所以，此模式可被认为是依托KTV招牌产生的特殊经营形式，也是早年将香港夜总会"克隆"至内地的结果。

4. 以聚会场所为主要卖点的时代

随着时代的发展和消费者需求的变化，大众已经逐渐习惯将KTV作为一个休闲聚会的场所，由于它同时兼具私密性、舒适性和娱乐性，所以自然而然地成为一个独特且不可或缺的聚会场所，而人们在欢聚时，是绝对少不了音乐、歌唱助兴的，故以聚会场所为主要卖点的时代也少不了卡拉OK歌曲这个主角，否则，聚会死气沉沉，缺少气氛，很容易被其他娱乐模式所替代。

既然KTV对外打出的招牌就是"KTV"几个字，那么它在大众认知中就是可以进行点唱卡拉OK歌曲的专业性场所，如果KTV里的歌曲质量和数量堪忧，其也就失去了存在的意义。

第三节　懂得歌曲才能服务好客人

正因为KTV是一个长期面向大众经营、专业提供卡拉OK歌曲的场所，所以，才会有人愿意进行投资，才能形成一个行业。但是，能进行长期经营的KTV毕竟是少数，只有真正懂得KTV的经营之道，把控盈利原则，才能长远发展，这就需要KTV的投资经营者必须懂得一些卡拉OK歌曲的基本常识，还要懂得卡拉OK歌曲与KTV盈利之间的关系。

一、满足客需与盈利之间的关系

1.KTV 到底是为哪种需求服务的

KTV 的投资经营者们首先要明确 KTV 客人的需求是什么，很多人都会回答：这还不简单，肯定要先满足客人点唱卡拉 OK 歌曲的需要，毕竟客人光临 KTV 的首要目的就是唱歌，而不是为了品酒或宵夜，因为 KTV 不是酒吧，也不是餐厅。

2.KTV 能为客人提供何种服务

（1）用歌曲为客人提供服务

既然客人是来唱歌的，那么 KTV 首先应该用卡拉 OK 歌曲为客人提供服务，这是 KTV 最主要和最基本的服务内容，也是 KTV 自出现以来一直不变的经营宗旨。

（2）用硬件设施为客人提供服务

硬件设施包括装修、设备、家具、音响、计算机系统、酒水小吃等等，对 KTV 的总投资量而言，硬件设施的投资占比较大，但无论多大，硬件设施也都是为来店唱歌的客人服务的，其重要性肯定要排在卡拉 OK 歌曲之后。

（3）用软实力为客人提供服务

所谓软实力，是指 KTV 服务人员的素质、水平、规范性及销售策略等，但软实力强并不代表一定会获得客人的认可，因为这部分内容并非客人到店消费的基本诉求，所以，软实力的地位和重要性也应居于卡拉 OK 歌曲之后。

3.服务好客人对盈利有什么帮助

知道了为谁服务、用什么来进行服务后，我们就需要思考一下，不同的服务品质会给客人带来什么样的差异化感受，又会给 KTV 的经营效果带来什么样的影响。不难想象，只有用优质卡拉 OK 歌曲满足客人的点唱需求，为客人提供高品质的服务，才能实现效益最大化，可见优质歌曲是满足客

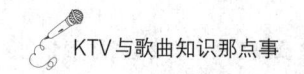

人需求、实现盈利的第一要素。不同的KTV在提供卡拉OK歌曲服务方面的差异也决定了其效益差异，如果KTV的定价相同，但歌曲质量天差地别，那么客人会做出明智的选择，从而造成KTV经营业绩的巨大差异。

二、KTV的投资经营者对歌曲库知识的掌握

1. 必须懂得什么是卡拉OK歌曲

很多KTV的投资经营者不了解卡拉OK歌曲的相关知识及其重要意义，所以，就不会把KTV的第一服务要素时刻记在心头，殊不知，这是影响KTV经营的头等大事，也是每一位KTV从业者都必须掌握的常识。如果一个人干一行却不懂一行、不爱一行，那肯定是无法把事业做好，甚至会一败涂地的，所以，KTV的投资经营者懂得卡拉OK歌曲的相关知识及其重要性，才能保障经营效果，才能杜绝在经营的基本层面出现问题。

2. 必须懂得什么是优质的卡拉OK歌曲

KTV的投资经营者在了解了什么是卡拉OK歌曲后，还要进一步懂得什么是优质的卡拉OK歌曲。也许KTV的投资经营者都知道设备的差异、服务质量的优劣，但要让他来讲解一下卡拉OK歌曲的好坏之分，却卡壳了。KTV的投资经营者不应该是设计师、电气工程师和包工头，而应该成为品鉴卡拉OK歌曲优劣的专家，因为KTV就是靠卡拉OK歌曲营利的，如果对卡拉OK歌曲一窍不通，大脑一片空白，那么在经营实践中就免不了要"交白卷""吃鸭蛋"。

既然要做到最大化地满足客人的演唱需要，就必须懂得什么是优质的卡拉OK歌曲，这样才能把效益抓上去，把投资收回来。

3. 必须懂得如何获得优质歌曲库

如果明确了判断卡拉OK歌曲好坏的标准，却找不到一套优质歌曲库，也会影响到KTV的经营。既然要打开大门，利用卡拉OK歌曲做生意，总不能天天用一些残次品来忽悠客人，即便在短期内不会显现负面影响，但也绝非长久之计，到时候想亡羊补牢，恐怕羊早就丢得一只都不剩了。

4. 必须懂得如何维护一套优质歌曲库

歌曲库每天都在更新，卡拉 OK 歌曲永远都在进步，KTV 也要跟上步伐和节奏。如果最初的歌曲库不够好，可以采取一些措施，转劣为优；如果一开始使用的是优质歌曲库，但因疏于管理维护，也会功亏一篑，变优为劣。上述情况在实际工作中屡见不鲜，为我们无数次敲响了警钟：抓好歌曲库的长期建设是 KTV 经营发展的必由之路，大家必须重视起来，如果忽略了这项工作，就会给经营和发展带来反效果。

虽然 KTV 在中国经过了多年的发展，但真正明白上述原理的投资经营者却寥寥无几，所以，我们反复阐述卡拉 OK 歌曲的重要性和相关知识，就是希望 KTV 的投资经营者能明白卡拉 OK 歌曲与 KTV 经营之间的关系，卡拉 OK 歌曲对来 KTV 消费的客人而言究竟意味着什么，只有懂得了这些道理，才能对得起自己的投资，才能将经营搞好，否则只能与财富之路背道而驰，或将滑向失败的深渊。

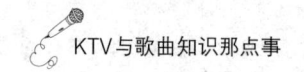

第三章
剥开歌曲看仔细　复杂程度真不低

看似简单的卡拉OK歌曲，实质却十分复杂，虽然其产生的历史并不悠久，但产量巨大，出品公司繁多，且没有统一的制作标准，所以，如今的卡拉OK歌曲呈现出杂乱无章之势。

然而，很多KTV的投资经营者并不相信区区的卡拉OK歌曲能有什么复杂之处，往往忽略了对歌曲库的建设和维护，但当前讲究的是"细节决定成败"，KTV要想成功，就不能忽视卡拉OK歌曲这个细节，否则根本无法营利。

卡拉OK歌曲也是从无到有，一步步发展至今天的形态，每一步更新都有着明确的目的，都对其日后的普及和传唱产生着巨大影响，所以，我们要重视的细节就是提高卡拉OK歌曲的质量，添加优质歌曲，剔除劣质歌曲，将歌曲库整体优化，这样才能满足消费者的需求，最终获得成功的投资结果。

KTV的投资经营者必须对歌曲的组成元素有所了解，对歌曲知识有大体的把握，否则就谈不上干一行懂一行，如果能继续深入了解卡拉OK歌曲的组成元素，并对卡拉OK歌曲的分类进行细致的了解，将对KTV的经营和管理大有裨益。

本章主要为大家讲解卡拉OK歌曲的四大组成部分和每部分的细致分类及其演变过程，希望能有助于广大KTV投资经营者们了解和学习，更希望大家能对歌曲库的质量给予重视。

第一节　卡拉OK歌曲的组成

卡拉OK歌曲，大家都不陌生，但是，如果细问卡拉OK歌曲是由哪几种元素组成的，想必很多人都会卡壳，难以迅速全面作答，甚至那些天天泡在KTV里演唱卡拉OK歌曲的熟客、那些在KTV里从事经营和服务的人员，对这个问题也是一知半解。消费者确实不必对此进行深究，只管享用歌曲即可，但对KTV的从业者而言，则必须将这个事关盈利的重要问题搞清楚。

一、卡拉OK歌曲的组成元素

一首标准的卡拉OK歌曲由伴奏、画面、字幕和原唱四部分组成。

1. 歌曲的伴奏

我们一直强调卡拉OK就是一种伴奏，是发明于几十年前的新事物，无论卡拉OK歌曲的形式如何演化，伴奏作为最重要的基础元素始终存在，所以，卡拉OK歌曲必须包含伴奏。

2. 歌曲的字幕

卡拉OK字幕是一种特殊字幕，消费者若想唱好卡拉OK歌曲，就必须借助字幕的提示，因为恐怕没有消费者会为了演唱卡拉OK歌曲而刻意去背歌词，而且卡拉OK歌曲的字幕与伴奏的进度是一致的，随着字幕进程即可完成整首歌曲的演唱，这种字幕与伴奏相结合的形式已经成为卡拉OK歌曲的标配。

3. 歌曲的画面

我们平时写字需要使用某种载体，要么是纸张，要么是黑板，卡拉OK歌曲的字幕也是同理，必须有一种载体来呈现，这种载体就是视频画面。无论采用什么样的视频画面、无论其清晰度如何，都可用来承载字幕，这种视频画面一般以数字文件形式存在，所以，当前的卡拉OK歌曲也是视频数字文件。

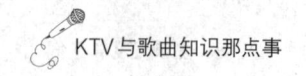

4. 歌曲的原唱

卡拉 OK 歌曲最初是没有原唱的，因为卡拉 OK 最初主要作为专业歌手的演唱伴奏。当卡拉 OK 歌曲发展到后期，才增加了原唱元素。所谓原唱，指的是每首歌曲原始演唱者的声音，目的是令大众在演唱歌曲之余，还能学习并欣赏原唱歌手的演唱技巧和风采，原唱作为一个声道或音轨存在于视频文件中，可以通过技术手段让消费者在原唱和伴奏之间任意切换，卡拉 OK 歌曲播放时默认为播放伴奏，当消费者需要时，才会切换到原唱。

二、卡拉 OK 歌曲元素的大致分类

1. 歌曲的伴奏分类

要想实现简单的伴奏非常容易，找几个装水的碗或玻璃瓶按照歌曲节拍敲打都可以做出伴奏来，但是，要想实现优质伴奏就不容易了，必须用到各种真正的乐器和先进的音乐合成器及技术，还需要专业人员亲自用乐器演奏或者编曲。

现在市面上的卡拉 OK 伴奏优劣并存，制作水平也参差不齐，根据对大量伴奏样本分析后，我们将当前的卡拉 OK 伴奏分为如下几类：原版伴奏、原版导唱伴奏、专业伴奏、专业导唱伴奏、MIDI 伴奏、MIDI 导唱伴奏、单 MIDI 伴奏、漏音伴奏、消音伴奏、拼接伴奏、循环伴奏、四音轨导唱伴奏。

2. 歌曲的字幕分类

卡拉 OK 歌曲的字幕都是通过各类字幕软件来制作的，字幕形式各异，没有统一标准，由于歌曲的出品公司不同，制作人的设计思路不同，所采用的软件功能不同，最终所产生的成品字幕也不尽相同，通过对现存的卡拉 OK 歌曲字幕进行分析后，我们将其分为以下几类：双排标准字幕、双排大字幕、双排小字幕、单排大字幕、单排小字幕、单双交替字幕、多排字幕。

除此之外，就中文字幕而言，还有简体和繁体之分，无序分布于上述各类型之中。

3. 歌曲的画面分类

当前几乎每首卡拉OK歌曲都有其唯一对应的视频画面，每首歌曲的画面内容都不相同，主题意涵也不尽相同，根据对画面的分析，可将其分为如下几类：MTV版的画面、演唱会版的画面、影视版的画面、故事情节版的画面、风景版的画面、人物版的画面和其他画面。

4. 歌曲的原唱分类

卡拉OK歌曲的原唱分类比较简单，首先是有无原唱，有的歌曲有原唱，有的歌曲没有原唱，现存的大部分歌曲都有原唱，但仍存在部分无原唱的歌曲；其次，要鉴别究竟为真正的首唱者原唱还是翻唱。据此，我们将原唱分为三类：无原唱、首唱原唱和翻唱原唱。

第二节　卡拉OK歌曲的演变

卡拉OK这种演唱形式能在几十年内风靡全球，每年的使用者高达数十亿人次甚至上百亿、千亿人次，说明其具有独特的魅力和存在意义。多年来，随着科学技术的发展，卡拉OK也在不断完善，这种演唱形式不仅给爱好音乐的普罗大众带来了福音，也为众多歌手提供了一个宣传蹊径。尽管卡拉OK的演变过程比较复杂，但是，不了解这些知识就无法正确应对经营中出现的各种问题，只有真正掌握了这些知识，才能有的放矢，稳准狠地解决问题。

一、卡拉OK歌曲的最初形式

1. 什么是伴奏

伴奏是使用乐器将歌曲乐谱演奏出来的乐音，也可以理解为歌曲中除去人声部分的乐器声。

2. 什么是卡拉OK伴奏

专业歌手在演唱时一般都需要专业的真人伴奏，在真人乐队的配合下，

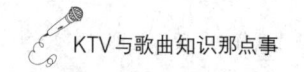

歌手才能发挥出应有的水平。在经过成百上千次的演练后，歌手和乐队的配合可以达到炉火纯青的地步，心有灵犀地调整歌曲的各种细节，如节奏的快慢、音调的高低等等。

卡拉 OK 也是一种伴奏，而且是一种特殊的伴奏。它不叫伴奏而叫卡拉 OK，是因为它为大众演唱者提供了无真人乐队的伴奏。最初这种伴奏是录制真人乐队的乐器演奏声，是固定的，不可随意调整，早期只供专业歌手使用，后来才逐渐应用于大众演唱，遂称为卡拉 OK 伴奏。

莅临 KTV 的消费者一般将演唱卡拉 OK 歌曲作为一种娱乐，消费者的音乐素养无法达到专业歌手的水平，也不会去请专业乐队进行伴奏，不过，专供专业歌手的伴奏，普通人不易摸清节奏，所以，用专业伴奏来经营肯定行不通，可见，KTV 应向消费者提供优质的、适合大众演唱的伴奏。

3. 伴奏的差异化

目前市面上的卡拉 OK 歌曲版本繁多，同一首歌曲的不同版本虽然曲调相同，实际上却有着巨大差异。

（1）使用的乐器数量不同

使用一种乐器和多种乐器演奏出来的听觉效果是截然不同的，采用何种乐器或多少种乐器，应根据创作者的要求和想要达到的效果来做具体分析。一般来说，为原始歌曲做伴奏时不会考虑后期卡拉 OK 歌曲的使用需求，所以，专业歌手使用的伴奏乐器未必丰富，旋律也不一定适合大众演唱；而卡拉 OK 歌曲却需要乐器多、效果好、旋律清晰、节奏明确的伴奏，往往同一首歌曲专供歌手使用的伴奏和大众演唱者使用的伴奏是不同的，歌手使用的伴奏被称为专业伴奏，大众广泛使用的则为卡拉 OK 伴奏。

（2）使用的乐器性质不同

用实体乐器和电子合成器演奏出来的乐声也是不同的，用实体乐器演奏出的乐声悠扬流畅，对演奏者的要求较高；而用电子合成器制作出来的歌曲就稍显生硬。使用不同的实体乐器会产生不同的音质效果；使用不同的电子合成器音色库，也会出现音色差异。这些情况造成了卡拉 OK 伴奏最终的音质差异，只比较一首歌曲可能还无法发现端倪，如果多比较几首歌曲，就会发现显著的不同。

（3）乐器演奏者的水平不同

用真人大乐队演奏的伴奏与业余人员演奏的伴奏也是不同的，这是因为演奏者水平不同，就像写文章一样，不同水平的人会创作出不同质感的作品。

（4）伴奏的出处不同

歌曲的原版伴奏和后补伴奏也是不同的。不是所有的原始歌曲都有卡拉OK版伴奏，因为一些歌曲在制作之初根本就没考虑过制作卡拉OK版本，加之版权因素及出品公司的诸多限制，所以，只好另行制作一版供大众娱乐演唱的卡拉OK伴奏，虽然另起炉灶制作伴奏的方式很多，但是，无论采用何种方式，都无法与原版伴奏相较。

4. 伴奏储存介质的变化

好的存储介质可以延长伴奏的使用期限，不好的存储介质则恰恰相反，我们将现有的存储介质分为三大类：

（1）模拟存储介质

早期的模拟存储介质主要为录音带、录像带和LD光盘，它们的存储格式不同，技术指标偏低，不易保存，使用寿命比较短暂，每使用一次就会衰减一次，所以，很快就被新的介质所代替。

（2）数字光盘介质

在模拟存储介质后出现的数字光盘主要为VCD和DVD，它们的存储格式虽然不同，但播放器基本通用，技术指标也可以满足KTV使用所需，寿命相对较长，不会因为读取次数增多而快速损坏，可以反复复制和读取。如果暴露在阳光下存放，则会产生破坏性影响。

（3）数字硬盘介质

存储在硬盘中的数字文件最为安全，不怕阳光侵害，可以反复使用，寿命更长，除非硬盘自身出现问题，否则可以长久使用下去。所以，硬盘已经成为存储歌曲的主流介质，当前几乎所有KTV都在使用这种介质。细究起来，硬盘也有等级之分，不同等级的硬盘使用寿命也不同，同一块硬盘用于个人电脑的话，寿命可达 10 年，如果用于 KTV 这种经营性场所，寿命或许只有短短的两至三年，可惜广大 KTV 的投资经营者并不了解这一点，所以，才会盲目选择最便宜的硬盘。当然，如果能按时更新硬盘也不失为亡羊补牢之举，但是，一般来讲，KTV 都不会未雨绸缪，直到硬盘彻底坏掉，影响经营后才会掏钱更换。

5. 伴奏与盈利的关系

卡拉 OK 歌曲的伴奏质量关乎消费者的感受和体验，所以，KTV 的投资经营者要对伴奏重视起来，伴奏的优劣会直接影响到消费者的演唱效果，从而影响 KTV 的效益，也会影响到整个 KTV 行业的生存和发展。

二、卡拉 OK 歌曲的发展演变

1. 卡拉 OK 字幕的出现

（1）字幕出现的原因

很多专业歌手在演唱自己熟悉的歌曲时，即使不看歌词也能信手拈来，但是，无论专业歌手还是普罗大众，在演唱不熟悉的歌曲时，却不得不借助字幕或其他形式的提词器。

当用于大众演唱的卡拉 OK 形式出现后，仅有伴奏元素无法让每位演唱者都顺利完成演唱，毕竟要完整无缺地记住所有的歌词是相当困难的，或许今天记住了，明天就忘记了，所以，当卡拉 OK 歌曲播放伴奏的同时，又出现了与歌曲节奏进度相对应的歌词字幕，这就大大便利了大众的模仿演唱。从此演唱不再是一种负担，而是享受、放松和娱乐，卡拉 OK 设备也一举成为广受欢迎的畅销产品。

（2）字幕的最初形式

卡拉 OK 歌曲的字幕需要一个载体，但在录音带时期，载体条件并不具备，直到录像带成为卡拉 OK 歌曲的存储介质时，才出现了视频画面这一字幕载体，当时的视频画面其实就是字幕背景，仅为一个蓝色底图，没有任何内容，后来才逐渐出现了各种或图片或故事情节的视频内容。

（3）字幕的发展过程

卡拉OK字幕经过长期的发展，才形成了今天我们看到的这种表现形式。早期的卡拉OK字幕只是简单的文字显示，后期才发展为随着歌曲进程而逐渐显示字幕的形式，也就是我们现在常见的卡拉OK歌曲字幕的表现形式，即便如此，至今也没有形成一个统一的制作标准，不规范字幕依然存在。

虽然当前卡拉OK字幕存在不少问题，但字幕的出现毕竟是一次升级和进步，这次升级也是推动卡拉OK发展的强大动力，令大众可以更加快速地驾驭不同熟悉程度的歌曲，无论是初次学唱，还是熟练把握，或是高度还原模仿，都在卡拉OK歌曲字幕出现后得到了实现。

2. 卡拉OK画面的出现

卡拉OK歌曲的画面是随着字幕的产生而出现的，两者是共生关系，只是画面的性质和内容、种类逐渐发生了变化，这是技术发展和版权约束等原因共同作用的结果。

（1）单纯型画面

单纯型画面指画面为单色图片或演唱者的照片，毫无艺术性和美感可言，仅用于显示字幕。

单纯型画面是卡拉OK歌曲最原始的画面形式，应用的是最低端的制作方法，这种卡拉OK歌曲一般不为大众所喜爱，因为不具有欣赏价值，也无法使人在演唱时产生愉悦感，更无法令大众领略歌手的演唱风采。

（2）循环型画面

在卡拉OK歌曲的发展史上，还出现过一种用循环视频画面来衬托字幕的方式。所谓循环画面，就是循环播放N幅图片或者N个视频，之所以会产生此类型的画面，主要因为当年的歌曲存在版权不明晰和制作成本高等现实问题。

循环画面所采用的技术和固定画面不同，它应用的是字幕与画面分离的方式，此举的好处是画面的资源占比小，并且没有版权问题；缺点为无

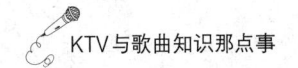

法表现歌曲意境或歌手风采，令演唱者无法进入情境或依照歌手的神态姿势进行模仿，歌手的形象也无法得到宣传。所以，循环画面基本上已被淘汰。

（3）原版型画面

当前最受消费者喜爱的卡拉 OK 画面版本，非 MTV 版和演唱会版莫属。这类歌曲很多都是由原出版公司制作发行的，画面经过精心设计、拍摄、剪辑，或清晰唯美，或充分展现歌曲的意境情节，或展示歌手现场演唱的风姿，便于演唱者模仿学习，而且伴奏也非常专业，故而备受大众欢迎；唯一的缺点就是其所生成的视频文件很大，占用了较多的硬盘空间，幸好随着视频压缩技术的发展，已经解决了这一难题。

不过值得注意的是，在使用此类画面的歌曲时，应首先获得版权许可，否则将会面临法律纠纷，而且当前 KTV 的歌曲库中起码有一半以上的歌曲属于原版型画面歌曲，这种高品质歌曲既被消费者认可，又找不到更高阶的版本去替代，所以，请 KTV 经营者在使用前一定要按规定缴纳版权费，否则将得不偿失。

（4）自拍型画面

有些卡拉 OK 歌曲由于时间、版权和制作费用等客观因素的制约，采用的是自行拍摄的视频画面，比如风景画面、人物画面等。这类画面也有版权，但是，受欢迎程度与原版画面是无法相比的，有的甚至出现了限制级镜头，所以，此类歌曲大多属于不良歌曲。如果一家 KTV 的歌曲库中这类画面的歌曲比较多，一定无法吸引顾客，更招揽不到回头客。

（5）自制型画面

自制画面的概念为无制作公司，很多都是未知作者的 DIY 产品，或粉丝自制的"饭制版"。这类歌曲的画面一般由成品视频剪辑拼凑而成，有的素材来自日韩剧、港台剧或其他影视作品，有的来自歌手的其他原版歌曲画面或饭拍视频。出现此类画面的原因很多，比如有些歌曲从来就没有正式发布过原版画面，但是，大众要进行演唱，就只能通过自制的方式来实现；有些因为年代久远，歌手在世时没有留下视频画面，所以也就无法得到原版画面。虽然大众可以理解此类歌曲存在的原因，但无法给予认可和接受，所以，若某些KTV的歌曲库中充斥着这些拼凑的自制歌曲，必然会影响消费者的演唱体验，给KTV的经营带来负面影响。

3. 卡拉OK原唱的出现

早期的卡拉OK歌曲是不包含原唱元素的，后期随着消费者学歌或欣赏歌曲的需要增加，才开始加入了原唱元素。原唱是卡拉OK歌曲家族中最新的一个元素。

（1）版权问题

原唱也是有版权的，一首原版卡拉OK歌曲每多一种组成元素，就会多一份版权支出。虽然很多早期的卡拉OK歌曲是不带原唱的，但是，当前的卡拉OK歌曲如果不含原唱，就不能被称为一首完整的卡拉OK歌曲，当然，目前的歌曲库中也存在一些无原唱的歌曲，主要为外语歌曲。

（2）技术问题

一首卡拉OK歌曲如果同时包含原唱和伴唱，就需要两条声道或音轨，还需要相关设备加以识别，由于早期的录音带无法存储和识别双声道或双音轨作品，所以，就无法实现原唱、伴唱同时存在于一首卡拉OK歌曲中，直到录像带时代来临，才解决了这个问题，此后的数字时代，可以进行上述工作的设备就更多了，所以，如今的一些卡拉OK歌曲缺少原唱，主要因为版权问题。

（3）差异问题

如果歌曲库中的卡拉OK歌曲全部没有原唱，伴奏也为自行制作的话，版权成本将会大大降低，因为歌曲的词曲版权是最便宜的，也比较好获取，只要有了词曲版权，就可以自制卡拉OK歌曲。但是，自制的水平再高，也无法与原版歌曲的伴奏相较。尤其当自制歌曲被突然切换到原唱音轨时，就会暴露出两者在音质、音色上的差异，令消费者大失所望。不过这种特意不添加原唱音轨的卡拉OK歌曲只有在日本较为常见。

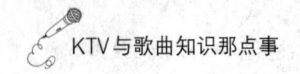

我们希望所有的KTV从业者们在了解到卡拉OK歌曲的基本组成元素和歌曲的分类、定义后，能正确面对经营中出现的各种问题，不再因客人投诉而吓破胆，能够不卑不亢地对客人进行解释和安抚。如果有一天，卡拉OK歌曲库都统一了，歌曲的各项指标也达到了优质水平，大家都开始自愿缴纳版权歌曲使用费了，那么行业的春天就到来了。KTV可以放心大胆地使用优质的卡拉OK歌曲，客人们乘兴而来，满意而归，供需双方皆大欢喜。

第四章
歌曲标准把握好　客人演唱拍手笑

如果卡拉OK歌曲没有被用于经营，那么它对KTV来说就是无足轻重的，但是，如果被用于经营，就是关系到企业经济命脉的重要因素，必须给予足够重视，切不可等闲视之。

KTV的投资经营者不仅要认识到卡拉OK歌曲的重要性，还要掌握判定卡拉OK歌曲优劣的标准，如果连这个标准都搞不清楚，就无从知晓和分辨卡拉OK歌曲的好坏，也无法评估自己使用的歌曲库能否给KTV带来效益。

对卡拉OK歌曲标准的把握还要落实到行动上，不能只停留在认识层面，落到实处不是一蹴而就的，需要付出大量的时间、精力、成本，KTV的投资经营者应把自己打造成一名卡拉OK歌曲的评判专家，勇于突破创新，敢于对场所的设备进行颠覆性改革，这才是一名合格的投资经营者应该具有的智慧和魄力。

目前KTV行业使用的歌曲库普遍存在很多问题，KTV的投资者如果想让自己的场所每天爆满、财源广进，就必须赶快行动起来，如果总是犹豫不决、摇摆不定，只会令效益持续低迷。

一个对卡拉OK歌曲知识知之甚少的人士，若想从事KTV行业并取得一定的成就，是非常困难的，也是不现实的。如果盲目自信、一意孤行，无异于主动走向覆灭的深渊；只有潜心学习卡拉OK歌曲知识，掌握行业技能，不断琢磨如何用好歌、新歌来服务消费者，才能迅速扭转劣势，登上事业高峰。因为优质的卡拉OK歌曲不仅是消费者的迫切所需，也是破解KTV盈利之谜的金钥匙，没有好歌曲还想挣大钱，只能是痴人说梦。

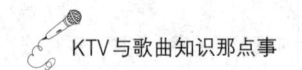

第一节 卡拉OK歌曲的基本标准

上一章我们已经把卡拉OK歌曲的伴奏、字幕、画面、原唱做了细致分类和介绍，也许有的朋友依然存在疑惑——究竟什么样的歌曲才是最标准的卡拉OK歌曲呢？上述类型的歌曲都符合标准吗？答案当然是否定的，下面我们为大家提供一系列比较直观的评判标准，一首卡拉OK歌曲是优是劣，对照一下，便可一目了然。

一、歌曲的伴奏标准

伴奏就是为了引导、辅助人们更好地演唱，但普通消费者的歌唱水平参差不一，伴奏的种类亦数量繁多，只有能满足最广大演唱者需要的伴奏，才能被称为最佳伴奏。

1. 保持原版伴奏

歌曲库中现存最多的伴奏当属原版伴奏，约占50%，卡拉OK经过多年的发展，有不少经典歌曲流传下来，尤其是流行歌曲兴盛时期那些知名歌手的作品，不仅传唱度极高，而且伴奏也堪称精品，否则，KTV也无法存留和发展至今。如果用货币来衡量伴奏价值的话，每首原版伴奏的制作价起码可达1万元人民币，现存的卡拉OK歌曲中有近10万首原版伴奏，总价高达10亿元。其实原版伴奏的价值是无法用金钱简单衡量的，其中不仅有曲作者的智慧结晶，还有乐队和其他音乐人的辛勤创作，所以，原版伴奏对于卡拉OK歌曲来说，可谓是无价之宝，也是KTV行业发展的基石与保障。

2. 增加导唱伴奏

所谓导唱伴奏，是指伴奏中出现的一个用乐器模拟出的人声主旋律，即使外行也能听出是什么歌曲。导唱伴奏可令人们轻松驾驭歌曲，闭着眼睛都能进行模仿演唱。

原版伴奏虽然珍贵，但那是专业歌手使用的伴奏，并不适合大众使用。

我们在实践中发现，一些人们非常熟悉的歌曲，平时明明清唱都很顺畅，在原版伴奏的带领下却会"跑偏"，反而让人"找不着调"。

早期卡拉 OK 歌曲的伴奏中大多带有导唱伴奏，因为主要面向大众，为了让大众在模仿演唱时能够朗朗上口，只可惜如今此类卡拉 OK 歌曲伴奏越来越少。

从大众模仿演唱的需求角度来看，导唱伴奏的引导作用相比原版伴奏更胜一筹。有些歌曲空有原版伴奏，但缺少导唱伴奏，也无法令大众顺利进行模仿演唱，这就需要另行制作一个歌曲的人声主旋律，并加载到原版伴奏中，为大众演唱歌曲打造一个易唱模式。

3. 剔除不良伴奏

目前，歌曲库中尚存几千首根本无法演唱的伴奏，这些伴奏乍一听很像某首歌曲的旋律，实际上却无法演唱，此类伴奏比漏音版和消音版伴奏还恶劣，完全是在糊弄消费者，属于不良伴奏。

如果消费者使用这种不良伴奏，就只能依靠记忆进行演唱了，大大增加了演唱难度。在切换至原唱后，我们还发现原唱、伴唱的配器完全不同，甚至是不知从何处找的音源拼凑而成，这样四六不着的伴奏肯定会把演唱者带到沟里去，所以，此类伴奏绝对不是好伴奏，必须彻底清除，再重新制作合格的伴奏。

由于客观条件的制约，一些卡拉 OK 歌曲无法采用原版伴奏，为了尽快满足 KTV 的使用需求，追求加歌效率和利润，一些卡拉 OK 歌曲在某些制作环节中难免会出现纰漏，产生大量的漏音版歌曲和消音版歌曲，这些歌曲的数量有数万首之多，此类伴奏只能凑合唱，但不属于好伴奏，必须进行改造。

二、歌曲的字幕标准

卡拉 OK 歌曲的字幕绝不是直接加载到视频画面上那么简单，应按照标准行事，字幕标准是经过大量实例论证得出的，按照该标准制作的字幕

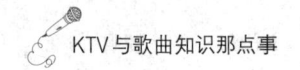

有助于提升歌曲质量，还可以帮助使用者进行演唱，所以，标准字幕的歌曲多了，卡拉 OK 歌曲库的质量才会提高。

1. 保持双排字幕

卡拉 OK 歌曲的字幕也是有讲究的，为了让消费者在演唱时能预览歌词，倾情投入，一般的卡拉 OK 字幕都设计为双排显示模式。此类字幕在歌曲库中占据着主流。

但是，双排字幕也应该形成标准，如果字体不统一、字号不统一、颜色不统一等等，都会造成字幕的不标准和不和谐，所以，双排字幕也要统一化、规范化，令消费者一目了然，轻松愉悦地投入演唱。

2. 改造单排字幕

单排字幕虽然也可以使用，但相对双排字幕而言，预览功能有所欠缺，所以，已经逐渐淡出了人们的视野。当前歌曲库中存留的上千首单排字幕歌曲就需要花大气力去改造了。

3. 替换繁体字幕

当前歌曲库最大的问题，也是影响 KTV 行业命脉的问题，即歌曲的繁体字幕。此类歌曲数目庞大，大概占中文卡拉 OK 歌曲总量的一半有余。

繁体字幕造成的负面影响真有那么严重吗？很多 KTV 的投资经营者都满不在乎或浑然不觉，实际上理解这个问题并不难，做个小小的实验就可以搞明白：组织 10 至 20 个服务人员，把音乐关掉，看他们能否把繁体字歌词都读出来，然后再拿一版简体字歌词，让他们再朗读一遍，询问一下他们朗读哪种字体的歌词更为舒适顺畅。如果服务人员觉得朗读繁体字会磕磕绊绊、不流畅的话，那么意味着客人也会有相同的感受。

我们发现，一首卡拉 OK 歌曲中只要有一个繁体字辨识困难，就会影响到整首歌曲的演唱。假设把卡拉 OK 歌曲的字幕全以甲骨文来显示的话，那么还会有人来唱歌吗？恐怕连专门研究甲骨文的老学究都不愿光临。当前大众对繁体字的辨识能力逐年降低，且《中华人民共和国国家通用语言文字法》明确规定，应使用规范汉字。规范汉字就是指简体字，只有在极少数情况下才允许使用繁体字，可见，繁体字幕已经不符合国家对文字的相关要求，亟须整改。

所以，繁体字幕的整改是当前歌曲库改造工作中的重头戏，如果这项任务不完成，就会持续对 KTV 的运营和发展产生负面影响。

4. 形成字幕标准

在歌曲库中，也有很多标准字幕，不仅看起来赏心悦目，而且还便于演唱。

（1）字幕行数

字幕必须以双排形式显示，一首歌曲由始至终都应显示双排字幕，不可出现单、双混排的现象。

（2）字幕语言

字幕必须为中文简体字，而非繁体。

要对字幕语言进行统一非常困难，只有相关部门颁布一个标准，并且要求所有制作单位都按照这个标准去执行，才有可能将字幕语言逐渐统一，减少不标准字幕的卡拉 OK 歌曲在歌曲库中的占比。

（3）字幕颜色

字幕颜色也是帮助演唱者顺利完成演唱的因素之一。当前卡拉 OK 歌曲的字幕颜色并未统一，要进行统一十分困难，但是，如果能制定出一个标准并普及开来，就可以从现在开始尽可能地使字体的规格、颜色趋向统一，以减少不标准字幕在歌曲库中的占比。

根据对曲库的分析及实际调研后，我们得出如下结论：

歌曲字幕的底色应为白色；随着歌词渐进而填充的颜色被称为滚色，类似一个无形的滚子随着歌曲进度在白底上滚动上色，男声的歌词滚色为蓝色，女声为红色，男女合唱则为绿色，这样的字幕颜色是最清晰、美观且为大众所认可的。

（4）字幕字体

当前歌曲字幕的字体也非常杂乱，黑体、宋体、隶书等都常常出现，

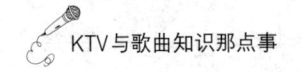

其实令演唱者视觉最为舒适的字体为中圆体，这种字体没有棱角，比较圆润，所以看起来比较舒服。

（5）字幕字号

卡拉OK字幕的字号也非常重要，如果过大不仅显得拙蠢，还会影响画面的完整性，过去还出现过满屏字幕的版本，给消费者带来了巨大的困扰，如今这种不合理的字幕已经几乎绝迹；如果字幕的字号过小，则会使提示作用降低，也会影响到大众的辨识和演唱。所以，我们认为双排字幕的显示应为如下标准：

两排字与画面的高度比例不能超过1:5，这就需要在制作过程中对字号进行控制。具体情况还应根据显示设备的尺寸和与演唱者之间的距离酌情调整。

（6）字幕字数

为了提升演唱者的使用体验，双排字幕模式还应对每排字幕的字数进行规定，如果字数过多，会显得拥挤，透视度降低，遮挡画面，缺少美感；字数过少，稀稀拉拉，不仅不够美观，还会影响演唱。

所以要根据不同的视频格式，显示不同的字数。一般来说，标清格式的视频，每行字幕的字数不超过10个，宽屏高清格式的视频则不超过13个。

（7）字幕断句

由于每句歌词的长短不一，所以，在制作卡拉OK歌曲的字幕时，还需要对长句子进行断句，断句需要一定的文字功底和良好的语感、乐感，还要灵活运用，因此，并无统一的标准，只能依靠经验和不断探索来完善。

目前，即便是同一首歌曲，出现在不同的视频格式中，或因制作方不同，也会出现不同的歌词断句。只要不影响演唱者使用，就没必要进行改造，想要完全统一制作方的断句水平也不现实，只能逐步摸索。

三、歌曲的画面标准

卡拉OK歌曲的画面由早期的单一载体作用，发展为吸引顾客、评判歌曲优劣的重要类项之一，经过了长期的嬗变，优质画面人人喜欢，广受好评，也能彰显歌曲库的整体质量，自然会对经营产生正面影响；劣质画面就纯属帮倒忙了，所以，KTV 的投资经营者应尽量争取具有优质画面的歌曲，那么如何判断歌曲画面内容的优劣呢？其实，我们可以通过一定的标准进行鉴别：

1. 保留 MTV 版画面

当前歌曲库中的歌曲大部分为 MTV 版本，这种版本的画面最受大众喜爱。人们在演唱过程中容易被画面所吸引，倾情投入，所以，此类珍贵的画面必须存留，但值得注意的是，MTV 版歌曲可细分为若干类，并非所有的 MTV 版歌曲都是精品。

2. 保留演唱会版画面

演唱会版本是绝对的原人原唱版本，体现了歌手在演绎歌曲时的真实风采，也是广受大众喜爱的版本之一，理应存留。

3. 保留影视版画面

很多大众喜闻乐见的歌曲都是影视剧的主题曲或插曲，影视版画面不仅可以使演唱者重温剧情，还能迅速进入歌曲情境，故颇受剧迷的喜爱，也应该存留。

4. 保留故事版画面

20 世纪 90 年代，曾流行过一种故事版卡拉 OK 歌曲，此类歌曲在制作前会按照歌词大意拟定一个类似微电影的剧本，然后招募演员进行拍摄，虽然真正的演唱者并未出镜，但由于此类歌曲既无 MTV 版本，又无现场演唱视频，所以故事版画面就成了唯一的卡拉 OK 歌曲画面。

故事版歌曲的分类比较复杂，数量也高达几万首，有些歌曲会被更精美的版本所替换，有些就一直留存于歌曲库中。如果有人愿意下功夫投入精力改造这些故事版歌曲，一定有助于提升整个歌曲库的质量，更好地为消费者服务，功德无量。

5. 减少风景版画面

目前歌曲库中还有数千首风景版画面的歌曲，此类歌曲对大众而言并

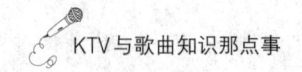

不属于优良版本，而且画面中的风景与歌词意境毫无关联，令人无法投入情绪，所以，应尽量减少这类歌曲。

6. 删除人物版画面

人物版画面是业界公认的最差版本，这里所说的人物，并非演唱者本人，也不是制作方专门聘请的演绎故事情节的演员，而是所谓的"人体模特"。这些"模特"在画面中或缓缓漫步，或搔首弄姿，不仅不能表现歌曲主题，而且毫无美感，令人生厌，还有一些"模特"身着泳衣或暴露的服装，严重违反公序良俗，给观者带来了负面感受。

这些歌曲产生于卡拉 OK 在中国兴起之初，不少人对低俗的西方文化盲目追捧，在制作歌曲 LD 光盘时，应用了不少三俗画面，后来，在模拟转数字时期，这些画面也没有被彻底剔除，一并复制流传至今。此类歌曲的制作费很低，或者根本无须支付版权费，所以，现存数千首之多，应尽早淘汰。

四、歌曲的原唱标准

歌曲的原唱非常重要，原唱可供人欣赏，还可供人学习，进而模仿演唱，没有原唱的卡拉 OK 歌曲就像一道没有调料的菜肴，失去了灵魂。

1. 存留原人原唱

当卡拉 OK 歌曲出现了原唱这个元素后，大众开始热烈追捧原人原唱版本的歌曲，此类歌曲不仅可以供大众进行学习、模仿，还能满足追星族们欣赏偶像歌声的需要。当前原人原唱歌曲在歌曲库中的占比是最多的，有些歌曲哪怕伴奏不够好，但原唱绝对完美，所以，原始演唱者的歌声是一首卡拉 OK 歌曲的原唱金标准。

2. 替换真歌假唱

目前歌曲库中还存有一种真歌假唱型的卡拉 OK 歌曲，即原唱的声音既不是歌曲首唱者的，也不是知名翻唱者的，而是来自一名业余水平的模仿者，这种原唱如果播放出来，不仅不能让大众欣赏和学习，还会贻笑大方，成为笑柄。所以，此类歌曲应予以替换。

第二节　卡拉OK歌曲的技术标准

当前卡拉OK歌曲多以数字文件的形式存在，数字文件属于视频压缩技术的范畴，所以，卡拉OK歌曲的文件格式可以直接反映歌曲质量的优劣，这个标准是科学的，是经得起检验的，歌曲的各项指标数据就是其音频、视频技术水平的直观体现。

一、歌曲的视频标准

1. 视频的制式标准

早期在播放卡拉OK歌曲前要先选择电视机的制式，如今的电视大都为全制式，所以，制式已不是播放视频文件的障碍。

目前，世界上普遍使用的电视广播制式有NTSC、PAL、SECAM三种。卡拉OK歌曲也有不同的制式，我们日常接触的多为NTSC和PAL，日本多采用NTSC制式，中国则广泛采用PAL制式。当切换不同制式的歌曲时，常会出现图像闪烁的情况，只有统一制式才能免除此类困扰。

2. 视频的格式标准

传输未经压缩的原始视频会造成传输资源、存储资源和解码资源的浪费，所以，人们经常使用和传输的都是经过压缩处理后的视频，电视台的节目也是经过压缩后再向千家万户进行传输的。

如今视频压缩技术虽已日益完善，但不同程度的压缩依然会影响视频的清晰度和最终效果，简言之，压缩得越厉害，图像的清晰度就越低。

其实压缩的概念也很好理解，可以把视频画面想象成一幅印在由经纬线织就的布匹上的画，为了降低画布的重量，就要从布匹中抽出若干经纬线，抽得越多，布匹的重量就越轻，但画面也就越模糊；线抽得越少，画面就越清晰，但布匹的重量下降得就越少。

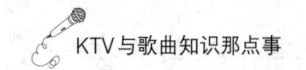

随着技术的发展，歌曲的压缩格式日渐多元，但效果却不尽相同，如果采用落后的压缩技术，则画面不够清晰，且文件很大，浪费内存；若采用先进的压缩技术，则画面清晰度高，占用空间小。但是，无论哪种压缩技术，都会造成图像的清晰度下降，采用不当的压缩指标也会造成图像损失，所以，盲目追求"小"必然会损失一定的画面清晰度，尤其在大屏幕上显示时，差别尤其明显，故采用最先进的压缩技术和压缩指标才能保证歌曲画面的质量。

（1）MPEG-1

MPEG-1为20世纪90年代兴起的一种压缩方式，也是大家所熟悉的VCD的压缩格式。由于当时的光盘容量较小，为了在一张光盘中储存尽可能多的内容，只能增加压缩强度，造成了图像的清晰度降低和动图出现马赛克、卡顿等现象。早期的卡拉OK歌曲库中存有大量的MPEG-1压缩格式歌曲，当前的歌曲库中，此类歌曲也许依然存在，但数量已经非常少了。

（2）MPEG-2

当前主流的大码流歌曲库普遍采用的是MPEG-2视频格式，这些歌曲资源主要由DVD光盘转换而来，因转换后的文件太大，又经过了一次压缩，如此一来，原始歌曲文件由400M至600M被压缩至150M左右，画质损失肉眼无法捕捉，此类歌曲的画面质量也不会受显示器尺寸的影响，完全可以满足KTV的经营所需。

（3）MPEG-4

MPEG-2是早期应用于局域网传输时的一种视频流格式，但以互联网传输为主流的今天，此格式就不相宜了，也无法顺畅播放，所以，MPEG-4格式应运而生，以此格式压缩的视频文件不仅可通过互联网流畅播放，而且清晰度较高，所占内存较小。

由于很多小型KTV的资金有限，故常使用小码流歌曲以减少硬盘投资预算，应用MPEG-4压缩技术可将歌曲压缩至很小的码流，同时还可保持清晰度。

（4）HDMI

HDMI 属于高清图像范畴，如今，应用此标准拍摄制作的歌曲非常流行，其清晰度比 DVD 还高，文件也更大，直接作卡拉 OK 歌曲使用是不行的，必须与 DVD 一样，先经过压缩。但是由于早期的很多歌曲都达不到高清质量，也无法按照 HDMI 标准去重新拍摄，所以，这种格式虽好，但对一些经典老歌而言，却无用武之地。故当前 HDMI 歌曲还没有成为卡拉 OK 歌曲的主流，只能以添加新歌的方式逐渐扩充进歌曲库中，但这些并不妨碍其将成为未来歌曲库中的主角，成为广受 KTV 消费者欢迎的歌曲格式。

二、卡拉OK歌曲的音频标准

不同的压缩技术和压缩格式生成了众多类型的音频格式，而音频又是 KTV 场所经营内容的核心。众所周知，音频格式决定音质，但很少有人了解，即使是同一种音频格式，压缩采样率发生变化，也会导致音质发生改变，不少 KTV 在音响设备上进行了大手笔投资，但对音响的音源——歌曲音频却漠不关心，在此提醒 KTV 的投资经营者们，一定要对经营所用的歌曲库加强关注，勤检勤查，以保障正常运营，否则，一个漏洞百出的劣质歌曲库不仅无法展示音响的震撼效果，满足经营所需，还有可能令昂贵的音响设备损坏，得不偿失。我们经常接触到的歌曲音频格式有以下几种：

1.AC-3

全称为 Audio Coding 3，是一种高级音频压缩技术，最多可以对 6 个比特率最高为 448kbps 的单独声道进行编码。我们经常提到的 5.1 声道，其实就是由 5 个全频域声道和 1 个超低音声道组成的杜比 AC-3 所提供的环绕声系统。

2.WAV

WAV 是微软公司开发的一款声音文件格式，支持多种音频数字、取样频率和声道，标准格式化的 WAV 文件与 CD 文件格式相同，也是 44.1K 的取样频率，16 位量化数字，因此文件质量与 CD 相差无几。

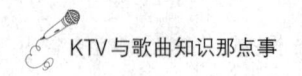

3.MP2

即 MPEG Audio Layer-2 格式，具有高达 6:1 的压缩率，同时，其音质可基本保持不失真，因此，MP2 也是目前卡拉 OK 视频资料库使用最多的音频文件格式。这种格式的优点主要表现为：音频是以音轨方式存在的，可呈现我们所熟知的立体声效果。

目前歌曲库中有不少歌曲是以左右声道的形式存在的，此类歌曲听起来会给人一种声音单薄、不够饱满之感，遗憾的是，很多 KTV 的投资经营者不明就里，也无暇去检查自己的歌曲库，往往因此流失了大量客源还浑然不觉，岂不哀哉？可见，了解和学习音频知识是多么重要。

第三节　优质卡拉 OK 歌曲的标准

卡拉 OK 歌曲由四个元素组成，所以在评判一首卡拉 OK 歌曲的优劣时，应从四元素即伴奏、画面版本、字幕类型和原唱类型着手。优质卡拉 OK 歌曲必须在四个方面全部达标，否则就不能被称为优质歌曲，然后再从技术层面进行专业剖析。

一、优质歌曲的直观评价

1.伴奏音频

原版伴奏是目前最好的伴奏类型，适用于专业演唱者及演唱水平较高的人；而对业余的音乐爱好者或不熟悉某些歌曲的普通消费者而言，最合宜的伴奏则为导唱伴奏，所以，原版伴奏和原版导唱伴奏都是最好的伴奏。

2.视频画面

最好的卡拉 OK 歌曲画面为演唱者亲自出演的 MV 或演唱会现场视频，观众可以一睹歌手的风采，欣赏到其曼妙的风姿和真实的台风，所以，MTV 版和演唱会版都是最好的歌曲版本。

3. 歌曲字幕

双排标准字幕是最佳的卡拉 OK 字幕，其他字幕都不能算作好字幕。

4. 原唱音频

歌曲的原唱必须是演唱者本人演唱该歌曲的声音，非模仿者的声音，更不能是无声静音。原唱的作用就是为了让大众在欣赏歌曲之余可以据此进行模仿、学习，如果原唱不"原"，出现的是模仿者的声音，则丧失了原唱的意义，还不如称其为"替唱"。

二、优质歌曲的技术标准

1. 视频标准

优质视频的图像标准为 MPEG-2 或 HDMI 格式，压缩得不太厉害的 MPEG-4 格式次之，画面的清晰度才是衡量歌曲画面优劣的首要技术标准，文件大小次之。

2. 音频标准

优质歌曲的音频应达到 CD 音质，且不可过分压缩，还应以音轨而非声道的形式存在。

尽管通过本章的介绍，大家可以大致了解到优质歌曲的基本标准和技术标准，但究竟如何对现存的繁杂、庞大的歌曲库进行统一的规范化管理，依然是一个无解的难题，这不仅仅是 KTV 的投资经营者需要思考的问题，也是整个 KTV 行业都要去面对和关注的问题。正是由于技术指标和参数过于复杂，导致了歌曲库之间的巨大差异，如果 KTV 的投资经营者缺乏相关知识，两眼一抹黑，就无法进行科学选择，一旦选择错误，就会谬以千里，为将来的经营和发展埋下隐患。

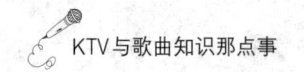

第五章
歌曲画面版本多　不懂千万别瞎说

在了解完卡拉OK歌曲的标准之后，KTV的经营者们不妨据此对照一下自己的歌曲库，看看究竟能否满足消费者的需求，掂量一下自己的"家底"到底有多厚，但是，要想深入彻底地对歌曲进行了解，还要吸纳更多的知识。

在KTV行业中，有些人号称自己对卡拉OK歌曲"门清"，还有的人对歌曲知识不屑一顾，认为是"小儿科"，但真要考核起来，他们却未必懂得多少，所以我们认为，对KTV的从业者进行卡拉OK歌曲知识的普及迫在眉睫。

一个从事KTV行业的人如果不懂卡拉OK歌曲的相关知识，就好比律师不懂法律条文、司机不懂交规一样，这是多么悲哀的事情啊！当这些从业者偶尔被家人、朋友问及卡拉OK歌曲方面的基本知识时，却一问三不知，也是一件颇为尴尬的事，所以，我们强烈要求所有从事KTV投资经营及产业链中的人士都能对卡拉OK歌曲有一个大概的认识，要对得起自己经营的事业，不然就枉费了那些辛苦奋斗的日日夜夜。

卡拉OK歌曲虽然多达20万首，但是，其制作规律还是有迹可循的，既然歌曲是由四元素组成的，那么我们就逐个进行剖析，首先从最直观的歌曲画面开始。

消费者对歌曲的画面版本是很挑剔的，如果达不到他们的要求，KTV场所就会被打上"劣质"的烙印，从而丧失对消费者的黏着力，无法产生持续性盈利。

第一节　卡拉OK歌曲的版本分类

所谓歌曲版本，就是卡拉OK歌曲视频画面内容的表现形式，当前卡拉OK歌曲的画面版本非常多，如果不了解各类版本的形态，就无法分辨歌曲所属的版本，也就无法成为KTV行业的有识之士，甚至会被认为是混饭吃的，就更甭提去满足消费者，进而获利了。

前面我们已经介绍了歌曲画面版本的分类，即MTV版本、演唱会版本、影视版本、故事情节版本、风景版本和人物版本六大类，其实每大类中还有一些细小的分支。如果仅掌握这六大类型，而不清楚其中的小类，依然无法把控各大类的具体特征。尤其是MTV版本，大家都认为很容易辨别，实际上却是最难分辨的一种。

无论是对歌曲画面版本分类的能力，还是对歌曲进行版本鉴别定义的能力，都是体现一个KTV从业者专业与否的重要标志，所以，对所有的卡拉OK歌曲的画面版本进行认识和深入了解，意义非常重大。

第二节　MTV版本的分类

首先，我们要搞清楚MTV的概念是什么，从字面意思来看，MTV的英文全称为music television，中文意思为"音乐电视"，即把一首歌曲以电视短剧的方式去拍摄剪辑，来表现歌词的意境和情感内涵，所以，拍摄手法多样，不拘一格。如果不能真正理解MTV的含义，则对它的理解也是管中窥豹。

一般而言，一首歌曲的经典MTV版本只有一版，极易给大众留下深刻的印象，也比较容易识别、理解和把握，只有少数歌曲会制作多个MTV版本。

一、标准MTV

在大多数人的认知中，MTV版本的歌曲必须有原人原唱的画面，这种

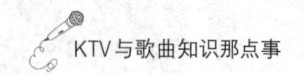

理解是正确的，但不够全面，因为这种情况仅是 MTV 摄制方式的一种，也是较常见的一种，因此，我们称这种形式的歌曲为标准 MTV 版歌曲。

标准 MTV 是指歌手在与歌词意境相符的背景及剧情中亲自出镜演唱该歌曲的画面版本，且口型与歌词发音完全吻合。也就是说，这种歌曲版本需要歌手亲自演唱和表演，口型声音都与歌曲的字幕一致。

经调查发现，此版本为目前最受消费者欢迎的卡拉 OK 歌曲的画面版本，此类画面版本不仅给受众带来了美好的视觉享受，还成为很多歌迷致敬偶像的"必点款"。

此类版本的歌曲制作成本不一，导致制作水平和质量也大相径庭，总体而言，歌曲质量与资金投入成正比，但是，绝大多数歌曲的 MTV 都是数万元人民币的小成本作品，只有大牌歌手的制作费比较高昂，效果自然显而易见。比如周杰伦的很多 MTV 动辄投入上百万元，给歌迷带来了美妙的视觉享受。

二、演唱 MTV

有些歌曲的 MTV 画面看上去非常像演唱会版本，足以乱真，但是，这类歌曲恰恰不是演唱会版本，而是采用一种特殊的 MTV 拍摄手法及后期制作手段创作出来的。

其实，MTV 的发展史并不长，其雏形为拍摄歌手的演唱会画面并通过电视台播放。MTV 的发明者是一名电台 DJ，后来到电视台工作，开创了以歌手的演出视频为主要节目内容的新型栏目形式，他播放的视频也不是大成本拍摄制作的标准 MTV，而是歌手的演唱会或现场演唱视频。

实际上，很多歌手并没有拍摄制作过标准的 MTV，歌曲视频多以现场演唱视频和花絮剪辑而成，此类歌曲也是由唱片公司官方发行的，亦属于 MTV 的一种，我们将其称为演唱 MTV。

在甄别演唱 MTV 版本与演唱会版本的区别时，可以参照以下几点：

1. 多场次官方镜头集锦

此版本应用的素材都是专业拍摄的,无论更换多少演出场地和背景,均为唱片公司拍摄,而且这些素材资料只有唱片公司能够提供。

2. 演唱者是否手持麦克风

有些歌曲的演唱者并没有手持麦克风,也没有佩戴耳麦,与现场演唱的收音原理不符,这种仅有一个舞台背景的"演唱会",实为演唱MTV版本。

3. 演唱现场的灯光舞美背景是否有变化

每场演唱会的灯光舞美背景都不同,在歌手演绎一首歌曲的时间内,不可能出现多次舞美背景的巨大布局变化,而演唱MTV版本的歌曲,灯光舞美背景恰恰就是频繁变化的,由此可断定这是多场演唱会的镜头集锦。

4. 演唱者的服装是否有变化

如果歌手在演绎某首歌曲时,发生了多次衣着的变化,且镜头中并没有更衣过程,就可认定此MTV乃多场演唱会的镜头拼接而成。

5. 演唱者的妆发是否有变化

演唱者在视频画面中出现多次妆发变化,这种变化所耗费的时间远远大于更换服装的时间,绝不可能在短时间内完成,据此可断定这是多场演唱会的视频剪辑。

6. 歌曲伴奏是否为原版伴奏

演唱会版本的歌曲会因现场录音条件所限,出现漏音现象,而演唱MTV的伴奏一般为原版伴奏。如蔡依林的代表作《倒带》就是典型的演唱MTV歌曲。

由此我们发现,演唱MTV必须具备两大要点:

第一,并非一场演唱会中,歌手演绎某首歌曲的完整视频素材组成。

第二,歌曲的画面并非全部为歌手演唱歌曲的镜头,会穿插一些花絮及场内外观众的镜头,甚至还有歌手的其他视频素材。

大众对演唱MTV版本的接受度尚可,因为画面中毕竟会出现歌手开口演唱的镜头,口型也与字幕相吻合,伴奏也不错。

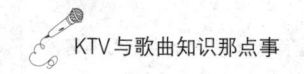

三、闭口MTV

很多人都认为，所谓MTV，演唱者就一定要在画面中开口歌唱，这样才能对得上口型，其实，这种观点是错误的。很多MTV为了追求意境或别出心裁，并不会出现歌手开口唱歌的镜头，对于这种情况，我们就只能靠画面内容来确定其是否属于MTV了。

比如大家都非常熟悉的经典歌曲——张学友的《吻别》，就是一首非标准的MTV歌曲，虽然张学友和周海媚一直在画面中演绎与歌词意涵相匹配的情感故事，却没有开口演唱，整首歌曲的视频画面与歌词表达的意义浑然一体，相信没人会否认这首歌曲的画面就是《吻别》MTV的视频画面，而且至今也没有见到过这首歌曲的其他版本画面。

对张学友的歌曲十分熟悉的朋友还会发现，《吻别》这首歌曲的MTV画面也被运用到了他的另一首歌曲《秋意浓》中，乍一看好像也没毛病，但是，由于《吻别》的传唱度和热度比较高，再加上先入为主的印象，所以人们都认为《秋意浓》借用了《吻别》的MTV画面。在歌曲库中，同一个视频画面应用于多首歌的情况屡见不鲜，如果不进行细致分析，往往会忽略这些问题。

总之，我们通过知名歌手的一些歌曲可以得知，歌手虽然出现在歌曲的MTV画面中，但是并不开口唱歌，只是在"演戏"，所以，我们将这种不标准的MTV称为闭口MTV。

四、隐身MTV

如果说闭口MTV不够标准，给大众造成了混淆，那么下面我们再来介绍一种更加令人迷惑的MTV歌曲版本，这类歌曲不仅没有歌手开口演唱的画面，甚至歌手本人的形象也全程"隐形"，完全就是一段以歌词为蓝本的微电影。

这类歌曲也是由版权拥有方正规出版的官方MTV，但这种"歌手为微电影演唱主题曲"的形式并不被大众认可，我们将此类歌曲统称为隐身MTV，意思为歌手没有出现在歌曲的画面中，但确为正版的MTV。

大家可以观察一下孙楠的《燃烧》、唐磊的《丁香花》，孙楠和唐磊都没有出现在各自的歌曲画面中，但是，由于发布这些歌曲的机构具有官方身份，所以都属于官宣的MTV版本。

五、戏曲MTV

戏曲画面一般采用与其意境相符的特殊的舞美背景，而且演唱者会开口演唱，唱词与口型相吻合，为此，我们也将其归为MTV的范畴，称其为戏曲MTV。

第三节 演唱会版本的分类

演唱会版本也被称为现场版、Live版，我们对演唱会版本的评价是最高的，因为它才是不折不扣的原人原唱，歌手在台上载歌载舞，俯仰生姿，人们不仅可以据此进行模仿，还能一览偶像的风采和现场的盛况。比如迈克·杰克逊的神仙步伐，如果不看他的演唱会版本，就无法进行学习、模仿。所以，演唱会版本的真实感最强，也颇受大众喜爱。

在歌曲库中，演唱会版本的歌曲总量要少于MTV版本，因为拍摄一部MTV的成本远远低于开一场演唱会的成本，而且很多籍籍无名的小歌手终其一生也不会举办一场有规模的演唱会，所以，要开演唱会，至少要具有一定的知名度和几十首被大众所熟知、喜爱的歌曲，这也是演唱会版本的歌曲基本上都是知名歌手的作品的原因。

一、完整版

所谓完整版，是指从歌手举办的演唱会或歌友会的众多演唱视频中截取出一首完整独立的歌曲，凡是取自歌手同一场演唱会的歌曲，其灯光舞

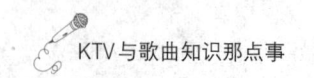

美风格基本上是一致的，歌手的容貌也不会发生大的改变。

很多大牌歌手都会频繁举办演唱会，虽然演唱会的视频素材不少，都可以制作成卡拉OK歌曲，但客人也有自己的偏好，譬如一些客人会指定某位歌手于某年某场演唱会的版本，如果歌曲库中只有一种演唱会版本，就无法满足客人的多元需求。

二、专题版

很多歌手虽然没有实力举办演唱会，但他们经常参加由电视台或演出机构组办的活动，不断曝光，我们将以歌手在活动中的演唱视频为素材制作而成的卡拉OK歌曲称为专题版演唱会。

这些年轻歌手或知名度不高，或只有一两首成名曲，如果没有发行过自己的MTV版本歌曲，就只能将他们在各种活动中的演出影像制作成卡拉OK歌曲，如此既可以丰富卡拉OK歌曲的种类，又能让这些歌手拥有自己的演唱会版卡拉OK歌曲，还能增加知名度，可谓是一举三得。尤其在娱乐选秀节目十分火爆的当下，虽然新人辈出，但不乏昙花一现之人，不少歌手的演唱影像说不定就是这首歌曲的绝版画面，故而弥足珍贵。

三、演唱影视版

这类版本的歌曲都出自影视剧，由于演唱者不一定在剧中饰演角色，所以经常遭遇"只闻其声，不识其人"的尴尬情况，于是，一些卡拉OK歌曲的制作方为了提高歌手的知名度，特意在影视剧的剪辑片段中添加了歌手的演唱镜头。如今这种方式也成为很多影视剧歌曲主流的制作宣传方式，我们将这类既有影视剧情节画面又有歌手演唱歌曲画面的卡拉OK歌曲称为演唱影视版。

行文至此，或许还有人对此类版本的概念不甚明了，简单地说，该类歌曲的画面必须由两部分组成：第一，影视剧的画面；第二，演唱者演唱歌曲的画面。

这两部分画面可以在不同时间、由不同机构或个人进行制作。此类歌曲可令大众欣赏到影视剧的精彩镜头，又能一睹演唱者的真容和风采，类似演唱会，又优于演唱会，类似影视版，又高于影视版，所以，演唱影视版歌曲不仅能让人们了解歌曲的出处，还能直观地认识演唱者，堪称更高级的演唱版与影视版的组合。

第四节　影视版本的分类

影视版歌曲非常重要，不容忽视，因为很多歌曲都是随着影视剧的走红迅速流行开来的，在没有互联网也没有普及电视的年代更是如此，当时电影兼具休闲娱乐、陶冶情操和传播流行风尚等多重作用，在电视普及后，热播剧的主题曲和插曲又成了人们争相模仿传唱的热门歌曲。

影视歌曲主要指片头曲、片尾曲、主题曲、插曲，一部影视作品中通常会出现一首或多首影视歌曲，音乐片中的歌曲则更多。

影视歌曲与影视作品的关系虽然密切，但并非全然同步共生，有的是歌曲火了之后才被影视剧所采用，有的则是乘着影视剧的东风红遍全国，如果对歌曲知识没有一定的了解和掌握，就无从辨析此类歌曲版本。

一、原人影视版

一般来说，歌手负责演唱歌曲，演员负责演戏，但如今，大部分艺人都朝着多栖方向发展，歌手也会跨界参与影视剧的拍摄，并在其中演唱影视歌曲，这种歌曲被称为原人影视版歌曲。

例如：电影《花好月圆》中任贤齐与杨千嬅演唱的《花好月圆》，电视剧《情深深雨濛濛》中赵薇演唱的《离别的车站》，都属此类。

二、替身影视版

有时某首歌曲虽然在影视剧中被一名演员开口"演唱"，但真正的演

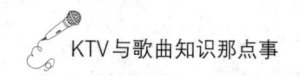

唱者却另有其人，也就是说，该演员在以"对口型"的方式进行表演，我们将这种歌曲称为替身影视版歌曲。

例如：电影《英雄儿女》中刘尚娴饰演的王芳，在影片中演唱的《英雄赞歌》，其真正的演唱者是张映哲老师；电视剧《奋斗》中王珞丹饰演的米莱演唱的歌曲《左边》，真正的演唱者其实是杨丞琳。

由于缺乏歌曲知识，不少 KTV 使用的歌曲库中都错把替身影视版歌曲的演唱者标注成了影视剧中的表演者，这种做法不仅使谬误流传，还会贻笑大方，影响了自身的专业形象和口碑。所以，希望 KTV 的投资经营者对此类歌曲给予充分的认识和重视。

三、完全影视版

然而，大多数影视歌曲并不属于上述两种版本，演唱者既没有参与演出，也没有演员代替歌手进行演唱，歌曲画面全部来自影视剧的视频画面，这种将影视素材按照歌曲时长进行剪辑，合成为卡拉 OK 歌曲画面的情况也很常见，此类歌曲被称为完全影视版。

第五节　故事版本的分类

在歌曲库中，还存在上万首非原人原唱歌曲，这类歌曲还可分为很多小类，虽然这种歌曲不属于好歌曲，也不是大众喜爱的版本，有些甚至令人反感，但由于暂时没有更好的版本可供替换，所以只能勉强存留于歌曲库中，希望在未来条件允许时能够进行改良和更换。

一、故事情节版

20 世纪 80 年代，为了适应卡拉 OK 这种新兴的娱乐模式，在其出现后的很长一段时间内，歌曲制作单位不仅要制作新歌曲，还要把以前传唱度较高的歌曲都制作成 LD 光盘，但是，若要与原唱者合作，则会耗费一定的经济成本和时间成本，所以，不少公司在取得歌曲的词曲版权后，便开始自行制作卡拉 OK 歌曲，其中故事情节版属于比较正规的良心之作，也算是"高投入"的一种拍摄方案。

制作者先按照歌词大意编写一个简单的剧本，再招揽一批演员进行拍摄，如果不对这类歌曲画面做深入分析，往往会误判为隐身 MTV，但是，我们在前文介绍过，隐身 MTV 的制作方为歌曲的初始版权所有者，虽然没有出现演唱者的镜头，但是官方血统确定无误，"根正苗红"。故事情节版与隐身 MTV 版的拍摄手法基本一致，最大的区别就是一个为官方摄制发行，另一个为非官方摄制发行。

二、影视题材版

不少歌曲的画面看似与歌词意境相符，拍摄手法精湛，演员也赏心悦目，但仔细一看，却十分眼熟，原来这些画面是从日韩剧、港台剧甚至内地影视剧中剪辑而来的，与歌曲并无半点关系，很多镜头还会重复出现，令人摸不着头脑。这种将影视作品剪辑为卡拉 OK 歌曲视频画面的情况屡见不鲜，我们称之为影视题材版。由于这些画面也可以勉强拼凑成一个故事，所以，将其归在了故事情节版中。

值得注意的是，影视题材版与影视版不同，后者的画面来自其出处的影视剧，而前者与所采用的影视作品毫无关联。

三、假版本

有些歌曲看上去好像是演唱会版或 MTV 版，但仔细一看就会发现演唱者的口型与歌词完全不同步，或者根本对不上口型，甚至在歌曲的间奏期间，画面中的演唱者还在"引吭高歌"。

这种情况就是"张冠李戴"，用演唱者另外一首歌曲的画面来充当该歌曲的画面，所以被称为假版本歌曲，以此来区别真版本。这种假版本歌曲主要有假演唱会版和假 MTV 版两种。

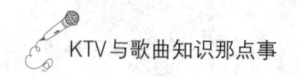

四、照片版

由于很多歌手既没有拍摄过 MTV，也没有举办过演唱会，所以只能将他们的照片做成视频文件，以此作为卡拉 OK 歌曲的视频画面，这种形式的歌曲被称为照片版歌曲，也有人用相册版来进行定义。

照片版歌曲虽然称不上精品，但聊胜于无，亦属于故事情节范畴，一旦有条件，此类版本就会被替换掉。

五、动画版

还有些歌曲的画面比较特殊，主要由根据歌词意涵制作而成的动画构成，这些动画的制作水平参差不齐，但总体优于照片版画面，其实一些知名歌手也会尝试用动画元素来丰富自己的 MTV，比如周蕙的《约定》就属于动画版本的歌曲，由于该歌曲是官方制作并发布的，所以归类到了 MTV 版本中。那些非官方制作的动画版便归到了故事情节版本中。

第六节　人物版本的分类

前面已经介绍过了人物版歌曲的一些情况，该版本的实质为：画面中出现的人物及其表情、肢体所表现的情节、意境均与歌曲内容毫无关联，常令受众莫名其妙，这些歌曲多为卡拉 OK 兴起之初的不成熟产物，当前很多 KTV 的歌曲库中起码还存有 5000 余首，人物版歌曲不仅不为消费者所喜爱，还拉低了整个歌曲库的质量，食之无味，弃之可惜。

一、时装人物版

为了增加卡拉 OK 歌曲 LD 碟片的销量，很多制作发行方都采用了外聘模特的形式来拍摄歌曲画面，这些模特的素质参差不齐，无论外表还是表现力，都难以尽如人意，由于模特在镜头中都身着当时最流行的时装，所以，我们将其称为时装人物版。

二、情侣人物版

这类歌曲中的人物多为两人或多人，或男男组合，或女女组合，或男女组合，以男女组合居多，男女主角常以情侣的姿态出现，故将此类歌曲称为情侣人物版。

三、泳装人物版

20世纪八九十年代，为了迎合当时商务型KTV的经营所需，一些制作发行方摄制了大量泳装人物视频来匹配歌曲，此类画面中的人物大多身着清凉的比基尼或连体泳装，浓妆艳抹，搔首弄姿，虽然有人美其名曰"个人写真"，但以今天的眼光来看，这些画面庸俗、低俗、恶俗，毫无美感可言。

为了避免广大青少年受到不良画面的戕害，泳装人物版歌曲应予以取缔，替换为其他的版本。

第七节　风景版本的分类

由于制作卡拉OK歌曲的成本所限，还有一些歌曲的画面极其简陋，连人物和故事情节都没有，只将各类风景视频剪辑在一起，拼凑了事，运用此方法制作的画面虽然不为观众所喜爱，但胜在可以"速成"，每人每天可制作数十首，目前存留在歌曲库中的风景版歌曲数量不少，起码在5000首以上。

一、自然景观版

这类歌曲的画面为特殊地貌、山川、河流、森林、草原、湖泊等自然风光。

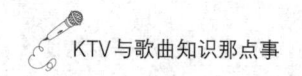

二、人文景观版

这类歌曲的画面为建筑、街道、名胜、古迹、民间习俗等人文风光。

第八节　其他版本

凡是无法用 MTV、演唱会、影视版、故事版、人物版、风景版定义的卡拉 OK 歌曲，都可以列为其他版本，此类歌曲的视频画面没有任何含义，完全是为叠加字幕而存在的。

卡拉 OK 歌曲的版本类型非常繁杂，只有认真学习，仔细辨析，才能正确地将卡拉 OK 歌曲的画面版本分门别类，希望通过我们对卡拉 OK 歌曲画面版本知识的详细介绍，能让更多的 KTV 从业人员直观地了解各卡拉 OK 歌曲画面版本间的细微差别，清醒地意识到卡拉 OK 歌曲的画面有着优劣之分，为未来歌曲库的改造做好准备。

也许上文提及的版本分类并不完善，还有值得商榷之处，但目前暂时还没有出现更科学的分类方法，无论大家是否认同以上论述，在被大家广泛认可的新理论提出前，只能姑且用之。

第六章
歌曲灵魂是伴奏　把好关来别瞎凑

我们一直在强调，KTV是一个通过提供专业卡拉OK歌曲来营利的场所，所谓卡拉OK就是伴奏，那么KTV就是专门经营伴奏的场所，您也许会问：什么是伴奏？伴奏又可分为几种类型？这就是我们本章要探讨的问题。

目前我国KTV里常见的卡拉OK歌曲其实并不规范，尤其表现在伴奏方面，有些歌曲虽然使用的是原版伴奏，但未必属于优质伴奏，因为原版伴奏是为专业歌手准备的，普通人无法使用，找不着调门，演唱起来十分困难，导致不少消费者对唱歌失去了兴趣。

真正的卡拉OK歌曲伴奏必须面向大众，为最广大的音乐爱好者服务，绝不能把普通消费者当作专业歌手对待，要让消费者在演唱卡拉OK歌曲时轻松自如，尽享愉悦，甚至闭着眼睛不看字幕都可以演唱，这才是专业的卡拉OK歌曲伴奏，才是大众喜闻乐见的优质伴奏。只有拥有这样的伴奏，才能吸引消费者前来娱乐，如果没有金刚钻，硬揽瓷器活，只能落得个名利双失的下场。

如果KTV的投资经营者不懂歌曲伴奏的重要性，就是一种失职，或者说是在自我毁灭，所以说伴奏是卡拉OK歌曲的灵魂，也是KTV经营的灵魂。如果丢失了灵魂，任何人都无法生存；如果KTV丢失了自己的经营灵魂，自然也不会持久经营下去。

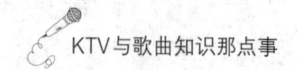

第一节　卡拉OK歌曲伴奏的分类

卡拉OK歌曲的画面版本固然重要，但消费者对歌曲的伴奏更为挑剔，如果大家兴冲冲地赶到KTV，发现歌曲的画面不错，伴奏却不好，连歌都唱不了，这是多么令人扫兴的事啊！可见光有好的画面版本是不够的，毕竟消费者来KTV不是为了欣赏歌曲画面的，所以，如果消费者不能轻松自如地演唱歌曲，自然就会失去对KTV的兴趣，长此以往，KTV的经营效益可想而知。

我们已经在前文简单叙述了卡拉OK伴奏的分类，大致可分为以下几类：原版伴奏、原版导唱伴奏、专业伴奏、专业导唱伴奏、MIDI伴奏、MIDI导唱伴奏、单MIDI伴奏、漏音伴奏、消音伴奏、拼接伴奏、循环伴奏、四音轨导唱伴奏。

面对这么多伴奏类型，恐怕很多KTV的投资经营者会感觉如坠迷雾，没人料想卡拉OK歌曲的伴奏竟然还有这么多门道，更遑论辨识各伴奏类型、了解哪种是最佳伴奏、如何解决不良伴奏等问题了。希望通过本章内容能让大家了解伴奏的相关知识及改良方法，有效助力KTV的健康运营。

第二节　原版伴奏

原版伴奏即歌曲的原始伴奏，没有经过任何加工，也是歌手演唱该歌曲时所使用的伴奏。

一、原版伴奏的产生

一首完整的歌曲必须具备词和曲，每首歌曲都有一个总曲谱，一般来说，总曲谱还有很多分谱，如各种乐器的分曲谱和歌手演唱的声音部分曲谱。歌手演唱后会生成一个声部的声音，各种乐器按照分曲谱演奏也会生成声部的声音，这两部分共同组成了一首歌曲的所有声音。如果将歌手的声部声音从总曲谱声音中抽离，剩下的就是乐器演奏的声音，也就是所谓的伴奏。

原版伴奏是由一种或多种乐器发出的乐声，因为单调的音乐缺乏感染力，不能令人"赏心悦耳"，故将多种乐器的演奏效果进行组合叠加，产生丰富的高中低音及和弦变化，当然，一首歌曲中所使用的乐器数量并非越多越好，必须要根据不同歌曲的风格而定，有时仅用一把吉他、一台钢琴就能产生美妙的和弦，给观众带来曼妙的听觉享受。

在一个完整的曲谱中，歌手演唱的声部曲谱不同于乐器曲谱，虽然歌手也是按照曲子的拍节和调门进行演唱的，但其演唱的曲调与伴奏并不完全吻合，所以，当歌手演唱的人声部分被抽离后，剩下的原版伴奏或许与歌手演唱的人声部分十分接近，或许会相差甚远。

二、原版伴奏的特点

很多歌曲在制作时首先考虑的是如何让歌手发挥出自己的声音特色，如何令歌曲更加悦耳动听，如何令大众喜爱和追捧，并不会把易于传唱等因素放在首位，更不会去考量该歌曲的伴奏对大众模仿演唱而言是否适用。

原版伴奏的这种特性，使得大众在进行模仿演唱时感到难以把控，不过这也说明术业有专攻，专业歌手之所以专业，必有其过人之处，他们使用原版伴奏演唱就信手拈来，十分轻松。而普罗大众并非专业歌手，尤其在演唱新歌曲时，更需要一个学习的过程，如果使用原版伴奏，则无法正常演唱，甚至连原本熟悉的歌曲都不能识别，这就会令人乘兴而来，败兴而归，对演唱卡拉 OK 歌曲丧失了兴趣，从而影响到 KTV 的经营，故原版伴奏并不适宜大多数人模仿演唱所用。

三、原版伴奏的区分

原版伴奏即歌曲中除去人声的部分，是最专业的伴奏，无论原版伴奏

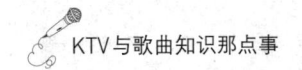

所使用的乐器种类和数量如何、伴奏声部是否与歌手演唱的声部相似，原版伴奏都必须是歌曲录制时的音频文件。

如果无法将歌手的人声从歌曲中抽离，就只能另想办法去制作这首歌曲的伴奏，否则，好好的一首歌就只能听，不能唱了。另行制作的伴奏往往与原版伴奏有很大的不同，我们可以通过来回切换原唱、伴唱按键进行对比，以确定歌曲使用的伴奏是否为原版。目前，很多卡拉 OK 歌曲的伴奏都是模仿原版歌曲中使用的乐器声制作而成的，再与原唱进行合成，形成一首貌似原版伴奏的卡拉 OK 歌曲伴奏，有的动听易唱，广受消费者的喜爱；有的恰恰相反，只能为之一叹。

四、原版伴奏的评价

1. 原版伴奏的优点

既然原版伴奏的专业性这么强，那么它是否就属于优质伴奏呢？从宏观上看，它确实属于好伴奏。当前各歌曲库中的卡拉 OK 伴奏五花八门，很多伴奏根本不是以辅助大众模仿演唱为目的去制作的，不少滥竽充数的伴奏混杂其中，在这种情况下，原版伴奏可算得上一股清流，当然，歌曲库中的"泥石流"也颇占一定的比例，我们马上为大家一一道来。

2. 原版伴奏的缺点

目前，我国还没有专门制作正规卡拉 OK 歌曲伴奏的机构和先例，显得既不专业又不严谨，KTV 里整日飘荡着专业歌手使用的伴奏音乐，令前去消费的大众无所适从。从某种意义上讲，现阶段中国的 KTV 还不是真正意义上的 KTV，中国的卡拉 OK 歌曲也非真正意义上的卡拉 OK 歌曲，在这个问题上，原版伴奏起到了负面作用。

第三节　导唱伴奏

卡拉 OK 最初应用于大众演唱时，采用的是导唱伴奏，当前日本、韩国以及中国台湾地区，都采用导唱伴奏，导唱伴奏才是 KTV 和广大消费者所需要的优质伴奏。

一、导唱伴奏的产生

1. 导唱伴奏的概念

导唱伴奏，就是在整首歌曲的伴奏中加入了用乐器演奏的人声声部的曲谱，无论乐器对人声声部曲谱模拟的相似度如何，从头至尾都能听出歌曲的主旋律。导唱伴奏能让大众在进行模仿演唱时跟随主旋声部的声音，回忆起整首歌曲的拍节和曲调；而曲谱声部则类似于原版伴奏，只起到衬托作用，这两者相结合，就形成了导唱伴奏。

2. 导唱伴奏的产生

（1）标准制作

早期卡拉 OK 歌曲使用的都是导唱伴奏，尤其是日语歌曲和闽南语歌曲，因为它们的制作者不仅明白什么是真正的卡拉 OK，也知道卡拉 OK 歌曲到底是给哪些人群使用的，所以，导唱伴奏的制作者都是懂行的老师傅，他们为卡拉 OK 的发展做出了巨大贡献。

（2）提示制作

还有一些歌曲的原版伴奏即导唱伴奏，这种情况在知名歌手的作品中较为常见。大家可以从张学友、刘德华等巨星的歌曲中一窥究竟。因为他们的作品数量动辄高达数百首，无论其对自己的歌曲多么熟悉，也难免有失手的时候，为了避免忘词忘调的尴尬，便在伴奏中加入了具有提示作用的导唱。

（3）和声提示

有些歌曲不仅用乐器来模拟人声、充当导唱，还会用到人声和声。乐器导唱与人声和声相结合，共同引导大众进行模仿演唱，可以说，这种制作方式非常巧妙，导唱过渡也很自然，令毫无声乐基础的人也能轻松驾驭歌曲，但具有和声的歌曲毕竟是少数，故此类伴奏也仅占歌曲总量的很少

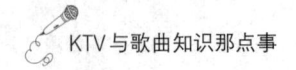

一部分。

（4）后加导唱

虽然一些卡拉OK歌曲的制作公司也意识到了原版伴奏的缺点，但是由于无法拿到原版歌曲进行二次加工，所以，只能在后期用乐器增加一个导唱伴奏，将其与原版伴奏混合后供大众使用。

3. 导唱伴奏的水准

（1）质量不同

导唱伴奏的种类很多，制作水平各不相同，质量也参差不齐，最优质的导唱伴奏为原版伴奏中自带导唱，而以后期制作导唱，并将其加入原版伴奏的形式制作出的导唱伴奏就稍微差点，因为不能与原有伴奏完全融合，故而不够和谐、完美。

（2）乐器的选用

采用不同的乐器也会产生不同质量的导唱，原版导唱伴奏所使用的乐器种类比较丰富，而后加导唱基本上只用一种乐器，单调突兀，还有些导唱明显是MIDI制作，音质更为生硬。

二、导唱伴奏的特点

导唱伴奏最大的特点是令大众在演唱卡拉OK歌曲时轻松自如，容易把握歌曲的节奏和曲调。它是KTV经营所需的专业性伴奏，而非原版伴奏那样令人无法驾驭。

三、导唱伴奏的辨识

导唱伴奏非常好辨识，熟悉某首歌曲的人只要一听就能发现，因为在伴奏中总有一个乐器在隐约演奏着歌曲的主旋律，也就是歌曲中演唱者的人声声部，此外我们还可以通过切换歌曲原唱、伴唱的方法进行检验。如果有主旋律的声音，就是导唱伴奏；如果没有，就是原版伴奏。

四、导唱伴奏的评价

在现存的歌曲库中，导唱伴奏歌曲的数量并不多，只有1万首左右，所以，造成了我国KTV中绝大多数卡拉OK歌曲都不易演唱，从而影响了整个行业的发展。

第四节　专业伴奏

专业伴奏也是一种不错的伴奏，产生并流行于20世纪80年代。

一、专业伴奏的产生

1. 专业伴奏的概念

专业伴奏是指非歌曲制作发行公司制作的伴奏，即其他机构为某首歌曲制作的伴奏，其质量与原版不相上下，也非常专业。

2. 专业伴奏的产生

随着人们精神文化需求的增长，除若干老牌音乐出版公司外，一些新兴的"杂牌军"也加入了制作发行流行卡拉OK歌曲的队伍。这些公司作为出品方，必须具备一定的专业制作水平，所以，当年由他们制作的歌曲伴奏也颇为专业。

（1）市场需要

在LD、VCD和DVD时代，卡拉OK歌曲的市场需求非常大，仅靠一两家发行公司根本无法满足巨大的市场需求，于是很多新兴的卡拉OK音像制作公司便应运而生。

（2）无人顾及

很多歌曲虽然广受欢迎，但版权归属不清，或已经超过了版权使用期限，大牌公司又无暇将此类歌曲制作成卡拉OK歌曲，于是，便被其他公司越俎代庖，将其制作成了卡拉OK歌曲并开始发行。

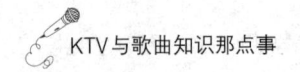

（3）流行程度

早期的卡拉 OK 歌曲以港台歌曲为主，并由比较专业的公司进行制作，而中国内地（大陆）的歌曲在制作过程中则多以"扒带子"的形式来完成。所谓"扒带子"，就是把流行歌曲的曲谱记录下来，再以最接近原版的乐器演奏一遍并录制下来，这种"土办法"也产生了一批较专业的复制伴奏。

（4）价格因素

出版原版和翻版卡拉 OK 光盘的成本是不同的，但无论哪种版本都有固定的客户群和拥趸，也都有一定的利润空间，所以，当年的音乐发行公司可谓百花齐放，好不热闹。

二、专业伴奏的特点

由于发行出版的特定要求，专业伴奏比后期制作的伴奏更为正规、精致，大部分乐曲都采用了真人乐队、多乐器伴奏的形式，而非简单采用单乐器或 MIDI 来进行制作。

如果不考虑歌曲画面版本优劣等因素，仅从伴奏质量上看，专业伴奏与原版伴奏并没有区别，且类似于原版导唱伴奏，所以，其专业性非常强，也是专门为卡拉 OK 设计制作的，更加符合大众演唱卡拉 OK 歌曲的需求。

三、专业伴奏的区分

一般而言，专业伴奏并不出现在 MTV 版歌曲或演唱会版歌曲中，主要存在于故事情节版、影视版和风景人物版歌曲中。

专业伴奏在进行原唱、伴唱切换时的声音效果没有差异，毫无添加伴奏的痕迹，其鉴别方法与原版伴奏的鉴别方法一致。

四、专业伴奏的评价

专业伴奏与原版伴奏一样，制作水平比较高，只是搭配的视频画面不尽如人意。当前此类伴奏的数量大约为 5000 首，也是无法替换的优质伴奏版本。

第五节　漏音伴奏

漏音伴奏是当前卡拉 OK 歌曲库中占有一定比例的一种伴奏形式，由于它的特殊性，更需要 KTV 的投资经营者们给予重视，加深了解。

一、漏音伴奏的产生

1. 漏音伴奏的概念

不少演唱会版本的卡拉 OK 歌曲在播放时，都能听到伴奏中夹杂着细微的人声，而且这些人声并非环境噪音，而是歌手演唱的声音。即使反复切换原唱、伴唱，都无法将其消除，这种伴奏就是我们常说的漏音伴奏。所以，漏音伴奏是仅存在于真人乐队伴奏的演唱会版本的卡拉 OK 歌曲中的，而且是无法消除演唱者声音的一种特殊伴奏形式。

2. 漏音伴奏的产生

漏音伴奏是现场录音导致的，原理比较复杂，需要具备录音知识才能搞明白。

（1）现场录音设备

演唱会的演出现场一般设有多个音频采集点。所谓音频采集，主要通过麦克风来实现，无论是演唱者、乐队还是伴唱，每个人、每种乐器都有一支专属的麦克风，所以，每个单路音频数据都要汇集到多路调音台中，最终混合成一个完整的现场音频效果，再通过现场的各种专业音箱传达到现场观众耳中。

如果将单路采集到的音效通过音响系统直接播放的话，那么效果将会大打折扣，所以，现场录音还需要高中低频的均衡及协调，令现场每个角落的人都能听到臻于完美的声音。无论是演唱者、乐队，还是工作人员、

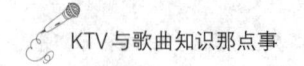

观众，都能欣赏到美妙的音乐，并沉浸其中。

（2）现场录音环境

现场录音的环境无疑是嘈杂的，根本无法与专业的录音棚相比，观众的欢呼声、尖叫声不绝于耳，但这些环境音大都不是用专属麦克风去刻意采集的，而是偶然被采集点的麦克风捕捉到的，这种情况在现场录音时是在所难免的。

（3）现场录音结果

当歌手在演唱时，他的歌声是最重要的声音，会通过音响系统充溢整个现场，自然也会偷偷"漏"进某个采集点的麦克风中，所以，即使把录音中演唱者声音的音轨完全剔除，其他音轨中也会出现演唱者通过现场音响系统放大后漏入某个麦克风中的声音。如果将这种录音制作成卡拉OK伴奏，就会形成带有人声的漏音版伴奏。

我们将这种不完美的、带有细微人声的伴奏称为漏音伴奏，它也是一种"被动不完美"的伴奏。

二、漏音伴奏的特点

漏音伴奏的特点就是在此类伴奏中或多或少、或大或小带有歌手的演唱人声，这种伴奏主要存在于部分演唱会版本的歌曲中，对于到KTV娱乐的消费者而言，这是一种不完美也不受欢迎的伴奏类型。但目前暂时对此类伴奏无计可施，只能任其存留在歌曲库中，所以，漏音版伴奏也不是优质的卡拉OK伴奏。

三、漏音伴奏的区分

1. 存在的歌曲版本不同

漏音版伴奏一般只存在于演唱会版本的歌曲中，其他版本的歌曲不会有漏音伴奏，但演唱会版歌曲却不一定都配以漏音伴奏。

2. 原伴唱都带人声

漏音版伴奏只需反复切换原唱、伴唱按键就可以轻松辨识，因为其特点就是原唱、伴奏都带有人声，只是声音的大小不一样，强度不一样。

3. 与演唱 MTV 的区别

如果能分辨出什么是演唱 MTV，什么是演唱会版本，就会发现演唱 MTV 版歌曲中不存在漏音伴奏。

四、漏音伴奏的评价

漏音伴奏歌曲当前在歌曲库中约有 1 万首之多，虽然它也属于原版伴奏，原唱和伴奏在节拍上是吻合的、同步的，但因为在伴奏中有演唱者人声的存在而显得白璧微瑕。

漏音伴奏在 KTV 包房音响系统的放大下会出现明显的人声，从而影响消费者的演唱和心情，也无法体现其真正的演唱水平，故而不被大众喜爱，所以，漏音伴奏也不是最好的伴奏。

漏音伴奏是不可修复也不可避免的一种现象，更不可能为了制作一首歌曲的伴奏而召集乐队再重新演奏一遍，其实，漏音伴奏就不是为卡拉 OK 制作的，只是在没有专业卡拉 OK 伴奏的情况下从演唱会录音中借用的，而且这种现象只存在于中国的卡拉 OK 歌曲中，国际上标准的卡拉 OK 歌曲是不允许这种伴奏存在的。

演唱会版本的歌曲伴奏也不全然都是漏音伴奏，原因如下：

1. 预先录制伴奏

漏音伴奏的质量与录音棚制中录制的伴奏质量不可同日而语，可以说完全就是以现场录音为素材加工而成的，成本也比较低，但是，一些现场录音却非常"完美"，并没有漏音现象，其成因有以下几种可能：或许是将预先在录音棚中录制好的伴奏合成到了卡拉 OK 歌曲中；又或者演唱者假唱，现场播放的是提前录制好的原声带；也有可能演唱者早有专业的伴奏带，无论参加多少次演唱会，都采用播放伴奏带的方式，有了伴奏带，

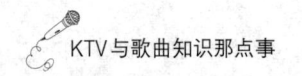

就随时可以在制作卡拉 OK 歌曲时将其作为伴奏使用。

2. 技术处理

演唱者在不同时间、不同场合演唱同一歌曲时的节拍不一定完全相同，总会出现细微的差别，所以，要想让现场版本的原唱录音与预先录制好的伴奏高度吻合，并将其制作成卡拉 OK 歌曲，就需要进行某些技术处理，譬如采用拾音范围小的采集点录音设备和后期合成技术等。

第六节　MIDI 伴奏

当前有很多歌曲都采用了 MIDI 伴奏。所谓 MIDI 伴奏，是一种利用现代科技手段制作出的伴奏，也是一种最经济实用的伴奏制作方法，亦是未来卡拉 OK 歌曲伴奏的发展方向。

一、MIDI 伴奏的产生

1.MIDI 伴奏的概念

（1）MIDI 的概念

MIDI 即 musical instrument digital interface 四个单词的首字母组合，这四个单词的意思是乐器数字接口，可见 MIDI 并非一种乐器，而是一套软件，具有调用乐器音频库（音色库）、通过音符及控制参数等技术手段制作音乐的功能。

MIDI 是 20 世纪 80 年代由美国人发明的，也是当前编曲界最广泛采用的标准音乐格式，又被称为"计算机能理解的乐谱"。如今，几乎所有的现代音乐都是用 MIDI 软件技术和音色库制作合成的。

MIDI 技术可以令一个人完成一个乐队的工作，所以，MIDI 也被称为"一个人的乐队"。

（2）MIDI 伴奏

利用 MIDI 技术不仅可以制作大篇幅的音乐作品，还能制作卡拉 OK 歌曲伴奏，这种伴奏就是 MIDI 伴奏。

2.MIDI 伴奏的产生

在卡拉 OK 发明之初，还没有出现 MIDI 技术，所以，当时的卡拉 OK 伴奏必须使用真人乐队来演奏。当 MIDI 软件问世后，MIDI 伴奏才逐渐被人们所接受和使用。

MIDI 伴奏可分为原版的歌曲伴奏和后期制作的 MIDI 伴奏两种，由于很多歌曲没有卡拉 OK 版伴奏，所以只能后期运用 MIDI 技术进行制作。

正因为 MIDI 音乐的制作过程相对简便，无须耗费太多人力，所以，成本也相对低廉。但 MIDI 软件只是一个工具，熟练运用此工具并创作出高质量的音乐作品，却需要具备一定的专业知识和音乐审美直觉，即使用 MIDI "扒带子"，也需要相关的技能储备并付出时间成本。

随着时代的进步，MIDI 技术也在不断发展，尤其是音色库一直在进行着充实和调整。所谓音色库，就是一个储存着各种乐器音色和音效的文件库。在 MIDI 技术出现早期，音色库还不够完善，随着时间的推移和技术的进步，音色库的内容越来越丰富、越来越高级，就像一把价值百万元的提琴，其音色和一把价值百元的提琴是截然不同的，所以，音色库的发展令 MIDI 伴奏的质量产生了质的飞跃。

总而言之，MIDI 技术的诞生大大加快了全球音乐的发展进程，对卡拉 OK 伴奏的发展也起到了推动作用。

二、MIDI 伴奏的特点

1.MIDI 伴奏的分类

MIDI 伴奏也有优劣之分，通常我们以伴奏采用的音色多寡为判断标准，MIDI 伴奏可分为单音色 MIDI 和多音色 MIDI。以下因素都会影响到 MIDI 伴奏的质量，也是分类的主要依据：

（1）MIDI 软件的质量

MIDI 软件有好坏之分，好的 MIDI 软件价值几十万元甚至上百万元，

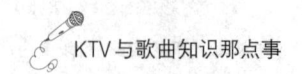

普通的 MIDI 软件从网上就能免费获取。虽然这些软件都可以做出音乐作品，但是，质量有着显著不同。

（2）使用的乐器数量

使用单乐器和多乐器制作伴奏的复杂程度不同，音色也有所差异，要制作出美妙的音乐，自然需要多种乐器的配合，就好比乐队效果往往比独奏效果更加震撼。

在 MIDI 伴奏中，既有单一乐器制作的 MIDI 伴奏，也有多种乐器制作的 MIDI 伴奏，其效果也不尽相同。

（3）制作人员的水平不同

在采用 MIDI 技术制作伴奏时，制作人员的音乐素养和专业水平也会影响音乐作品的质感。优秀的制作人员所制作的 MIDI 音乐完全可以以假乱真，达到与真人乐队一样的水平，音程之间衔接完美，悦耳动听。

2.MIDI 伴奏的特点

MIDI 伴奏有优有劣，好的与原版伴奏没有任何区别，不少歌曲的原版伴奏其实都是用 MIDI 技术制作的，但差的 MIDI 伴奏则机械感强，音色库运用不佳，给人以电声音乐的单调感。

三、MIDI 伴奏的区分

早期的 MIDI 音乐都很差，后来制作水平逐渐提高，人们开始无法分辨一段乐曲到底是真人乐队演奏的还是 MIDI 技术制作而成的，所以，上面介绍的伴奏类型，均为早期 MIDI 伴奏的分类。

要鉴别卡拉 OK 歌曲的伴奏是否为 MIDI 伴奏，可通过切换原唱、伴唱来分辨，听者可以觉察到原唱中使用的伴奏乐器与伴奏中使用的伴奏乐器是不同的，而且差别很大。

四、MIDI 伴奏的评价

使用任何伴奏都是为了解决歌曲的配乐问题，MIDI 伴奏作为后期制作的伴奏，解决了很多歌曲无卡拉 OK 版伴奏的问题，为 KTV 的发展提供了条件，也是解决伴奏问题的最佳方式。

当 MIDI 技术被广泛用于制作高水平的原版伴奏时，更凸显了其重要作用，此时 MIDI 完全摆脱了后加伴奏的标签，成为原版伴奏的制作方法。

当前歌曲库中起码存在 8000 首以上的 MIDI 伴奏歌曲，不管是单独乐器的 MIDI 还是多种乐器的 MIDI，无论其来源如何，都为卡拉 OK 歌曲库增加了存量。

第七节　消音伴奏

当前歌曲库中存在大量的消音伴奏，此类伴奏为不优伴奏，所以，KTV 的投资经营者必须给予高度重视。

一、消音伴奏的产生

1. 消音伴奏的概念

消音伴奏是通过技术手段对原唱音轨进行处理，部分消除或者模糊原唱人声后制作出的伴奏。

2. 消音伴奏的产生

（1）运用音频处理软件

音频处理软件出现后，消音伴奏才得以诞生。消音伴奏是通过对原版歌曲的原唱进行技术处理后得到的伴奏，通过这种方式得到的伴奏一般而言都是不优伴奏。

（2）无法找到合适的伴奏

由于很多歌曲没有卡拉 OK 版伴奏，就必须去寻找或制作伴奏。找寻原版伴奏比较困难，制作伴奏也需要一定的费用和技术，所以就有人灵机一动，通过音频处理技术将歌曲中的人声弱化或抹去，制成消音伴奏，该制作方法的成本极低，可以忽略不计。

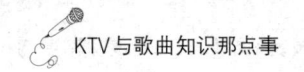

（3）市场迫切需要

当前，每天发行的新歌都在100首以上，亟待制作成卡拉OK歌曲，供广大消费者演唱，慢一步都有可能引发投诉，所以KTV并不关心歌曲的质量，只在意新歌的补充速度。由于消音伴奏制作速度快，所需时间短，可满足KTV对新歌的迫切需要，所以成为新歌伴奏的制作方式之一。

3. 消音伴奏的技术处理过程

用音频处理软件制作消音伴奏可分为如下几步：

（1）找到标准的歌曲视频文件，其音频指标为：原始音质最低不能低于128kbps，且人声处于声场中频的音轨立体声；

（2）将原唱音频从歌曲文件中提取出来；

（3）对原唱音频中人声所占用的声音频率部分进行声波消除处理；

（4）将去除人声的音频文件单独生成一个文件作为伴奏；

（5）将（4）合并到歌曲文件中作为伴奏音轨，从而完成一首卡拉OK歌曲所需的原唱、伴唱音频的处理。

消音伴奏是目前最简单的伴奏制作方式，只要歌曲有符合处理条件的原唱文件，就可以进行制作，比MIDI伴奏的制作方法还简单。制作人员不需懂音乐知识，只要会操作电脑，培训一周即可上岗。但是消音伴奏存在诸多问题，绝非优质伴奏。

二、消音伴奏的特点

消音伴奏是一种有缺陷的伴奏，了解其缺点后就可轻松识别。

1. 缺失音色

因为人声的音频部分主要集中在中频范围，在消音时，也会同时把中频部分的乐器声消除掉一部分，造成整个伴奏音乐的中频缺失，好像伴奏被挖走了一块，必然会造成音色的缺失。

2. 音质瑕疵

采用这种方式制作的伴奏会出现一些嗞嗞声，音质较差，令人难以接受。

3. 人声残留

严格意义上说，伴奏是不能有人声的，但经过音频软件处理后得到的消音伴奏，几乎每首歌曲中都会残留一些人声，类似漏音伴奏。

三、消音伴奏如何辨认

消音伴奏非常好辨认，因为它完全是在原唱基础上制作的，所以，只要切换原唱、伴唱就可以进行辨识。

消音伴奏和漏音伴奏的区别为：消音伴奏人声小且模糊，乐器声也模糊；而漏音伴奏的人声或大或小，但十分清晰，乐器声也非常清晰。

四、消音伴奏的评价

消音伴奏是比较差的伴奏，还会影响消费者的演唱情绪，但是，由于这种伴奏制作方式简单，在优质伴奏无法取得时，便会临时用此类伴奏替代，等待以后更换。如果更换不及时，就会使得这样的伴奏一直存在于歌曲库中。

当前此类伴奏在歌曲库中有 3 万首左右，几乎占歌曲库总量的 1/6。消音伴奏令大众对 KTV 的专业性产生了质疑，对整个 KTV 行业的发展起到了负面作用。

第八节 不良伴奏

伴奏中最差的当属不良伴奏，它们几乎不能被称为伴奏，完全是摆样子。虽然此类伴奏的数量不多，但会拉低整个歌曲库的质量。

一、不良伴奏的产生

1. 不良伴奏的概念

不良伴奏是指完全不能使用的伴奏，如循环伴奏、拼接伴奏、错搭伴

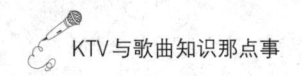

奏和无伴奏,这些伴奏都不是原始歌曲自带的,都为后期添加的。

(1)循环伴奏

循环伴奏是指将一首歌曲的过门、间奏或结尾拼凑起来,循环播放,一开始让人感觉旋律仿佛是对的,但过门一结束,就发觉根本对不上节奏,完全无法使用。

(2)拼接伴奏

拼接伴奏与循环伴奏有相似之处,为原始歌曲与其他歌曲的伴奏拼凑而成。

(3)错搭伴奏

错搭伴奏是指 A 歌曲使用 B 歌曲的伴奏,张冠李戴,根本无法演唱。

(4)没有伴奏

顾名思义,有些歌曲根本没有伴奏,只有原唱,切换到伴唱后仍为原唱,也被称为欣赏版。

2.不良伴奏的产生

不良伴奏是一些对行业极不负责任的人员制作的,他们既不愿意精心制作,也不懂 MIDI 技术,甚至连消音技术都不使用。

二、不良伴奏的问题

不良伴奏的问题就是无法使用,导致消费者无法演唱,由于歌曲库太过庞大,KTV 的投资经营者未必会认真检查,通常只能通过消费者投诉发现问题。

三、不良伴奏的辨别

只要进行原唱、伴唱切换,即能辨别是否为不良伴奏。即使毫无歌曲知识的人也可发现端倪,进行鉴别。

四、不良伴奏的评价

在歌曲库中，约有几百首不良伴奏的歌曲，虽然数量不多，但是一颗老鼠屎毁掉一锅粥。即使仅有一首，也会损害 KTV 的声誉，所以，不良伴奏是歌曲库的毒瘤，务必切除。

第九节　四音轨伴奏

有些 KTV 使用的歌曲库中出现了一种四音轨歌曲，这是一种根据中国当前卡拉 OK 歌曲现状发明的新型伴奏方式。四音轨歌曲的出现改变了当前大众唱歌难的问题，让中国的 KTV 更加专业、更加先进，逐渐与国际接轨。

一、四音轨歌曲的定义

1. 传统的两音轨歌曲

最初卡拉 OK 歌曲只有伴奏这一个元素，后来由于大众对原唱的需要，才发展为原唱和伴奏两个元素，这种两音轨（声道）的形式一直延续了 40 多年。

在日本，大部分卡拉 OK 歌曲是没有原唱的，伴奏也不采用歌手使用的原版伴奏，而是另行制作，令大众更易驾驭，所以，在日本演唱卡拉 OK 歌曲非常轻松。中国的卡拉 OK 歌曲多采用歌手使用的原版伴奏，使得大众在演唱卡拉 OK 歌曲时摸不着调门。如果这种情况继续下去，一定会影响大众的演唱兴趣和 KTV 的经营与发展。

2. 创新的四音轨歌曲

（1）四音轨歌曲产生的原因

一首歌曲可以没有画面、没有原唱，也可以没有字幕，但是，必须要有伴奏，否则就不能称其为卡拉 OK 歌曲，但光有伴奏是不够的，还必须有适于大众演唱的伴奏。专供歌手演唱的原版伴奏和一些不良伴奏是不适

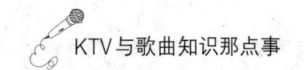

合大众使用的，到 KTV 的消费者都是冲着娱乐去的，没有几个人为了成为专业歌手而去演练的，所以，KTV 应考虑大多数消费者的需求。

我们前面介绍过，卡拉 OK 歌曲的伴奏应该为导唱伴奏，因为导唱伴奏中有模拟歌手演唱声部的乐器声，可以引导演唱，令普罗大众在演唱时顺畅无阻。但是，导唱伴奏暂时未能普及，也就无法保证每首卡拉 OK 歌曲都适宜大众演唱。

为满足消费者的迫切需求，帮助 KTV 提升服务质量，有 VOD 企业开始创新，在原有卡拉 OK 歌曲的基础上加入了导唱音轨，重新定义了优质卡拉 OK 歌曲。

（2）四音轨歌曲的表现形式

一般来说，大众想通过唱歌来进行娱乐需要一个循序渐进的过程，要先听歌，再学唱，最终达到接近歌手的演唱水平。"四音轨歌曲"就是为迎合大众需求而精心设计的，主要包括以下四部分：

第一，歌曲原唱。即卡拉 OK 歌曲中演唱者的声音，在消费者学习和欣赏歌曲时就会使用这个音轨（声道）。

第二，人声导唱。消费者通过歌曲原唱对歌曲的旋律熟悉后，就可以采用原唱音量减小、伴奏音量正常的这种带有人声导唱的伴奏，在细微的人声引导下进行演唱。此音轨可有助于演唱者对照原唱检查自己的偏差，并及时纠正。这种通过技术手段人为制造出人声的伴奏被称为"人声导唱"音轨。

第三，主旋伴奏。当消费者跟随人声导唱学习到一定程度时，即可自行演唱。如果感觉使用原版伴奏不易演唱，消费者还可自主选择使用主旋伴奏。所谓主旋伴奏，即在伴奏中用乐器去模拟原唱者的人声，与导唱伴奏的效果相似。

第四，原版伴奏。该定义已经介绍过，这里就不再重复了。由于原版伴奏太过专业，普通消费者难以驾驭，会逐渐令人失去唱歌的兴趣。

二、四音轨歌曲的技术原理

1. 需要制作导唱音轨

四音轨歌曲的制作并非易事，首先要了解原始歌曲，然后选择一种乐器对演唱者的人声进行模拟，最后形成主旋音乐文件。在模拟歌手的声音时，不可过分写实，应虚实结合，若隐若现地起到引导演唱的作用。

2. 需要使用四音轨库

主旋音乐制作完成后，应将其合成到原始歌曲中，单独生成一个音轨，供使用者切换调用。

3. 需要升级软件系统

以往点歌软件中，只存在原唱和伴奏两个控制键，而四音轨歌曲需要原唱、导唱、主旋伴奏、原版伴奏四个控制键，所以要经过软件系统的升级改造后，才能控制四音轨歌曲。因为当前的歌曲音频类型比较复杂，还需根据具体类型分别制作算法，才能保证精确调用。

三、四音轨歌曲的应用

1. 技术应用的范围

（1）歌曲的应用范围

并不是所有歌曲都可以加入主旋音乐，当前只有 MPG 格式的歌曲才能加入；也不是所有的点歌终端都可以使用四音轨歌曲，当前只有 PC 点歌终端才能使用四音轨歌曲，机顶盒产品暂时不能实现该功能。

（2）大众的使用情况

四音轨歌曲保留了当前卡拉 OK 歌曲的传统音轨形式，突出了"学唱"和"好唱"的特点，这是在分析了大量消费者的演唱需求后所发明出的一种多音轨音乐形式。每个消费者都可以根据自己的实际需求选择不同的伴奏，既可以选择传统的伴奏模式，也可以选择主旋伴奏模式。

四音轨歌曲的出现改变了以往卡拉 OK 歌曲只有一种伴奏的模式，为

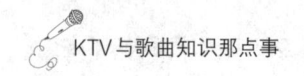

消费者提供了更多选项，使用主旋伴奏演唱歌曲更为简单，更为顺畅，更加轻松。

2. 技术的应用效果

能让大众闭着眼睛唱歌，绝对是一项伟大的创举。在四音轨歌曲诞生前，这是无法想象的。比如周蕙的歌曲《约定》，即使对这首歌曲十分熟悉的人，都无法顺利演唱，更别提那些不熟悉的人或初学者了，无不被这首歌曲折腾得一脑门汗。四音轨诞生后，再演唱《约定》就轻松多了，只要打开主旋伴奏，演唱者很容易就能抓住旋律和调门，顺利完成演唱。

四音轨技术让人们可以轻松演唱，仿佛有人在伴奏中引领一样，即使不看电视机上的画面和字幕，也能将歌曲唱得十分准确、出彩，这才是真正的卡拉OK歌曲，演唱体验十分惬意，令人欲罢不能。

央视的音乐栏目《开门大吉》中也应用了这种"听音识曲"的创意理念，闯关者通过倾听歌曲的主旋来作答歌曲名和演唱者。不过，如果换成听原版伴奏来作答的话，估计《开门大吉》就要关门大吉了。

四、四音轨歌曲的作用

1. 对客人而言，有何作用

客人在使用四音轨歌曲时，可以明显感觉与原版伴奏不同，演唱过程更加轻松顺畅，再不会因找不到调门而苦恼。

客人普遍反映四音轨歌曲令大家敢于演唱，不再怕跟不上节奏而露怯；其次，演唱水平得到了提高，获得了听者的赞赏，继而增强了演唱信心；最后，通过练习，逐渐掌握了原版伴奏的演唱技巧，实现了从业余到专业的层次飞跃。

2. 对KTV而言，有何作用

为客人提供优质服务是KTV的职责，能提供四音轨歌曲更是专业级服务的标志，必然会给KTV带来好评，也会吸引更多的客人前来消费。

当前，由于技术和设备的限制，真正使用四音轨卡拉OK歌曲的KTV

并不多，无形中提高了这些 KTV 的竞争力，给 KTV 带来了更多的经济效益。

3. 国际意义

当前，国际上通行的卡拉 OK 歌曲音频音轨标准为原唱和伴奏，伴奏音频只有一种。四音轨歌曲的音频成分有四种，原唱有两种，伴奏有两种，可以说是一项世界范围内的创新。

单一的卡拉 OK 歌曲伴奏无法切换伴奏类型，使用者只能选择一种伴奏，而四音轨的卡拉 OK 歌曲可以在主旋伴奏模式和原版伴奏模式之间进行切换，这种在同一首卡拉 OK 歌曲中存在两种伴奏的形式堪称卡拉 OK 歌曲史上的一大发明，也是满足消费者多元需求的一项伟大创新。

此举填补了专业卡拉 OK 歌曲的空白，不仅让中国卡拉 OK 歌曲走向世界，同时也超越了其他国家的歌曲制作水平。

通过以上介绍，我们发现无论卡拉 OK 歌曲画面如何，都必须匹配优质伴奏，也可以看出现存的歌曲库还有很大的提升空间。伴奏的制作和优化工作任重而道远，需要巨大的成本投入，任何一家 KTV 都无法独自承担，至于未来伴奏如何改造、提升，只能寄希望于业内人士的关注和共同努力了。

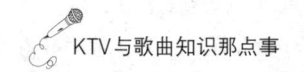

第七章
歌曲字幕不统一　看着就让人生气

卡拉 OK 歌曲字幕的重要性仅次于伴奏，对消费者演唱体验的影响也非常大，不规范字幕甚至已成为 KTV 衰败的重要原因之一。

卡拉 OK 字幕应该依照标准制作，不可随意胡来，否则就无法满足消费者的实际所需。目前在中国还没有形成卡拉 OK 字幕的制作标准，只能借鉴港台地区和国外的经验，但是，这些经验未必适合中国国情，再加上中国的卡拉 OK 歌曲出品方繁多，有的出品方毫不重视字幕标准化问题，造成了当前卡拉 OK 字幕五花八门的囧态，给消费者带来了困扰。

在制作中文卡拉 OK 歌曲字幕的过程中，有一个最大的问题，就是滥用繁体字。这个问题已经影响到了 KTV 的正常经营，甚至对 KTV 行业的发展造成了极大影响。

当前在歌曲库中，使用中文繁体字幕的卡拉 OK 歌曲占到了 1/3 以上，而且还有上升的趋势，但如今的消费者对繁体字的识别能力却在逐渐降低，这就意味着大部分人无法完全识别繁体字幕，给演唱带来了不便。

KTV 行业的从业者应意识到字幕的重要性，掌握卡拉 OK 歌曲字幕的类型，才能评判字幕是否符合标准，进而对歌曲库进行把关，不放过任何一个影响经营的细枝末节。

第一节　卡拉OK歌曲字幕的分类

卡拉OK字幕是一种特殊的字幕形式，并非简单地在画面中堆砌文字，需要一定的制作技巧，更需要依照规则和标准进行制作，否则就会出现问题，影响歌曲质量，进而影响消费者的演唱体验。

在缺乏制作标准的大环境下，字幕产生了很多乱象，又因为在制作过程中字幕被特殊的制作系统固化，不能随意做二次修改，要改造这些不标准字幕就成了难题，所以，只能通过制定标准并严格执行，从根源上杜绝字幕乱象。

在前面的章节中，我们已经对歌曲字幕做了一些简单介绍，在此再做一个详细分类：

一、双排字幕

双排字幕是指卡拉OK歌曲的歌词在显示时呈上下两行，但是，双排字幕的表现形式多样，那么究竟哪种字幕更加直观、更为美观、更具人性化呢？只有卡拉OK歌曲的字幕标准能给出答案。

1. 双排标准字幕

双排字幕形式多样，但是，最佳双排字幕为双排标准字幕，其特点和规则如下：

（1）双排显示

双排显示是指歌曲字幕始终以上下两行的形式出现在视频画面中，这就需要预先对歌词进行断句拆分，保证双排形式贯穿歌曲始终，即以双排字幕开始，也以双排字幕结束。

（2）上下交错

两行字幕应前后错位排列，不可居中，一般来说，上排字幕左对齐，下排字幕右对齐，两行字幕交叠字数不得超过5个，否则美观度将大打折扣；两行字幕也不可紧靠屏幕边缘，上行句首字与下行句尾字均需距屏幕边缘

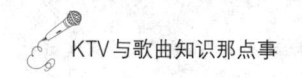

一个字符的空间；另外，两行字幕之间还需有一定的行距，如此才能兼具美观和透视性，不会遮挡背景画面。

不同格式的视频文件还应根据具体情况进行字幕排版，因为格式不同，显示在屏幕上的字数也不同。

（3）交替出现

字幕的显示和变化应按照歌曲进程，先上后下，交替出现，贯穿整首歌曲，首句歌词应出现在上行，最末一句歌词应出现在下行。这种交替显示的设计极大地方便了演唱者，在演唱上行歌词时可以预览到下一句歌词，为接下来的演唱做好准备，使演唱过程更加轻松自如。可以说，双排字幕是最适合普通大众模仿演唱的字幕形式。

（4）字体柔和

标准字幕建议采用的字体为中圆（幼圆），这种字体比较柔和，没有棱角，美观舒适，多笔画文字也能清晰显示，不会模糊一片，影响识别。

（5）字号标准

字号适中，不大不小，一般来说，双排字幕所占的空间不应超过显示屏幕的 1/5，字与字的间距排列合理即可，不能过疏，也不可过密。

（6）使用简体字

歌词字幕以简体字为标准，尽量不采用繁体字。

（7）颜色正确

歌词字幕的底色应为白色，按照男歌手蓝色、女歌手红色、合唱绿色的规则，随着音乐节奏的进行逐渐滚色填充。

（8）滚色处理

歌词字幕的作用除了显示歌词外，还需要通过滚色来提示演唱进度。所谓滚色，乃卡拉 OK 歌曲特有的字幕特点，即用某种色彩在歌词的白色底色上进行滚动填充，填充速度与歌曲进程相符，不能过快，也不能过缓。

以上八项规则构成了卡拉 OK 字幕的标准，符合该标准的字幕更便于演唱者进行模仿演唱。在字幕五花八门的歌曲库中，双排标准字幕的存在，对 KTV 行业而言是一大利好。

2. 双排大字幕

在双排字幕中，还存在一种字号巨大的字幕类型，此类字幕占据了起码 1/4 的视频画面空间。虽然这类字幕十分醒目，但会给观者带来压迫感，还会遮挡视频背景画面，十分不协调，显得拙蠢。

3. 双排小字幕

在双排字幕中，还存在一种字号较小的字幕类型，约占屏幕空间的 1/6，令人识别困难，不利演唱者正常发挥，而且显得小气、拥挤。

二、单排字幕

单排字幕是指卡拉 OK 歌曲的字幕以单排形式呈现，同一画面中只显示一行字幕，字幕的变化仅在一排空间里交替进行，显示完一句歌词后，才能再显示下一句。

无论消费者对歌词的熟悉程度如何，都偏爱人性化的歌词显示方式，而单排字幕只能看到当前正在演唱的这句歌词，下一句是什么却无从得知，所以无法做好心理准备，不能连贯地表达情感，对模仿演唱造成了障碍。

单排字幕可分为以下两大类：

1. 单排大字幕

单排大字幕是指字体比较大的单排字幕，约占屏幕的 1/6，这种字幕看起来毫不美观。

2. 单排小字幕

单排小字幕是指字体比较小的单排字幕，约占屏幕的 1/7，识别起来非常困难，不适合演唱场景。

单排字幕不符合卡拉 OK 歌曲字幕的标准，虽然使用此类字幕的卡拉 OK 歌曲在歌曲库中所占的比例不大，但只要有一首此类歌曲存在，就会影响客人的消费体验。当前新创作的卡拉 OK 歌曲很少使用单排字幕，但现存的单排字幕必须进行改造。

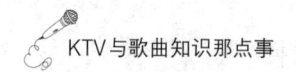

三、多排字幕

有些卡拉 OK 歌曲的字幕行数大于两行，因为加入了注音符号或外语译文，此类多排字幕要具体情况具体分析，有些是多语种歌曲演唱的需要，是无法避免的。

四、单双字幕

有些卡拉 OK 歌曲的字幕以一时单排、一时双排的不规则形式交替呈现，虽然此类字幕比单排字幕好一些，但依然令演唱者摸不清规律，体验感较差。

第二节　字体的选择

当前卡拉 OK 歌曲字幕的字体还没有形成统一标准，所以，黑体、宋体、楷体、隶书和圆体都较为常见，尽管字体并不会影响演唱者对歌词含义的理解，但如果歌曲使用的字体过于繁杂，变化多端，则会令人感到不快，影响客人的娱乐心情。

歌曲字幕在字体选择上应以用户体验为先，尽量选择不生硬、不突兀、不刺眼的字体类型。经过调研，我们发现，中文字体中的中圆和幼圆字体比较符合要求，因为它们没有锋利的棱角，又粗细均匀，适合大众的演唱需求。

当前，很多港台知名歌手的卡拉 OK 歌曲字幕都使用中圆或幼圆字体，中国内地（大陆）很多卡拉 OK 歌曲的字幕制作方也会选择这种字体。尽管当前卡拉 OK 歌曲的字幕没有一个统一标准，但是，选择最具人性化的字体当属最佳选择，如果所有卡拉 OK 歌曲的制作单位都能严格按照标准去制作歌曲字幕，相信只会利大于弊。

第三节　字号的介绍

最初卡拉OK歌词字幕的字号是非常大的，有些歌曲只有一个蓝色底图，用以承载满屏的白色字幕，后来出现了各种类型的视频画面，歌词字幕也随之更改，否则，歌曲的意境再美好，画面再美观，也会被硕大的字幕毁于一旦。

第四节　字幕的摆放位置

字幕摆放的位置也需要精心策划，是放在画面顶部还是底部，左侧还是右侧，哪个位置最符合大众的浏览习惯，如何摆放至最佳位置，都是经验和技巧的体现。如今，字幕出现在屏幕底部已经成为大家约定俗成的惯例，但字体和字号还没有达成共识，若要统一字幕标准，还有很长的一段路要走。

通过对卡拉OK歌曲字幕的研究，我们发现双排字幕是最合理的字幕表现形式，字幕占屏面积不得超过1/5，这样的设计既能保证演唱者清晰地识别字幕，又能保证画面的美观。

第五节　简繁体字的介绍

一、国家对文字的法律规定

国家对文字的使用是有着明确法律规定的，2001年开始实施的《中华人民共和国国家通用语言文字法》（以下简称《文字法》）规定，国家推行规范汉字，同时也明确了可以保留或使用繁体字的范围，卡拉OK歌曲字幕并不在可以保留和使用繁体字之列。

按照《中华人民共和国著作权法》的解释，卡拉OK歌曲属于电视音乐作品，按照《文字法》的规定，电视音乐作品必须使用简体字。但是当

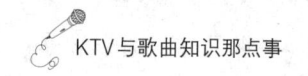

前使用繁体字幕的卡拉 OK 歌曲约有 5 万首，还有很多新歌也在采用繁体字幕，显然，这都是违反《文字法》相关规定的。当前将卡拉 OK 歌曲作为出版物递送相关单位进行审核时，均被要求使用简体字，否则无法通过。

可见，国家从未允许和鼓励卡拉 OK 歌曲使用繁体字幕，只有使用简体字才是合法的。

二、繁体字幕产生的原因

1. 外来歌曲

（1）制作工艺

卡拉 OK 是一个舶来品，最早我国不具备制作卡拉 OK 歌曲的能力，无论是播放设备还是卡拉 OK 歌曲音乐制品都依靠进口，哪怕是中文歌曲，也需要依靠境外制作力量来完成，造成了繁体字幕的泛滥。

（2）歌曲来源

20 世纪七八十年代，中国台湾和香港地区的音乐文化事业空前繁荣，涌现出了一大批大众喜闻乐见的歌手和歌曲作品。由于这些地区均使用繁体字，所以，出自港台的卡拉 OK 歌曲都被加载了繁体字幕，虽然这些歌曲在中国内地（大陆）广为流传，但字幕已经固化，无法更改，消费者只能被动使用，这种现象一直延续至今。

2. 盲目模仿

随着内地（大陆）乐坛的崛起，人们开始把目光转向内地（大陆）音乐作品，但某些机构在制作这些歌曲的卡拉 OK 版本时，由于缺失标准，又不了解《文字法》的相关规定，只会依葫芦画瓢，盲目模仿外来卡拉 OK 歌曲的制作方式，照搬照抄，连繁体字幕也一并抄袭，产生了大量繁体卡拉 OK 字幕。目前有很多新歌仍在沿用繁体字幕。

3. 审美差异

中国的繁体字造型独特，意蕴丰富，具有独特的美感，但是，卡拉

OK 歌曲的字幕应遵从《文字法》的规定，使用简体字，不能将歌曲字幕与书法作品等使用繁体字的场景相提并论，盲目追求繁体字的美感是不恰当的。

三、繁体字幕对 KTV 经营的影响

1. 歌曲库中简繁体字幕的比例

经过对当前 KTV 常用歌曲库中简体和繁体字歌曲的详细统计，我们发现繁体字歌曲超过了 30%，如果不进行规范和改造，就无法降低此比例。

2. 繁体字对人们的影响

中国几十年来广泛推广使用的是简体字，所以，繁体字的识别率很低。其实，人们对繁体字也不是全然不识，因为简繁体毕竟同宗同源，有相似之处，新中国成立后，为了提高人们对文字的识别速度和书写速度，才开始推行简体字，有些字的简化力度较大，与繁体字判若两字，造成了识别困难。演唱者在使用繁体字幕时总会遇到一些无法识别的"拦路虎"，难免念成白字或干脆无法演唱，严重打击了演唱的积极性。可见，繁体字幕已经成为大众演唱卡拉 OK 歌曲的一大障碍。

3. 繁体字幕对 KTV 的影响

KTV 是一个休闲娱乐场所，以卡拉 OK 歌曲为营收基础，如果这个场所提供的卡拉 OK 歌曲字幕令大众认不清，念不准，唱不出，必然会影响大众的消费热情，给场所带来损失。如果意识不到问题的严重性，就无法彻底解决这个痛点，也无法认同繁体字幕对整个 KTV 行业造成的严重影响。

当前到 KTV 消费的主力军为 90 后和 00 后，这些年轻群体生长在互联网时代，对繁体字的识别能力较差，面对繁体字幕往往手足无措，又何谈演唱？这种情况愈演愈烈，不仅不能给 KTV 带来效益，还会把整个 KTV 行业都拖入深渊。

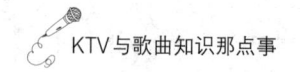

第六节　字幕滚色

一、字幕滚色的定义

卡拉OK歌曲字幕的底色一般为白色，随着歌词渐进填充进的其他颜色，因为类似刷漆的滚子在原来的底色上缓缓滚动，滚过之后，就会将底色填充为另外一种颜色，所以，我们将在字幕底色上填充其他色彩的过程称为滚色。

二、当前字幕采用的底色

1. 字幕底色的定义

歌词字幕的底色为最初呈现在歌曲画面上的颜色，歌词字幕的作用主要为提示演唱者，所以在歌曲前奏时就应出现在画面上，无论歌曲的画面颜色多么丰富斑斓，歌词字幕的底色一般都会使用白色。

2. 标准底色

由于没有形成统一的卡拉OK字幕制作标准，所以有一部分卡拉OK歌曲的字幕底色采用了其他颜色。与白色相比，其他颜色反而更容易与千变万化、色彩丰富的歌曲视频画面混淆，所以，简单的白色是最适合做字幕底色的颜色。如今，大多数卡拉OK歌曲的歌词字幕都以白色为底色，白色也逐渐成为卡拉OK歌曲字幕的标准底色。

三、当前字幕采用的填充色（滚色）

1. 填充色的定义

所谓填充色，是指使用白色以外的颜色去填充字幕，使之变色，用字幕颜色的变化来标识演唱进度。

2. 现存的填充色五花八门

一直以来，填充色也没有一个统一标准，因为不同的唱片公司和制作单位使用的颜色都不同，因此在卡拉 OK 歌曲的字幕中可以看到五花八门的滚色，毫无规则可言。虽然有人认为五颜六色的滚色可以增强卡拉 OK 歌曲的娱乐性，实际上却造成了识别障碍，引发了消费者的反感，所以，我们建议还是采用标准颜色进行填充为佳。

3. 标准的填充色

通过调研，我们归纳出如下规律，可作为填充色标准：

（1）男歌手独唱歌曲的字幕颜色：底色为白色，滚色为蓝色。

（2）女歌手独唱歌曲的字幕颜色：底色为白色，滚色为红色。

（3）男女对唱歌曲的字幕颜色：男女独唱部分的字幕颜色按照上述规则进行处理，合唱部分的滚色为绿色。

（4）男男对唱歌曲的字幕颜色：男歌手的歌词字幕颜色均以蓝色为滚色，在每位歌手的歌词前标注歌手的姓氏或可区分身份的其他符号，合唱部分以绿色为滚色。

（5）女女对唱歌曲的字幕颜色：女歌手的歌词字幕颜色均以红色为滚色，在每位歌手的歌词前标注歌手的姓氏或可区分身份的其他符号，合唱部分以绿色为滚色。

（6）多人合唱歌曲的字幕颜色：每位歌手的歌词字幕颜色均按照其性别进行滚色，男歌手为蓝色，女歌手为红色，在每位歌手的歌词前标注歌手的姓氏或可识别其身份的符号，合唱部分以绿色为滚色。

4. 标准滚色的总结

根据经验，我们可以把底色和滚色的标准概括为：白底、男蓝、女红、合绿、字音同步。

四、不规则滚色的弊端

不规则滚色令演唱者眼花缭乱，造成字幕识别困难，影响演唱者的正常发挥，引发不快情绪。

当前很多歌曲在制作过程中并不依从上述规则，一些著名歌手的作品

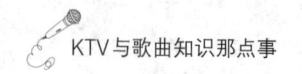

也会出现问题，例如有一版腾格尔《蒙古人》的卡拉 OK 歌曲，底色为蓝色，滚色却使用了白色，当视频画面背景变成白色天空时，白色字幕即与背景融为一体，令人如堕雾中，无从分辨。尽管大部分歌曲的字幕是符合规则的，但是，哪怕个别歌曲出现了字幕瑕疵，也会给 KTV 的经营和发展带来危害。

第七节　其他字幕

卡拉 OK 歌曲除了最重要的歌词字幕外，还有其他字幕种类，下面我们为大家进行简要介绍：

一、片头字幕

每首歌曲的开头都会出现歌曲名称、词曲作者、演唱者、歌曲的出处（是否为影视歌曲）等信息，表达这些信息的字幕被称为片头字幕。

二、提示符号

卡拉 OK 歌曲的首句歌词前常会出现一些提示符号，告诉演唱者要做好准备开唱了，这些提示符号没有一定的标准，一般放置在首句歌词上方，通过逐渐递减的方式提示歌曲开唱进入倒计时。

三、LRC 字幕

LRC 是英文 lyric 的缩写，中文意思为歌词。LRC 字幕是计算机生成的歌词文件，该文件可与音乐进度匹配显示，通常被应用于手机 MP3 音乐播器和短视频 App。

LRC 文件具有歌曲播放的时间进度标签，也叫时间戳，但是，该文件的时间戳通常以歌词自然句为单位长度，所以，在点歌系统中，不会应用这种字幕，当演唱过程录制完毕后在手机等设备上回放时，才会应用。

四、KSC 字幕

KSC 字幕是计算机生成的一种卡拉 OK 字幕，按照每个字在歌曲中出现的时间点进行标记。基于这项技术，字幕滚色才得以实现。当然，它的作用不止于此，利用 KSC 字幕还可以实现歌曲的评分功能。由于 LRC 字幕是以句子为单位来标记时间点的，KSC 字幕则以单字为单位来标记，所以，后者的字幕显示要精确得多。

第八节　问题字幕的表现

如果以双排标准字幕的特点作为卡拉 OK 歌曲字幕的标准，那么其他类型的字幕都属于问题字幕。问题字幕主要表现在以下几个方面：

一、字挤

字幕排版不科学，过于拥挤，或者两行字幕没有交错，每行字幕与屏幕边缘的空间不足，一眼望去，满满当当，不仅令人视觉上感到不适，还会造成演唱者识别困难。

二、字糊

由于制作单位选择的字体不当，造成笔画繁多的汉字无法清晰显示，如果底色也选择错误，就会一片模糊，影响演唱。

三、字音不同步

字音不同步是当前不规则字幕最大的问题所在，由于制作过程中忽略了音乐与字幕滚色之间的关系，制作完成后又不加以审核，造成字幕显示与伴奏进度不统一的严重后果，字音互有快慢，进度悬殊，有时字音差多达 4 个字。这种现象有时会贯穿整首歌曲，有时只出现在特定的时间点上，

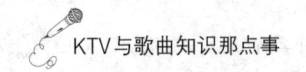

无论哪种不同步现象，都会影响演唱者的正常发挥和对歌曲进度的把握，不是出现抢拍现象，就是出现慢拍现象，甚至根本无法演唱。

看似简单的卡拉 OK 字幕，却蕴藏着这么多关窍，且都与消费者的体验密切相关，还会对 KTV 的营收造成影响。如果 KTV 的投资经营者们还不醒悟，依旧等闲视之，必将给场所带来损失。

卡拉 OK 字幕的改造工作非常复杂和艰巨，有些问题堪称绝症，无法根治，因为这些歌曲的演唱者已经辞世，或原出版公司已经倒闭，原始资料遗失殆尽，找不到合适的素材进行改造。

在卡拉 OK 歌曲的字幕问题阻碍 KTV 行业发展的当下，谁能力挽狂澜，彻底改造问题字幕，还不得而知，但若不解决字幕问题，其对消费者的影响和对 KTV 行业的损害将不会停止。

第八章
听歌学歌要原唱　首唱歌手是榜样

常规意义上的歌曲概念实际上就是指卡拉 OK 歌曲中的原唱部分——歌手演唱的人声与乐器演奏的乐声共同组成的一个完整的音乐作品。

当四元素卡拉 OK 歌曲出现后，才出现了原唱和伴奏的概念。原唱是指卡拉 OK 歌曲中歌手演唱的人声，而伴奏则是指乐器演奏的乐声。

歌曲通过歌手的演唱被人们所知悉，经过一段时间的流传，最后才以卡拉 OK 歌曲的形式出现在 KTV 里，所以，歌手的演唱是卡拉 OK 歌曲产生的基础，没有原唱和歌曲的传播，就没有卡拉 OK 歌曲。

经调查发现，消费者在 KTV 中除了演唱卡拉 OK 歌曲外，还经常会将音轨切换至原唱来欣赏专业歌手的演唱，尤其是那些到 KTV 学习歌曲的人，一般会从倾听、揣摩原唱开始，慢慢学习模仿，然后再切换至伴奏进行练习；还有的消费者因信心不足，歌艺不佳，干脆选择在原唱模式下演唱。

原唱作为卡拉 OK 歌曲的四大组成元素之一，作用显著，但在卡拉 OK 娱乐模式兴起之初，是没有原唱元素的。如今日本依然有很多卡拉 OK 歌曲没有原唱，这些歌曲即使进口到中国，依旧保持其不含原唱的日本风格。中国内地（大陆）与港台地区出品的卡拉 OK 歌曲则一直带有原唱，如果没有原唱，就不叫卡拉 OK 歌曲。由于原唱的加入，卡拉 OK 歌曲的组成由初期的三元素变成了四大元素。

人们普遍认为卡拉 OK 歌曲的原唱不会出现什么问题，经过对歌曲库的详细分析，我们发现原唱也存在一定的问题。尽管对消费者演唱卡拉 OK 歌曲影响不大，但会给消费者鉴赏歌曲、揣摩学习带来不便，所以，要练就一身甄别原唱质量的硬本领。

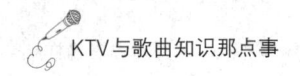

第一节　原唱的定义

原唱是一个多义词，如果不进行解释，也许会被混淆曲解，所以在此对原唱的几种含义进行简单介绍：

一、歌曲的演唱者

1. 歌曲的首唱者

每首歌曲作品都有第一个演唱它的人，这个人就被称为首唱者。有时一首歌曲推出后立刻风靡全国，广受追捧，不仅粉丝为之痴迷，就连其他歌手也跃跃欲试，忍不住要翻唱这首金曲，这些翻唱的歌手被称为翻唱者。

由于首唱者初次演唱的时间要早于翻唱者，所以，人们普遍认为一首歌曲的首唱者就是原唱者。据此，我们可以对原唱概念给出定义，一首歌曲的首唱者即为原唱者；还可进一步解释为：原唱即为原唱歌手，在这里，原唱指的是人。

2. 歌曲的原唱歌手

无论是歌曲的首唱者还是翻唱者，只要该歌曲确为其本人演唱，就是原人原唱，这里所表述的原唱指的是演唱者的声音与歌曲标识的演唱者姓名相符，不是张冠李戴。

3. 原唱歌曲的作用

原唱歌手是推动音乐文化发展的中坚力量，歌手也期望成为歌曲的首唱者，没人愿意一辈子翻唱别人的歌曲。

受众也更愿意欣赏原唱者演绎的歌曲版本，除非翻唱者独具魅力，赋予歌曲以新的韵味和生命力。只有通过歌曲的原唱版本才能模仿到精髓，如果找不知名的歌手进行翻唱，相信大众一定不会接受，KTV也无法以此版本进行经营。

4. 原唱和翻唱的关系

尽管原唱歌曲在歌曲库中占绝大多数，但是，有些歌曲的翻唱版本无论是知名度还是流行程度都远超原唱版。

比如《传奇》的首唱者是李健，但是，李健并没有把这首歌唱红，反而被翻唱者王菲在春晚的舞台上唱得家喻户晓，后来这首歌曲又被孙楠等歌手再次翻唱。王菲为歌坛实力派歌手，或许随便唱一首歌曲都能火爆，何况还是在春晚这个全球华人瞩目的焦点舞台上，如果换成籍籍无名的歌手，估计唱一辈子，《传奇》也红不了。

随着音乐选秀节目的带动，原本不太知名的选手演唱的歌曲也会被KTV中的消费者点唱，这些选手演绎的都是导师的作品，属于翻唱而非原唱版本。还有一些压箱底的歌曲随节目的热播再次翻红，也会被消费者点唱。无论出于对翻唱学员形象和唱功的认可，还是对节目的追捧，总之，这些选手的歌曲的点唱率会出现阶段性攀高，需要引起KTV的重视。

所以，KTV要注意广纳经典歌曲的各种版本，满足消费者的个性化需求，原唱和重点翻唱歌曲都要重视，不可偏废。

二、卡拉OK里的原唱

1. 原唱音轨的概念

上面介绍的原唱，其主体为歌手，下面介绍的原唱主体为歌曲中的人声音频。

我们介绍过组成卡拉OK歌曲的四元素——画面、伴奏、字幕和原唱，这里的原唱指的是歌曲中演唱者的人声音轨，实际表现为演唱者的人声。

只要卡拉OK歌曲的原唱部分有演唱者的声音，那么这首歌曲就具备原唱元素。如果没有演唱者的声音，就属于无原唱。

譬如李健和王菲都演唱过《传奇》这首歌曲，也都发行过卡拉OK版本，我们可以理解为他们在歌曲《传奇》中都有原唱人声，只不过一个是男声，一个是女声，所以，在理解卡拉OK歌曲原唱概念时，主要看歌曲的原唱音轨中有没有演唱者的声音，与首唱或翻唱无关。

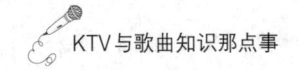

2. 真假原唱

尽管一首卡拉 OK 歌曲具备原唱元素，但还要进一步确定其真伪，因为有些人在利益驱使下，使用假原唱冒充真原唱，这种连原唱都"山寨"的行为实在令人不齿。

所谓假原唱，是指歌曲标注的演唱者姓名为歌曲的首唱者，但是，声音却不是首唱者，而是来自类似首唱者声音的模仿歌手。这些模仿歌手一般模仿得惟妙惟肖，难辨真假。所以，千万不要认为歌曲标注了原唱者的名字，就一定代表这首歌曲是原唱歌手演唱的，也可能鱼目混珠。

消费者将音轨切换至原唱，为的就是欣赏和学习原唱者的歌声和风采，如果听到的不是正版原唱而是"山寨歌声"，其失落之情可想而知，可见，此类假冒原唱绝无存在的必要。

这种以假乱真的现象，让人不禁感叹中华大地"人才辈出"，但假的就是假的，相似不等于真实，所以，KTV 的投资经营者要提高警惕，增强自己的音乐鉴赏水平，否则，万一被消费者识破，定会影响 KTV 的专业形象。

3. 冒牌原唱的危害

任何一首歌曲都可能被翻唱，如果翻唱后标注的演唱者为翻唱者的名字，那就不会产生什么不良影响；如果明明是翻唱歌曲，却偏偏标注原唱者的名字，那就是对消费者赤裸裸的欺诈。

冒牌歌手演唱原始歌曲的初衷并不是为名，因为连真名都不能标署，怎么出名呢？其实这些歌手大多图利，或在不知情的情况下被人利用，有些制作单位为了节约成本，自然不会花大价钱请真正的原唱歌手，只能去请这类仿冒歌手。

20 世纪 90 年代，冒牌歌手演唱的卡拉 OK 歌曲往往以 LD、VCD 和 DVD 光盘的形式对大众出售，封套上还特意标注有"原人原唱"等信息，等消费者买到光盘回家欣赏时，才发现并不是什么原人原唱，而是不知道谁唱的冒牌货。

如今，冒牌光盘已经销声匿迹，但冒牌原唱的歌曲依然在 KTV 里危害消费者，令人们失去了学习、模仿原唱者的机会，还会歪曲、损害原唱者的形象，十分不利于中国音乐文化的传播与传承。

第二节　歌曲原唱的分类

卡拉 OK 歌曲的原唱可分为如下几类：

一、原人原唱

原人原唱主要为区别非原人原唱版本的歌曲，当"原人原唱"这四个字出现并被强调时，说明卡拉 OK 歌曲中存在非原人原唱版本的歌曲。

歌曲大都是由人来演唱的，但是，由谁来唱至关重要，如果演唱者的知名度高、影响力大，更容易引起大众的注意和热捧，所以，原人原唱版本的歌曲最受欢迎，出版此类歌曲的机构也能获得理想的经济收益。原人原唱歌曲不仅有利于大众欣赏学习，借鉴模仿，对音乐文化的传播与传承也有积极意义。

一般而言，在能找到原人原唱歌曲的情况下，没有人愿意欣赏非原人原唱的歌曲。当前的卡拉 OK 歌曲绝大部分都是原人原唱歌曲，不过在早期，曾因各种原因出品和使用过一些原唱非原人版本的歌曲，主要缘于歌曲的版权获取困难及费用等问题，这些低成本小制作的歌曲画面多为风景、人物，甚至用演唱者的照片拼凑而成。

二、模仿翻唱

1. 模仿翻唱的定义

模仿翻唱是指对首唱者演唱过的歌曲进行翻唱，也属于原人原唱的一种。前面提到过的歌曲《传奇》，王菲虽然不是首唱者，但是，她翻唱的这首歌曲是其亲自演唱的，所以，翻唱歌曲也属于原人原唱的范畴，只是翻唱歌手不是该歌曲的首唱者而已。

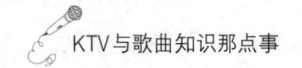

由于很多歌曲的年代比较久远，真正的首唱者已不为人所知。如果制作单位聘请时下小有名气的歌手进行翻唱，说不定也会得到大众的喜爱，其实，人们并不在乎歌曲真正的首唱者是谁，只要歌曲经典易学，朗朗上口，翻唱歌曲一样可以重新流行。

2. 翻唱类型

根据分析，我们将翻唱类型分为以下几种：

（1）老歌翻唱

一些经典老歌时不时就会被翻唱，常去KTV的朋友会发现，一首歌曲下面往往有多名演唱者的名字，这就是一曲多人翻唱的情况。

在某娱乐选秀节目中，出现过一位凭借翻唱歌曲一举成名的歌手，其翻唱的诸多歌曲也成为KTV里点唱率颇高的热门歌曲，这位演唱者就是平安。他翻唱的歌曲《我爱你中国》，最早出现在20世纪80年代的一部电影《海外赤子》中，原唱者是归国华侨歌唱家叶佩英女士。后来，叶佩英曾在不同场合多次演唱过这首歌曲，但是并没有引起年轻人的注意。平安作为一个新人，在娱乐选秀节目中将一首30多年前的老歌重新唱红，说明这首歌曲还是很有感染力和生命力的，同时也可以看到，同一首歌曲被不同的演唱者在不同时代、不同场合演绎，所收获的效果也是不同的。

此类模仿翻唱歌曲在歌曲库中还有很多，既有首唱者已不可考的传统民歌，也有一些经典的流行金曲，这些歌曲被模仿翻唱的概率都比较高，比如邓丽君的《夜来香》就翻唱自中国第一代流行歌手李香兰的作品。

（2）异性翻唱

很多歌曲在被异性歌手翻唱后，更具情韵。比如王菲翻唱了李健的《传奇》后，这版翻唱歌曲的情绪变得更加饱满，更适合女性演唱；自从张学友在演唱会上翻唱了杨千嬅的《小城大事》后，给歌迷留下了深刻的印象，一提到这首歌，大家就会想到张学友。异性歌手在翻唱时，不会对词曲做太大的改动，只不过换了一种身份对受众婉转吟唱。还有一些歌手专门从事翻唱事业，只要市面上流行的歌曲，无论什么风格、什么题材，全都拿来翻唱一遍，最后，原唱歌手还没火，翻唱歌手却火了，代表人物为台湾歌手卓依婷。

3. 填词翻唱

很多大家耳熟能详的经典中文歌曲，其实是填词翻唱歌曲，其中不乏一些大牌歌手的作品，所以，了解填词翻唱歌曲也是在了解中国的音乐文化。

（1）填词的概念

歌曲由词、曲两部分组成，缺一不可，有的歌曲先创作曲子，在曲子的基础上填词；有的歌曲先创作出歌词，然后再为词谱曲。只要词曲都是原创作品，内容和形式都具有独特个性、拥有社会共识价值，那么这首歌曲就是原创歌曲。

填词歌曲为借用原创歌曲的曲子，在此基础上再填新词，形成另一首歌曲。我国的填词歌曲多为将外文歌曲的歌词翻译成中文，再加以润色，使之平仄适韵，符合中国人的语言审美。虽然填词也是一种创作，但由于曲子出自其他歌曲，从严格意义上说，填词歌曲算不上原创作品。

（2）填词外文歌曲

用中文词填外文曲的现象十分常见，集中出现在20世纪80年代，被"借鉴"的外文歌曲主要为日语歌，究其原因，主要因为80年代日本的经济、科技、文化均开始迅猛发展，音乐文化的发展更是领先亚洲其他国家。日本歌曲特点鲜明，曲调优美，朗朗上口，作为中国乐坛主力的港台乐坛却沉溺于"多快好省"的商业化泥潭，只要歌曲数量多，制作周期短，经济成本低，哪怕背上抄袭的污名都在所不惜。当时欧美音乐以摇滚乐为主，中国听众难以接受，爵士乐对演唱技巧的要求又比较高，且在国内属于阳春白雪，曲高和寡，所以港台音乐公司便开始一窝蜂地"借鉴"编曲、审美都与我国接近的日语歌曲。

有的歌曲在填词时将外语歌曲的歌词翻译成中文，有的为曲子另行创作一版歌词，无论哪种方式，都是在原曲的基础上进行的。原始的、未重新填词的歌曲，我们称为原曲。

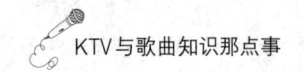

当前歌曲库中的填词翻唱歌曲比较常见，多为大牌歌手的作品，由于他们具有影响力，带动了填词歌曲的流行。比如费翔演唱的《冬天里的一把火》就是填词歌曲，原曲为爱尔兰乐队 The Nolans 的经典舞曲 *Sexy Music*，由台湾音乐人庄奴重新填词后，于 1982 年被台湾歌手高凌风首先翻唱。1987 年，费翔在央视春晚的舞台上边舞边唱，再次演绎了这首歌曲，经由两次翻唱，"一把火"红遍了大江南北，一时间，大街小巷都回响着这首劲歌热曲。

（3）填词国语歌曲

国语歌曲是指以普通话来演唱的歌曲。国语歌曲中也存在一曲两词的情况，有些人不知就里，认为填词翻唱者侵害了原曲作者的权益。比如许巍的《那一天》和姜昕的《潘多拉》，这两首歌曲的曲子相同，为许巍原创，但姜昕得到了许巍的授权，允许她使用这首曲子自行填词演唱，故不构成侵权。只要歌曲的权利人与歌手达成协议，重新填词或改编都是合理合法的。

（4）国语、粤语互填歌曲

很多粤语歌曲的思想性、艺术性和商业性都很高，可惜因为语言障碍和文化差异，难以大规模流行传唱，所以，很多歌手会将自己的粤语歌作品填上国语歌词，再次录制，形成了一曲双语的形态，有时候我们会在 KTV 里发现一些歌曲带有两种语言的歌词字幕，一行国语，一行粤语，这种双语歌曲对音乐文化的传播有着重要意义。同时，也有经典国语歌曲被填粤语歌词的情况。

（5）填词纯音乐

有时旋律优美动听的纯音乐也会被歌手选中进行填词，此类乐曲不是为歌曲创作的，而是先曲后词，往往流传了若干年后，才被音乐人拿去填词。为纯音乐作品填词与为歌曲进行二次填词的概念有所不同，应注意区分。据说，筷子兄弟的《小苹果》就是对俄罗斯纯音乐作品的填词。

（6）填词歌曲的例子

下面，我们将列举一些填词歌曲作品，以强化大家的认识，在了解了填词歌曲的相关知识后，也不要因知名歌手演唱过填词歌曲而感到失望，毕竟二次填词也是创作的一种。

填词翻唱歌曲表

序号	原曲名称	原曲演唱者	填词后歌曲名称	翻唱歌手	填词语言
1	《行かないで》	玉置浩二	《李香兰》	张学友	日语→粤语
2	Goodbye Day	来生孝夫	《情已逝》	张学友	日语→粤语
3	Lonely Far	玉置浩二	《情不禁》	张学友	日语→粤语
4	《梦のつづき》	玉置浩二	《月半弯》	张学友	日语→粤语
5	I'm Dandy	玉置浩二	《花花公子》	张学友	日语→粤语
6	Birds	德永英明	《太阳星辰》	张学友	日语→粤语
7	《真夏の果实》	Southern All Stars	《每天爱你多一些》	张学友	日语→粤语
8	《夕烧けの歌》	近藤真彦	《千千阙歌》	陈慧娴	日语→粤语
9	《ありがとう》	大桥卓弥	《老男孩》	筷子兄弟	日语→粤语
10	Me-U=Blue	Glenn Medeiros	《再爱上你》	张学友	英语→粤语
11	Seeing You Again	Dan Fogelberg	《再度重遇你》	张学友	英语→粤语
12	I Hate Myself For Loving You	Joan Jett	《我恨我痴心》	刘德华	英语→粤语
13	《穿过你黑发的我的手》	罗大佑	《轻抚你的脸》	张学友	国语→粤语
14	《让我一次爱个够》	庾澄庆	《只愿一生爱一人》	张学友	国语→粤语
15	《你的样子》	罗大佑	《也许不易》	李健达	国语→粤语
16	《找一个字代替》	邰正宵	《再见亦是泪》	谭咏麟	国语→粤语
17	《三万英尺》	迪克牛仔	《爱与痛的边缘》	王菲	国语→粤语
18	《冬季到台北来看雨》	孟庭苇	《偷偷想你》	许秋怡	国语→粤语
19	《大约在冬季》	齐秦	《别话》	张国荣	国语→粤语
20	《用心良苦》	张宇	《天与地》	王菲	国语→粤语
21	Amor No Me Ignores	Camilo Sesto	Amour	张学友	西班牙语→粤语
22	The Day You Went Away	M2M	《第一次爱的人》	王心凌	英语→国语

(续)

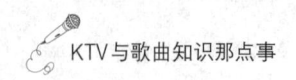

序号	原曲名称	原曲演唱者	填词后歌曲名称	翻唱歌手	填词语言
23	Pretty Young Thing	Lene Nystrom	《酸酸甜甜就是我》	张含韵	英语→国语
24	Every Time	Britney Spears	《别说对不起》	S.H.E	英语→国语
25	Moonlight Flower	Michael Cretu	《寂寞在唱歌》	阿桑	英语→国语
26	The End of the World	Skeeter Davis	《后会无期》	邓紫棋	英语→国语
27	《希望》	陈慧琳	《娃娃》	张韶涵	国语→国语
28	《雨蝶》	李翊君	《沙漠寂寞》	李翊君	国语→国语
29	《我哭了》	张学友	《一滴泪》	张学友	粤语→国语
30	《千年之爱》	朴完奎	《死了都要爱》	信乐团	韩语→国语
31	《未来へ》	Kiroro	《后来》	刘若英	日语→国语
32	《爱你在心口难开》	凤飞飞	More Than I Can Say	Leo Sayer	国语→英语
33	《童年》	罗大佑	Days On My Past	Baishi Kle	国语→英语
34	《小情歌》	苏打绿	Walk the Road of Love	Ana Terra Blanco	国语→英语
35	《把悲伤留给自己》	陈升	Smells of Roses	Sofia Kallgren	国语→英语
36	《玫瑰玫瑰我爱你》	姚莉	Rose, Rose I Love You	Frankie Laine	国语→英语
37	《爱很简单》	陶喆	I Love You	Stewart Mac	国语→英语
38	《我愿意》	王菲	Still Here	Lene Marlin	国语→英语
39	《我的骄傲》	容祖儿	Proud of You	冯曦妤	粤语→英语
40	《因为爱情》	陈奕迅/王菲	A Force De T'aimer	FLD5乐队	国语→法语

三、模仿原唱

　　模仿原唱指对首唱者的"模仿秀"唱法，可分为两种情况：一种是前面介绍过的原唱非原人，此类歌手名不见经传，却去冒充原唱歌手，为早期某些唱片公司出品卡拉OK歌曲的一贯手法。另一种模仿者的声线与首唱歌手非常相近，有的连长相身材也非常类似，前者的歌声足以以假乱真，

110

后者则是连出镜都毫无压力，简直可以做首唱歌手的替身，但是，他们使用的是自己的真实姓名，这种情况为特殊意义的翻唱。在当前的歌曲库中，也不乏此类歌曲，比如对邓丽君等大牌歌手的模仿演唱。

四、无原唱歌曲

在歌曲库中还存在一些无原唱歌曲，多为日语歌曲和港台地区的老歌。因为卡拉 OK 的概念就是伴奏，所以，只要有伴奏，就属于卡拉 OK 歌曲。也就是说，卡拉 OK 歌曲是允许没有原唱的，但是，相比当前中国普遍认知的卡拉 OK 歌曲概念而言，这就属于缺陷歌曲。

五、欣赏版歌曲

所谓欣赏版歌曲，是指仅有原唱，没有伴奏的歌曲。严格意义上讲，这种歌曲不属于卡拉 OK 歌曲，早期在没有消音技术以前，很多歌曲都没有伴奏，尽管这类歌曲当前在歌曲库中非常少见，但依然存在。

第三节 歌曲原唱的意义

一、原唱是卡拉 OK 歌曲的重要组成部分

我们说过，卡拉 OK 歌曲是由画面、伴奏、字幕和原唱组成的，如果缺失了原唱，就会破坏卡拉 OK 歌曲的完整性。

二、原唱是卡拉 OK 歌曲之母

从技术上讲，所有的卡拉 OK 歌曲都是在原始歌曲的基础上加工的，原始歌曲必然会有演唱者的人声和乐器声，而卡拉 OK 歌曲中，原唱和伴奏是相辅相成的。如果没有原始歌曲，或者没有原始歌曲中的原唱，便不会产生卡拉 OK 歌曲的伴奏，也不会产生卡拉 OK 歌曲，所以，原唱是卡拉

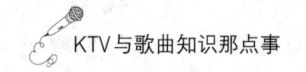

OK 歌曲之母。

从创作过程上讲，原唱歌曲是音乐人智慧的结晶，如果没有原唱歌曲，就无法让人们体验到歌曲的魅力，也无法产生共鸣，更不会出现其他歌手争相翻唱的情况，更不会制作成卡拉 OK 歌曲让大众进行模仿演唱。

以上两个方面，都可以说明原唱是卡拉 OK 歌曲之母。

三、原唱是大众学习歌曲的模板

大众模仿演唱实际上模仿的是原唱，只有熟悉原唱，才能唱好卡拉 OK 歌曲。

消费者在点唱之余，还常常会将歌曲切换至原唱音轨进行欣赏，无论是烂熟于胸的老歌，还是感兴趣的新歌，只有通过不断学习和揣摩原唱的方式，才能提高自身的演唱水平和音乐鉴赏力。

到 KTV 娱乐的消费者如果能对歌曲的首唱者进行惟妙惟肖的模仿，一定会获得满堂彩，因为首唱者的歌声和风采本就是大众争相模仿的对象，能仿得三分像，已经是业余群体中的佼佼者了，可见，歌曲的原唱十分重要，必须原装正宗，才能令模仿者有据可依，有样可仿。

四、对 VOD 商提出了要求

自从中国出现世界领先的 VOD 电脑点歌技术以来，就存在原唱、伴奏之间的切换功能，也说明每首歌曲都应具备原唱元素。

如果一首歌曲缺失原唱，或人为造成数据库的标识错误，都会造成无法切换原唱、伴唱，给消费者学习和欣赏歌曲带来影响。因此，VOD 商要力争不出纰漏，对歌曲数据库进行严格审核、细致标识。

一般来说，问题原唱多见于老歌，如今歌手和制作公司都很重视歌曲质量，原唱的问题日益减少，但是，如果不注重对老歌曲进行改造，那么问题原唱依然会困扰消费者，也会给 KTV 的经营造成负面影响。

五、传承音乐文化

要传承音乐文化，就要了解文化根源，原唱是音乐文化的根源之一，原唱者的一招一式、一腔一调，都蕴含着丰富的文化内涵。譬如京剧，只有通过欣赏名家唱段，才能深刻理解国粹之美，中国古老的音乐文化才能得以传承。

当前很多年轻人对一些经典老歌已不感兴趣，对曾经在中国音乐史上具有一席之地的重量级歌手也日益陌生，中国音乐文化的传承出现了断代危机。

其实，消费者去 KTV 点唱任何一首卡拉 OK 歌曲都是对中国音乐文化的传承，虽然大家没有意识到这一点，但是，这种传承润物细无声，悄然承续着中华音乐文化的命脉。只有妥善保存原唱，才能将歌曲最原始的模样记录下来，供文化传承者随时使用，发挥其神圣的作用。

一个简单的卡拉 OK 歌曲原唱讲了这么多，说明原唱十分重要，尽管如今带有原唱的原始歌曲数不胜数，但制作成卡拉 OK 版本的却仅有 20 万首，也就是说，绝大部分歌曲是没有卡拉 OK 版本的。

通过对当前 KTV 使用的歌曲库进行分析，我们发现原人原唱歌曲为主流，模仿原唱、无原唱和欣赏版歌曲占少数，可见多年来歌曲库的质量呈整体上升之势，不过每家 KTV 所使用的歌曲库不尽相同，所以，上述各类歌曲的占比也会有所出入，具体情况还需要 KTV 的投资经营者进行查询，只有原唱歌曲占比多的歌曲库，才能帮助 KTV 做好服务，提升 KTV 的经营效益。

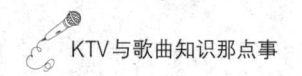

第九章
盲目追求歌曲量　鱼目混珠把当上

很多 KTV 都喜欢标榜自己有几十万首卡拉 OK 歌曲，将歌曲数量作为骄傲的资本，但是，以我们多年的从业经验来看，此类 KTV 实际上并不懂卡拉 OK 歌曲的标准和作用，也不懂卡拉 OK 歌曲与经营之间的关系。

一个 KTV 到底要拥有多少首卡拉 OK 歌曲才能满足经营所需？自己歌曲库的质量如何？能满足消费者的需要吗？到底什么样的卡拉 OK 歌曲才是消费者喜欢的？是否真的缺少歌曲？问题歌曲要如何解决？这些问题都是 KTV 的经营者需要仔细研究的。如果对经营的基础——歌曲库的质量都没有做过深入研究，两眼一抹黑，就知道盲目追求歌曲数量，夸夸其谈，却不知道如何去组织一套实用的歌曲库，那么这家 KTV 场所纵然卡拉 OK 歌曲再多，也无法满足消费者的需求，更无法获得理想的收益。

当前歌曲库存在的问题很多，我们前面也从卡拉 OK 歌曲的画面、伴奏、字幕和原唱方面做了分析，尽管歌曲数量越多，客人的选择空间越大，但是当前真正的常唱卡拉 OK 歌曲不超过 10 万首，所以，KTV 单纯宣传歌曲的数量优势是毫无意义的。如果将 10 万首常唱卡拉 OK 歌曲的质量都进行提升，反而可以满足绝大多数消费者的需求，自身的经营效益也会随之提升。

所有 KTV 经营者都应学习一下卡拉 OK 歌曲知识和经营原理，这样才能了解消费者的实际需求，而不是盲目追求歌曲数量，与消费者的诉求背道而驰，这也是当前中国的 KTV 投资经营者们最常见的一大误区。

第一节　歌曲库的质量不是由数量决定的

大家应树立"歌曲库质量是满足消费者需求第一要素"的正确观念，因为从宏观上分析，歌曲库的质量包括数量概念，但是，数量不能作为衡量歌曲库质量的关键因素，这个观点可以通过以下分析得到证实：

一、衡量歌曲库质量的四要素

首先，理想的高品质歌曲库要做到歌精。所谓歌精，指的是应囊括所有的常唱歌曲，在此基础上再对歌曲库进行扩容，如果连常唱歌曲为何物都不懂，就无法进行下一步的工作。常唱的卡拉 OK 歌曲一般在 10 万首左右，必须保证这些歌曲的质量。

其次，理想的高品质歌曲库要做到歌全，即内容全面，包括不同语种、不同时代、不同风格的常唱歌曲。因为 KTV 要面对不同年龄、不同民族、使用不同语言的消费者，更要考虑当前年轻人追求的音乐风格。

再次，理想的高品质歌曲库要做到歌美，无论歌曲数量多寡，尽量做到首首精美，而不是随便找一些劣质歌曲滥竽充数。如果卡拉 OK 歌曲的四大组成元素的质量不达标，就不能称为精美，应及时剔除、整改，这样才能保证歌曲库的质量，而非为追求歌曲数量忽视质量。要将常唱的 10 万首卡拉 OK 歌曲都打造完美，还需时日，所以，不可为歌曲总量的增加而沾沾自喜。

最后，还应尽最大努力做到歌新，歌新是指歌曲库中有最新鲜、最时尚的歌曲。要保持歌新，就要随时补充，及时更新，不可怠慢。

只有具备以上四点，才能被称为高品质歌曲库，但歌多不在其列，说明歌曲数量与歌曲库的整体质量之间并无直接关联。

二、选择歌曲库的标准

歌曲为谁服务，就要将谁的诉求作为标准，而不能按照 KTV 经营者自

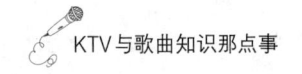

己的意志行事。很多 KTV 往往自以为是，凡事以"我"为中心，"我以为"说个三遍就成了"真理"，可惜这种自欺欺人的"真理"，忽视了消费者的主观意志和实际需求，最终导致了效益下滑、收入锐减的恶果。

1. 歌曲库的数量标准

歌曲库中的歌曲总量每天都在发生变化。30 多年前，几千首歌曲就可以满足经营需要，每年增添的新歌也只有几千首。如今，歌曲库中动辄数十万首歌曲，新歌也以每年两万首左右的速度增长，但是，各种统计数据显示，无论歌曲库中的歌曲总量如何变化，一年内被点唱的歌曲只有 10 万首左右，其他歌曲几乎没人点播，有些歌曲甚至在 20 年间都无人问津。即使 KTV 所使用的歌曲库中歌曲数量达百万首，对经营而言，也是有害无益，更有滥竽充数之嫌。可见，歌曲总量与 KTV 的经营并无直接关系。

2. 歌曲库的质量标准

当前中国的卡拉 OK 歌曲中存在很多问题，有些已经严重影响到消费者的体验，成为"赶客利器"；只有优质歌曲才能令消费者满意，才能给场所带来收益，堪称"吸客法宝"。相信这个道理每位 KTV 的投资经营者都会认同。

自从 KTV 进入中国以来，就没出现过一套标准化的高品质歌曲库。由于卡拉 OK 歌曲的来源复杂，质量不一，尚未形成统一的制作标准，加上每家歌曲供应商的歌曲收集渠道不同，改造力度不同，最终产生了良莠不齐的各色歌曲库。

林林总总的歌曲库导致众多 KTV 出现了不同的经营效果，那么 KTV 在选择和建设歌曲库时，应该以歌曲数量为纲，还是以歌曲质量为纲？或是稀里糊涂地随意选择呢？想必此刻诸位心中已经有了正确答案，但是以往 KTV 的投资经营者由于不懂歌曲库的重要性，盲目选择，造成了不少业界惨剧。

还有些 KTV 的投资经营者虽然明白经营效果与歌曲质量之间的关系，但在选择歌曲库时，却抛弃了原有思路，完全不把歌曲质量当回事，枉顾消费者的需求，想一套，做一套，令人匪夷所思。

在歌曲库尚未形成统一标准的当下，如果 KTV 的投资经营者有选择困难症的话，可以使用比较法得出最终答案。但是，使用比较法对比歌曲库时也要用心为之，不可草草了事；有人明明可以辨别出高品质歌曲库，却不加以选择，非要选劣质款，完全无视消费者的体验和诉求，将自己经营的事业往绝路上推。

三、庞杂的歌曲库使消费者困惑不已

歌曲库中的歌曲总量越多越好，还是越少越好？尺度为何？这个还真没有标准，只能实践出真知，通过科学分析得出结论。

1. 庞大歌曲库的组成

（1）歌曲总量的增长

卡拉 OK 进入中国内地（大陆）之初，KTV 只需几千首歌曲就可以满足经营所需，这些歌曲主要为港台歌曲，后来随着音乐事业的发展，内地（大陆）歌曲数量突飞猛进，远超港台，新歌也由每年几千首的增量发展为当前的两万首之多。如今的歌曲库中，歌曲总量高达 20 万首。

（2）歌曲数量增长的原因

歌曲是艺术品，也是商品。靠歌曲为生的艺术家自古有之，在物质文明和精神文明空前繁荣的当代社会，以音乐为职业的人也越来越多，所以歌曲作品也随之增多。

当前歌曲库中的歌手数量约为 4 万人，以歌曲总量 20 万首计算，每人平均有 5 首歌曲作品。作为职业歌手，区区 5 首歌曲都凑不足一张专辑，所以，20 万首歌曲听起来数量庞大，实则不然。况且普通歌曲的数量起码为卡拉 OK 歌曲数量的 10 倍以上，能达到 200 多万首，如果将全世界的歌曲都作统计，恐怕将达千万首之多，可见，卡拉 OK 歌曲是被精选过的歌曲。

2. 庞大的歌曲库的缺陷

（1）查找障碍

歌曲越多，查找过程就越复杂。如果歌曲库中只有一首歌曲，自然无

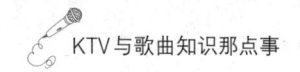

须费时费力；如果有 20 万首歌曲，那么查找起来就相对费劲了。不仅消费者如此，点歌电脑的计算能力也同理。

当前大多数点歌系统的查找功能都很取巧，并不按照字典的使用方法进行设计，而是按照点击热度进行排序，消费者在输入歌曲的一至两个首字母后根本查找不到自己想点的歌曲，只能通过歌名全拼或手写歌曲全名等多个条件的输入才能进行检索，实在令人恼火，可见，歌曲越多，消费者查找起来就越困难。

（2）无从选择

不少卡拉OK歌曲都有数个不同的版本，即使同一名歌手的同一首作品，也会出现MTV版和演唱会版等多个版本。尤其一些经典歌曲版本更多，可高达10余个，如果不加以标识，自然会令消费者迷惑，搞不清具体版本，只能一首首去试点试唱，浪费时间之余还会破坏心情。

四、能满足运营所需的歌曲库的标准

1. 消费者会唱多少首歌曲

一般来说，普通人一生中学会的歌曲不超过 500 首，能信手拈来的歌曲不超过 50 首。但是，人们喜爱和擅长的歌曲会因年龄、地域、民族、个人爱好等产生差异，如果以一岁为一个年龄层来计算，假设每个年龄层的消费者喜爱的歌曲数量都为 500 首，那么 10 个年龄层共计 5000 首，100 个年龄层共计 5 万首。但是到 KTV 里唱歌的消费群体，年龄不可能相差 100 岁，差 50 岁就已经很夸张了，也就是说，仅需 2.5 万首歌曲即可满足所有年龄层的需求，再加上其他因素造成的数据浮动，20 万首歌曲也足够用了。当前，每年新推出的热唱"神曲"仅有 10 至 20 首，10 年共计 200 首，可见每年两万首新歌实在没有必要。

可见，消费者并不需要一个庞大的歌曲库，20 万首歌曲起码有一半常年坐冷板凳，无人点唱。

2.10 万首歌曲完全可以满足运营所需

从目前情况看，一套容量为 10 万首的精选歌库即可满足 KTV 的运营需求，但是，这 10 万首歌曲必须精挑细选，保证满足 95% 以上的消费者的需要，至于谁来承担这项筛选工作，就要进一步研究了。

3. 多余的歌曲只是安慰剂

通过对歌曲点击排行榜数据的观察，我们发现，较常点唱的歌曲约为 10 万首，其余歌曲基本无人问津，每月添加的大量新歌也很少被点唱，之所以依然补充新歌，不过是一种防患于未然的心理安慰而已。如果无视设备成本，多存储一些歌曲也不会成为 KTV 的负担，但是，即便存储再多歌曲也无法直接提升经营业绩，可见，10 万首歌曲已经能够满足 KTV 的经营所需，多余的歌曲不过是安慰剂的性质，并无实际作用。大于 20 万首歌曲的歌库更是噱头，对实际经营毫无助益。

4. 歌曲库在不断扩容

每年 KTV 的新增歌曲虽达两万首之多，但是，真正进入点唱排行榜的却寥寥无几，一般来说，每年的新增歌曲能成为热唱歌曲的不超过 1000 首。

这种情况不仅在中国存在，在日本也很普遍，说明音乐行业发展迅速，但歌迷对歌手的指向性很强，音乐审美固化，很多乐坛新人及其作品频频遇冷，就连大师级音乐人的复出作品也照样无人欣赏。所以，歌曲越创作越多，卡拉 OK 歌曲的数量也随之增多，但点唱排行榜却数年如一日，很少发生变化。

第二节　对歌曲库规模的定位方法

如果不想让歌曲库太过庞杂，就需要对歌曲库规模进行精准定位，剔除糟粕，保留精髓，不过这项工作需要操作者具备一定的歌曲知识和音乐文化修养，否则无法完成。

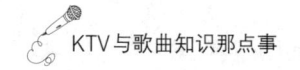

一、首唱版歌曲数量的定位

如果在歌曲库中筛选首唱版歌曲，结果会达 10 万首以上，可惜很多歌曲虽为首唱版，却毫无人气，鲜为人知，更不会被其他歌手所翻唱，只能在歌曲库的角落中独自落寞。可见，首唱版歌曲在热不在多，大而无当，应该精简。

二、热唱版歌曲数量的定位

有些歌曲虽非首唱版本，却为大众所熟知和喜爱，此类歌曲也属于原唱歌曲的一种，在歌曲库中约有 1 万首。比如大家耳熟能详的乌克兰民歌《白桦林》，一提起这首歌，就会想起其演唱者朴树。《白桦林》也一度成为音乐人朴树的代表作之一，但这首歌曲的首唱者并非朴树，而是叶蓓，可见热唱歌曲不等于首唱版本，或许热唱版歌曲的演绎者在音色、情感表达、发音技巧、粉丝数量等方面都不逊于首唱者。此类歌曲也是宜精不宜滥，过犹不及。

三、对翻唱歌曲数量的定位

翻唱歌曲过多，是造成歌曲库庞杂的原因之一，很多歌曲因太过经典被反复翻唱，已成泛滥之势。在当前 KTV 的歌曲库中，此类歌曲约为两至三万首。

这些歌曲数量虽多，被点唱的概率却不高，尤其是选秀节目推红的翻唱歌曲虽然爆红一时，但很快就会被人们所遗忘，成为毫无价值的僵尸歌曲。

大牌歌手也会翻唱自己和他人的作品，比如在演唱会上翻唱自己的经典之作，此类"自翻"歌曲也会出现在歌曲库中。

号称"巡演之王"的张学友 2014—2017 年的巡演多达 366 场，2018—2019 年也有 234 场之多；陈奕迅 2013—2018 年的巡演多达 135 场；五月天 2017—2019 年的巡演多达 122 场。如果将每场演唱会中出现的歌曲都制成卡拉 OK 版，恐怕连粉丝也会眼花缭乱。此类"自翻"歌曲一般只选择一至三个经典场次，制作成卡拉 OK 歌曲，其余的均不采纳。

四、对常唱歌曲数量的定位

当前经常被点唱的常唱歌曲约为 10 万首，包括首唱歌曲、热唱歌曲和翻唱歌曲，这些歌曲以点唱排行榜中的名次为依据，总结而出，尽管排行名次也会出现变动，但是总体波动不大。

随着时代的进步，消费者喜爱的歌曲会发生一些变化，但常唱歌曲的颠覆性变化不大，因为 30 年前的常唱歌曲如今依然备受欢迎，可见，经典歌曲不会落伍，只会代代传承。

第三节　备用歌曲的选择方法

即使 KTV 再懂卡拉 OK 歌曲，拥有再精准的统计手段，也不敢只保留 10 万首常唱歌曲，还是会把其余 10 万首歌曲保存在歌曲库中备用，所以，常唱歌曲与备用歌曲的比例为 1：1。

备用歌曲也应选择性采用，不能眉毛胡子一把抓，全部纳入囊中，具体操作可参考以下几点：

一、保证经典歌曲全部入库

1. 经典歌曲的定义

经典歌曲是指在中国音乐文化史上具有一定地位的歌曲，有的属于常唱歌曲，有的则不然。但是，这些歌曲必须存在，如果缺失，就无法组建一套传播、传承中国音乐文化的卡拉 OK 歌曲库。

2. 经典歌曲的收集

只有了解中国音乐文化发展史，具备一定的歌曲知识，才能定义和收集经典歌曲。当前很多经典歌曲并非原人原唱版本，比如一些老电影的插曲，

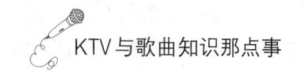

其原唱者的演唱视频已经佚失，如果不懂歌曲知识，即使知道有人演唱过这首歌曲，也无法确定演唱者是否为首唱者，更不会用心收集。

只有了解中国音乐文化史和歌曲常识，对经典歌曲长期不懈地收集整理，才能让歌曲库绽放光彩，将中国音乐文化发扬光大。

二、各语种歌曲的收集

1. 中文多语种歌曲

当前我国 KTV 使用的歌曲库中，中文歌曲可分为国语、粤语和闽南语三大类，其余还有一些少数民族语言的歌曲。

国语歌曲泛指用汉语普通话演唱的流行歌曲，在歌曲库中占据最大份额，无论中国内地（大陆）歌手还是港台地区的歌手，都有国语歌作品，一些地区的 KTV 歌曲库中可以没有粤语歌和闽南语歌，但绝不能没有国语歌，否则无法开张经营。

粤语又称广东话、广府话，俗称白话，为中国汉语七大方言之一，也是汉族广府民系的母语，全球约有 1.2 亿人使用粤语。20 世纪 70 年代，香港流行音乐开始崛起，粤语歌曲也开始席卷中国大地。如今，粤语歌曲仍在歌曲库中占有重要地位，在粤语方言地区有众多拥趸。

虽然粤语的发音难以掌握，但文字依然是汉字，所以，非粤语地区的人们也能演唱粤语歌曲。即便发音不标准，但能凑合唱，歌词含义也不难理解。当前，粤语歌曲在歌曲库中的数量仅次于国语歌曲。

闽南语发祥于福建泉州，主要分布在闽南地区、闽东北地区、浙东南区、广东潮汕地区、海南岛和台湾地区。闽南语歌曲主要盛行于福建和台湾，在其他地区不普及，所以，闽南语歌曲在歌曲库中的占比较小。

还有些歌曲采用的是少数民族的语言，歌词字幕会附有汉语释义，此类歌曲为小众地方性歌曲，也是不可缺少的。

2. 戏曲

中国戏曲剧种繁多，由民间歌舞、说唱和滑稽戏三种不同的艺术形式综合而成，是一种历史悠久的综合舞台艺术样式。卡拉 OK 戏曲可按照剧种分为京剧、越剧、粤剧、豫剧、黄梅戏、河北梆子、潮剧等等，京剧还可细分为传统唱段和现代京剧（样板戏），虽然戏曲在歌曲库中不占主要地位，但依然不可或缺。

3. 外语歌曲

歌曲库中还有不少外语歌曲，如英语歌曲、日语歌曲、韩语歌曲等等。

英语歌曲是最受时下年轻人喜爱的外语歌曲之一，很多欧美歌手也多用英语进行演唱，由于我国的外语教育主要为英语，所以，与日语、韩语歌曲相比，英语歌曲在歌曲库中占有主要地位，是歌曲库中绝不可缺少的一类外语歌曲。

日韩歌曲占比虽少，但仍在发挥服务消费者的作用，比如在朝鲜族聚居区，韩语歌曲广受追捧，更令韩企务工人员有宾至如归之感。对一些迷恋日本文化的年轻人来说，日本歌手和日语歌曲是其不可缺少的精神支柱。总而言之，日韩歌曲的数量不多，但总有用武之地。

要收集各种语言的经典歌曲和常唱歌曲，就要求收集者不仅精通各种语言，还要了解各国家、民族、地区的歌曲知识，以及音乐文化和潮流动态，要求颇高，且耗时费力。

三、歌曲库不仅要留歌，还要删歌

1. 删除歌曲的必要性

歌曲库日益臃肿，亟待"瘦身"，就像人体需要肌肉而非过量脂肪一样，歌曲库也需要添加高品质歌曲，删除和替换劣质歌曲，所以，对歌曲库进行"瘦身"也是必做的一项工作。

2. 主要删除对象

（1）替换不良版本

歌曲的版本很多，但是，不少版本的质量并不好，需要剔除，更替换为优质版本。

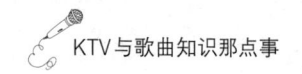

（2）删除无人演唱的歌曲

很多歌曲并不常唱，或者根本没有点击率，这类歌曲无论演唱者是谁，都没有存在的必要，随时可以清理掉。

有些歌曲既非经典歌曲，也没有艺术和文化价值，纯粹是垃圾歌曲，估计除了演唱者本人外，根本无人知晓，也可以剔除。

（3）筛查流行歌曲和宣传歌曲

一些企业歌曲和城市宣传歌曲，虽为知名歌手所演唱，但是，在KTV里的点唱率极低，保留此类歌曲意义不大，可将其列为歌曲库的"瘦身"对象。

第四节　应用云端技术的歌曲库

在互联网技术高度发达和广泛应用的今天，通过互联网添加卡拉OK歌曲已经成为常态，相比人工加歌而言，优势颇多。

一、云平台的介绍

1. 云平台的定义

我们通常所说的云，实际上指的是云技术或云计算机技术。云技术是指在广域网或局域网内将硬件、软件、网络等系列资源统一起来，实现数据的计算、储存、处理和共享的一种托管技术。由于这种技术建立在海量的计算机群基础上，所以被称为"云技术"。

云技术是基于云计算商业模式应用的网络技术、信息技术、整合技术、管理平台技术和应用技术等的总称，可以资源池的形式按需使用，灵活便利。

正因为云计算具有多功能性和多用户性，所以可将其视为一个大平台，云平台允许开发者们将写好的程序放在"云"里运行，或是使用"云"里提供的服务。

当前KTV应用的云技术主要为存储技术，也就是将卡拉OK歌曲存储在云平台服务器中，而非场所的歌曲服务器中。

2. 云类型的介绍

（1）私有云

私有云是由VOD企业自行搭建的计算机群，仅供购买其点歌系统的用户使用。

私有云同样包括云硬件、云平台和云服务，不同的是，云硬件是VOD商自己采购的服务器，而非云计算厂商的数据中心。云计算厂商构建数据中心的目的是为千百万用户提供公共云服务，因此需要几十万甚至上百万台服务器。私有云只服务于小群体用户，并不对外开放，因此不需要大批量、高规格的服务器。

（2）公有云

公有云指第三方提供商自行构建数据中心，为用户提供的可使用的云。用户可通过Internet连接数据中心使用该服务。公有云的核心是在开放的公有网络中提供共享资源服务。公有云平台有阿里云、百度云、腾讯云、金山云、七牛云等等。

（3）混合云

混合云融合了公有云和私有云，是近年来云技术的主要应用模式和发展方向。私有云主要面向企业用户，出于安全考虑，企业更愿意将数据存放在私有云中，但同时又希望应用公有云的计算资源。在这种情况下，混合云便成为主流，它将公有云和私有云进行混合、匹配，以获得最佳的使用效果，这种个性化的解决方案达到了既省钱又安全的目的。

3. 云平台的比较

公有云和私有云各有千秋，如果以房屋类比，第三方公司的公有云就是大别墅，VOD商的私有云就是小平房，二者的价值和面积完全不在同等量级上。至于KTV采用哪种云，由其采购的点歌产品的品牌商决定，KTV完全没有自主权，我们可以通过下表来了解一下各大云平台的优缺点：

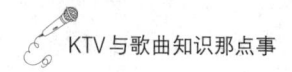

公有云与私有云对比表

序号	对比内容	公有云	私有云
1	使用对象	创业公司	政府、大企业
2	安全系数	高	中
3	自主掌控	中	高
4	数据备份	选择性差，调整性差	选择性强，调整性强
5	专业程度	高	一般
6	建设成本	高	低
7	成本投入	少，根据流量增加	大，逐渐摊薄
8	维护成本	无	高
9	技术掌控	小	高
10	数据迁移	难	易
11	部署范围	广	少
12	跨运营商	强	弱
13	带宽速度	快	慢

如果仅从使用角度分析，公有云在各方面都有明显优势。

二、云平台的搭建

KTV的局域网本身就是一个微缩的私有云环境，随着互联网技术的发展，真正的广域网云平台出现并应用于KTV领域，为KTV与消费者带来了便利。

1. 中心服务器

云平台是由计算机群组成的数据中心，也就是用多台高品质、高性能的服务器搭建而成的一个计算机中心，无论是公有云还是私有云，都要搭建这个中心，只不过投资和规模不同。

KTV使用的云平台就是一个歌曲库存储和调用的司令部，所有的歌曲都以数字文件的形式存储于云平台中，这个无形的巨大服务器在全国范围内设有多个存储分部，可以最快的速度响应来自无数KTV场所发出的请求，保证第一时间将歌曲文件下发或更换。

2. 云中转服务器

要想从云平台将歌曲文件下发至 KTV 场所中，需要在场所内设置一台中转服务器，即需要一台设备作传输、管理之用。在实际应用中，KTV 包房的点歌终端是无权直接向云中心发起数据请求的，必须通过中转服务器来实现，家用设备则不需要中转服务器，可直接与云平台沟通。

中转服务器分为两种：硬中转和软中转，二者功能是一样的，但在稳定性方面有所区别。

3. 终端软件的开发

硬件是工作的基础，软件是工作的操手，要与云平台打交道，就需要各类软件进行配合，形成一套完整的沟通系统，才能实现所需的功能，所以，点歌系统内要安装与云平台相关的程序，否则就无法进行歌曲下载和更换。

三、云平台的应用功能

云平台的主要应用功能是实现歌曲的云下载，还有其他一些附加功能，只有充分利用云平台，才能对 KTV 的经营产生助益。

1. 云下载

云下载是指 KTV 场所在云平台中心下载歌曲，使用云服务的初衷就是为了下载歌曲。

由于 KTV 每天都要更新歌曲，所以要实时下载云平台中心存储的歌曲，具体流程为：VOD 商将新歌和替换老版的新版本歌曲上传至云服务中心后，云中转服务器即将新歌和数据库下载到 KTV 场所的服务器中，新旧歌曲数据库随即合并更新，这样终端电脑每次开机都能获取最新的数据库，消费者也可以在点歌界面上看到自己心仪的新歌。

2. 云社交

云社交是一种物联网、云计算和移动互联网交互应用的虚拟社交应用模式，以建立著名的"资源分享关系图谱"为目的，进而开展网络社交。云社交的主要特征就是把大量的社会资源统一整合测评，构成一个有效

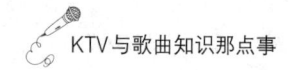

资源池，为用户按需服务，参与分享的用户越多，所创造的利用价值也就越大。

在KTV中，录音分享就属于云社交的一种。目前智能手机已经成为物联网的一个标志性象征，KTV中利用手机实现的娱乐功能也标志着物联网技术已经在KTV领域得到了应用。

3. 云点歌

（1）用手机点歌

云点歌的含义之一是在手机上用微信或其他App进行点歌操作，当前的手机点歌功能并非利用手机与包房电脑直接通讯来实现，因为两者的网络传输信号不同，不能直接通讯，微信等App也不能与点歌电脑直接通讯，那么手机点歌的原理是什么呢？原来，此类点歌操作需要使用手机通过中转服务器向云服务中心发出请求，才能传递信息进行点歌。

（2）包房内实时点播云端歌曲

云点歌的另一层意思是指消费者在包房中点歌时，如果本地服务器未能及时下载歌曲，还可以从云平台中心直接将歌曲下载至包房电脑并实时播放，此时，歌曲不是预先被中转服务器下载到场所歌曲服务器中的，而是现点现下。

此功能便捷易用，受到了消费者的好评和欢迎，对KTV场所而言也十分有益。即使场所在临近开业之际一首歌曲都没有，也不必担心，只要有云点歌功能，随时可以从云服务中心获取歌曲，这些歌曲被消费者点唱后还会自动存入场所的服务器中。当然，这种方式是一种补漏方式，下载歌曲也需要时间，网络的安全性也无法保证，建议各KTV场所使用本地服务器为佳。

4. 云存储

云存储即将应用程序储存在云服务中心里，不但可以节省KTV的服务器空间，还可以使存储内容得到更广泛的应用。比如，录音录像作品如果都存储在KTV场所的服务器中，就无法进行互联网应用，只有存储在云端，才能得到广泛应用。如果 KTV 的服务器空间不足，还可以利用云服务器做存储备份，需要时从云平台上取用，可有效节省本地服务器空间，缩减投资成本。

5. 云维护

在实际运营中，KTV 的诸多设备难免会出现故障，为了及时精确地排除故障，解决问题，VOD 厂商开始广泛应用云维护功能，即通过互联网进行远程操作维护，还可对软件版本进行升级，对软件 BUG 进行修改。

6. 云数据

云数据是指对 KTV 向云平台中心所发出的请求的数据统计，其中最重要的就是对歌曲点播数据的统计。云数据可以精确分析消费者每次的点播信息，对微信点歌和其他功能的使用次数也可以进行统计，运用这种方法可了解每个场所的用户活跃度，为日后 KTV 的针对性营销奠定数据基础。

7. 其他应用

除了上述内容外，云平台还有很多其他服务应用，只要是从包房电脑中发出的请求，被场所的中转服务器传输至云服务中心实现的，都属于云服务的范畴。比如 KTV 中的各类支付功能，虽然支付本身利用的是互联网企业的各种平台，但也是基于云平台进行的，建立在 KTV 必须连接互联网的基础之上。

四、云歌曲库的规模与意义

1. 云歌曲库的规模

云平台为歌曲存储提供了广阔空间，但不意味着歌曲存储得越多越好，其中的缘由在前面的章节中已经进行了论述。

云歌曲库中的歌曲量应大于或等于 KTV 本地服务器所存储的歌曲量。大于的目的是要帮助 KTV 节约本地服务器的空间；等于的目的是满足有条件迅速响应客人点唱需求这一 KTV 基本的经营诉求。

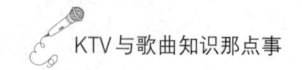

如果当前歌曲库中共有 20 万首歌曲，那么云平台也存储 20 万首歌曲即可。

2. 传统的加歌方式及其弊端

（1）传统的加歌方式

在云加歌技术出现前，KTV 使用的传统加歌方式为专人上门添加，即技术人员预先把需要添加的歌曲拷贝到硬盘里，再把硬盘带到 KTV 场所，与场所的歌曲服务器进行连接，手动操作添加歌曲，最后将新歌曲的数据库与原有歌曲的数据库进行合并，形成一套新数据库。每次加歌所耗费的时间不会低于一天，加歌周期一般为一个月，甚至两个月。

（2）传统加歌方式的弊端

①时效性差。消费者对新歌的要求非常迫切，每天卡拉 OK 新歌的出产量约为 100 首，其中也许会包括一些火爆热曲，如果一个月只加一次新歌，将会严重影响消费者的体验。在快节奏社会中，流行元素瞬息万变，也许一首新歌在一个月后已经变成了"老歌"，一定会耽误消费者使用，影响 KTV 的经营。

如今，年轻消费者对娱乐节目中年轻偶像歌手演唱或翻唱的歌曲呼声很高，即使 KTV 的歌曲库中有这首歌曲的首唱版本，也无法令他们满意，一定要点唱到偶像歌手的翻唱版本才肯罢休，可见，如果 KTV 不能及时加载时下最流行的歌曲版本，必然会引起客人的不满。所以，歌曲添加的时效性非常重要。

②更新烦琐。传统的加歌方式操作起来十分烦琐，要手动添加不说，在进行版本替换时，还得先删除原版本歌曲，再添加新版本，最后还要对数据库进行修改、合并。

③影响经营。传统的加歌方式无法满足客人对新歌曲的时效性需求，也不能快速更换问题歌曲，更没办法及时补充客人要求的特殊歌曲，自然会影响客人的消费体验。但目前仍有很多 KTV 罔顾客需，没有接入互联网，最终都导致了客流下降、收益萎缩的恶果。

3. 云平台加歌的益处

（1）存储歌曲多

云平台服务器的存储空间是无限的，从理论上讲，肯定要大于KTV的本地服务器容量。应用云平台服务后，KTV再不用担心本地服务器中的歌曲不够用了，只要是云平台上有的歌曲都能轻松享用，此时歌曲数量已不再是困扰KTV发展的痼疾。由于KTV经营所需的歌曲数量有限，而云存储空间无限，所以，KTV完全可以把不常唱歌曲存储在云端，按需调用。

（2）响应速度快

与传统的上门加歌方式相比，云平台添加和更换歌曲的速度要快很多倍，即使增加了若干网络成本，KTV也能从营收中得到补益。

在实时享用云平台的歌曲时，只要保证网络传输速度，下载一首歌曲的时间就不会超过一分钟，可迅速满足消费者的诉求。

（3）节省资金

服务器数量的减少能为KTV节省投入资金和管理成本，这些资金可用于互联网建设。

（4）提升服务质量

利用云平台服务消费者，不仅可以避免因本地服务器故障产生的响应滞后等问题，还可以通过及时添加、更换歌曲的方式来提升服务质量。

4. 必须坚持走云平台加歌的道路

目前，云平台歌曲库在KTV领域中的应用日益普及，也成为与点歌系统配套的必备工具之一，不匹配云平台歌曲库的点歌系统已经成为不合时宜的老古董。

目前一些KTV由于种种原因尚未使用云平台歌曲库，这种情况对经营十分不利。KTV的投资经营者应该充分意识到，利用云平台补充新歌是大势所趋，有百利而无一害，一定要重视添加新歌的时效性，切不可因吝惜网费而丧失客源。

随着科技的进步，KTV的各种应用也发生了翻天覆地的变化，很多应

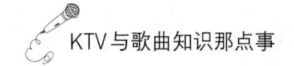

用在局域网环境中已无法实现,譬如歌曲的云下载功能等,所以,不接入互联网,就无法实现新功能,就无法满足消费者所需,还会给KTV的经营带来负面影响。在跨界泛娱乐时代,云服务是不可或缺的一项重要内容,未来还会出现更多基于互联网的功能和应用,可见,接入互联网是关系KTV生死存亡的头等大事,希望大家马上重视起来、行动起来,早日拥抱互联网,实现可持续发展的夙愿。

无论歌曲库中的卡拉OK歌曲数量多寡,无论采用何种加歌方式,对KTV而言,最重要的还是卡拉OK歌曲的质量,也就是说,歌曲的画面、伴奏、字幕和原唱的质量要远远大于歌曲的数量权重,可见,一味追求歌曲数量是无知的、片面的、短视的,KTV只有重视卡拉OK歌曲的质量,优化客户体验,才能获得良好的口碑和经济效益。

一个卡拉OK歌曲总量高达20万首的歌曲库,常唱歌曲仅为10万首左右,其实,这10万首歌曲即可满足KTV的日常经营所需,如果量大而无当,也只能充作摆设,不过,真正要做到歌精、歌全、歌美、歌新确实不是一件易事,只有在经营过程中不断探究求索,找到满足消费者日益增长的卡拉OK歌曲需求的新方法,才能使歌曲库日臻成熟、完善。

第十章
歌曲数据很重要　全面正确要做好

　　歌曲数据库是储存歌曲和歌手数据的电子化文件库。每个歌曲库的提供商都应对文件中的数据正确填写，与歌曲库中的歌曲数字文件一一对应。具体到实际操作中，可帮助消费者实现点选歌曲，了解歌曲、歌手信息，以及使用其他娱乐功能的诉求，可惜，KTV的投资经营者们普遍不关心歌曲数据库中的信息，没有意识到它的重要性。

　　歌曲数据库可视为点歌系统与歌曲库之间的桥梁，可以说，没有数据库就没有点歌系统，消费者就无法使用点歌软件来查找歌曲、选点歌曲，KTV更无法经营。

　　如果数据库分类不明，所显示的歌曲、歌手信息不全，就会被消费者所诟病。建设歌曲数据库不是简单的录入填充，还需要建设者具备一定的音乐文化素养，否则就会闹出笑话。比如歌曲《我爱你中国》的演唱者为著名归国华侨歌唱家叶佩英老师，但很多数据库将其标识为叶英，令人啼笑皆非。不仅如此，数据库背后还有大量烦琐的工作要逐一完成，如果不严谨细致，就会导致点歌界面缺乏表现力。

　　歌曲数据库与歌曲库中存储的歌曲关系密切，必须一一对应，严丝合缝，否则就会出现各种问题。有些KTV经常自行添加歌曲，如果没有做好数据库的填写工作，也会造成数据库的信息不完整，给使用者带来困扰。

　　歌曲数据库就好比一个菜单，做好这个菜单，才能令消费者从容点选菜品，希望KTV的投资经营者重视起来，下大气力好好研究一番，尽量令消费者满意。

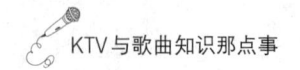

第一节　歌曲数据库的重要作用

众所周知，在海量的信息中查询一项内容十分困难。在近20万首歌曲中，想要快速找到自己喜欢的那首歌曲，就必须依靠歌曲数据库，否则，花上两天时间也找不到，所以，要为客人提供优质服务，就必须依靠强大的歌曲数据库。

一、歌曲数据库的科技属性

歌曲数据库是点歌系统与歌曲库之间的桥梁，只有歌曲数据库的设计合理，才能快速查找歌曲、调用歌曲。如果数据不完整，就无法找到相应的歌曲，也就不能从歌曲库中调用歌曲进行播放，所以，无论是数据库软件的选择，还是歌曲数据库的架构，都需要建设者具备一定的科技素养。

1. 数据库的定义

（1）数据库的定义

数据库是存储数据的仓库，是利用各类表格和算法组建的计算机软件。数据库软件可分为大型、中型和小型，根据需要处理的数据量选择适宜的类型和品牌。

（2）数据库软件的品牌

当前数据库软件的品牌很多，由不同的公司所研发，产品性能、用途各有不同。

常见的数据库品牌

序号	数据库品牌	等级	出品公司	点歌系统应用
1	Oracle	大型	甲骨文公司	否
2	SQL Server	大型	微软	是
3	Sybase	大型	Sybase公司	否
4	MySQL	中型	甲骨文公司	是
5	SQLite	小型	SQLite公司	是
6	Access	小型	微软	是

（3）数据库的工作原理

数据库是研发人员根据需要设计的多种二维表格，表格中为应用时所需的数据，可通过专门的语言对表格中的数据进行调用，还可以对数据进行修改。

2. 歌曲数据库

（1）歌曲数据库的定义

歌曲数据库即利用以上各种数据库软件存储歌曲和歌手相关信息数据的文件库。

（2）歌曲数据库的组成

歌曲数据库是由与点歌软件相关的众多数据组成的，这些数据内容多达几十项，包含点歌软件所显示的信息和各项应用数据，具体内容见下表。

歌曲数据的信息内容结构

序号	歌曲信息	序号	歌曲信息
1	歌曲 ID	22	笔画
2	第一歌名	23	主歌名字数
3	第二歌名	24	曲种分类
4	第三歌名	25	新曲种分类
5	主歌名拼音字头	26	首唱&翻唱
6	第二歌名拼音字头	27	歌曲评分
7	第三歌名拼音字头	28	歌曲年代
8	语种	29	歌曲演唱风格
9	演唱者名	30	歌曲节拍
10	画面版本分类	31	歌曲情感
11	主题分类	32	灯光控制值
12	新主题分裂	33	字幕类型
13	影视信息	34	伴奏类型
14	影视名拼音字头	35	中文简繁体
15	综艺节目信息	36	内容违规
16	综艺节目拼音字头	37	视频格式
17	预览歌词	38	音频格式

（续）

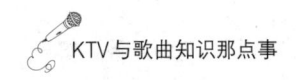

序号	歌曲信息	序号	歌曲信息
18	原唱音轨值	39	视频码率
19	伴奏音轨值	40	视频质量等级
20	原唱音量值	41	音频质量等级
21	伴奏音量值	42	歌曲综合等级

歌手数据的信息内容结构

序号	歌手信息	序号	歌手信息
1	歌手ID	10	区域分类
2	歌手姓名	11	新区域分类
3	第二姓名	12	所在洲
4	第三姓名	13	歌手类别
5	主姓名拼音字头	14	出生年月
6	第二姓名拼音字头	15	去世年月
7	第三姓名拼音字头	16	歌手资料
8	性别	17	歌手图片
9	国籍	18	歌手违规

3. 歌曲数据库的调用

（1）具备数据库软件

必须安装或具备数据库软件，否则，数据库中的数据无法被调用。

（2）具备填有相关数据的数据库

数据库内的数据不能为空，必须填有歌曲和歌手的各类信息。

（3）点歌软件发起调用

点歌软件会根据客人的需求与数据库软件进行沟通，最终将数据库中的相应数据调用出来，显示于点歌软件界面，使用者才能观看和使用这些信息。

二、歌曲数据库的准确性

1. 歌曲数据库的信息必须完整

歌曲数据库的信息全部由点歌软件开发商的工作人员手工录入，每一首歌曲的数据都涉及很多字段，需要一一填写，不可出现遗漏，否则会影响某些功能的使用。

比如，歌手的名字必须录入，否则查找不到该歌手的信息，更无法查看其演唱的歌曲。如果仅录入歌手的名字，却不录入其性别，那么按照性别查询歌手时，就不会出现该歌手的相关信息。

既然数据库设计了这么多的信息字段，就一定有各自的用途，也必须完整填写。如有遗漏，必然会造成与数据所对应的项目查询困难。

2. 歌曲数据库的信息必须准确

歌曲数据库中的数据不仅要完整，还必须准确，由于每项数据都是由人工手动逐条录入，难免会出现错误，但不可出现关键性的错误。比如，歌曲名不对，歌手姓名不对。关乎查询歌曲首选方式的信息一定要准确翔实，如果这些信息出错，那么其他辅助检索方式就难以发挥作用了。

三、歌曲数据库的全面性及专业性

1. 歌曲数据库信息的全面性及专业性

每首歌曲涉及的信息有很多，我们可以通过这些信息来了解歌曲的身份画像，如果信息不全面、不专业，就无法同时实现歌曲的多种查询方式。

（1）歌曲的原始信息

一般来说，歌曲数据库的信息主要围绕歌曲属性和歌手属性进行定义，无论是歌曲还是歌手，都带有原始信息，比如歌曲的名称、词曲作者、创作年代、风格等；歌手的姓名、性别、国籍等。这些信息看似简单，实则复杂，比如歌手性别，绝不是只有男、女两类，还有男女对唱、男男合唱、男女混合乐队、主唱是女性、纯男性乐队等情况。歌曲的演唱人数也需要进行标注，如某歌曲有多个版本，既有独唱版，又有对唱版，还有合唱和组合演唱、乐队演唱等多种情况，只有标注演唱人数，才能方便使用者查找。还有对歌手姓名的标注，如果不知道小刚的另外一个名字叫周传雄，就无法全面标注，很多歌手不仅有中文名，还有外文名，都需要标注出来，

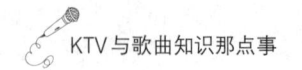

以便查找。如果上述信息不够细致、全面，就无法满足客人的点唱需要，也无法普及音乐文化知识。

（2）歌曲的技术信息

除了歌曲自带的原始信息外，还有一些需要点歌系统公司自行添加的技术信息。比如歌曲的音量信息，直接关系到初始音量值和在此基础上的音量变化，如果音量忽大忽小就会造成歌曲间音量不均衡；再如原唱和伴奏音轨的属性信息，如果不进行准确标注，就会出现偏差，本来客人点选一首卡拉OK歌曲想引吭高歌一番，结果播放的却是原唱音轨。

填写歌曲版本和歌曲性质等信息时，还需运用到专业的歌曲知识，如果对歌曲版本的概念和分类方法不了解，就无法填写版本信息。如果连儿歌、军歌、爱情歌曲都分不清，也无法填写歌曲的性质分类信息，还有演唱者人数的界定等等，都需要一定的歌曲知识作支撑。

另外数据库还包含很多内部信息，以便日后对歌曲进行整改，比如字幕的种类、伴奏的种类等，这些都不是供消费者使用的，而是歌曲供应商所需要的。

既然点歌系统的作用是对歌曲进行查询、播放与控制，那么歌曲数据库的建设人员就必须对歌曲和歌手知识有深刻的了解，否则，就无法构建专业、科学、易用的歌曲库。只有全面性、专业化的歌曲信息，才能帮助消费者使用多种方式来查询、点唱歌曲，这也是点歌系统开发公司的奋斗目标之一。

2. 歌曲数据库的技术专业性

（1）规则性

没有规矩不成方圆，歌曲数据库也是如此，数据的排列应与点歌软件界面的显示逻辑完美匹配，如果不符合规则，点歌界面上就会出现不科学的内容排列和无逻辑显示，令消费者摸不着头脑。譬如，歌曲名称可按照字数从少到多进行排列，在字数相同的情况下，再按照先中文后英文的顺序排列，这就需要数据库中的歌曲名称字数数据和语种数据按规则排布。

很多点歌系统对歌曲信息的排列是很随意的，故其歌曲列表毫无规则可言，只囫囵将所有信息都排列出来了事。

（2）快速性

查找数据的基本诉求就是快速和准确，速度越快，数据库的设计就越专业。因为歌曲库的数据量非常大、若不快速定位数据，就无法及时找到歌曲信息。

譬如有人想通过歌曲名称的拼音查找一首歌曲，当输入拼音第一个字母，并选定第一个字后，第二个字就会联想出来，此时，使用者只需从联想出来的字丛中挑选需要的字即可，无须继续输入拼音。而有的点歌系统却不具备联想功能，只能一个字一个字地输入，费时费力，用户体验极差。

（3）组合性

有时一首歌曲的特定版本通过一种查找方式难以定位，必须通过多次综合查询才能找到，查找方式的组合形式也可体现出歌曲数据库的优劣。

譬如，歌曲的画面版本是歌曲最基本的信息之一，客人在查询某女歌手演唱的某首歌曲的 MTV 版本时，进入到歌名列表中，发现每首歌曲都有画面版本标注和歌手性别标注，即使不通过组合查询，也能迅速找到想点唱的歌曲。当前，一些点歌系统连最起码的版本信息都没有，根本无法满足客人快速查询的需求。

（4）全面性

歌曲的信息数据越全越好，这就需要设计人员深度挖掘信息，逐条填写，有的歌曲数据库比较简陋、片面，考虑不周，造成点歌软件的质量产生差异。

譬如有时客人会遗忘歌曲名字和歌手名字，只记得这首歌曲是某影视剧中的插曲，那么是否就与这首心仪的歌曲无缘了呢？非也，有的点歌软件仅凭客人记住的影视剧名称就可以精准查找到这首歌曲，但有的点歌软件就无能为力，客人也只能乘兴而来，败兴而归。

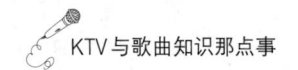

四、歌曲数据库的作用

1. 一切查询的基础

如果没有数据库，点歌软件就是一个空架子，只能堆叠界面，唱空城计。因为点歌软件是为了呈现数据库内容而设计开发的，没有数据库中的内容，点歌软件就毫无用处，可以说，数据库是点歌软件的基础和灵魂。

2. 点歌系统与歌曲库的纽带

歌曲数据库中的信息数据必然与歌曲有关，而点歌软件就是让客人通过操作界面选点歌曲的。客人要选点歌曲，就必须运用歌曲数据库找到歌曲，如果连歌曲都查询不到，怎么去调用和播放歌曲呢？可见，歌曲数据库是点歌系统与歌曲库的纽带。

3. 客人体验的第一窗口

显示器呈现的点歌界面是客人对软件功能和美观度的体验窗口，歌曲数据库则是客人对点歌软件质量评判的重要窗口。如果界面配色相宜，类项排列规律，易于查找，信息全面，内容丰富，数据正确，一定会给KTV带来大量客流和极佳的口碑。

第二节　歌曲数据库的完善

歌曲数据库的质量决定点歌系统的质量，没有歌曲数据库的支持，点歌系统就无法启用。点歌软件的开发基本上可以一次完成，但歌曲数据库中的数据则需要常变常新。

一、必须对歌曲质量具有高度责任心

1. 歌曲质量影响数据库的质量

数据库中的很多数据都是围绕歌曲文件得出的，如果歌曲质量不佳，即使数据库再完善，也无法改变歌曲劣质的事实。如果歌曲的伴奏都是不

良伴奏，或非立体声伴奏，歌曲画面多为风景人物版，这样的歌曲质量肯定是不理想的，不仅会影响数据库的质量，还会影响消费者的演唱体验。总之，歌曲数据库是对歌曲质量的总结，如果不做好歌曲质量的数据设计，就无法了解歌曲库的质量，毕竟逐首核查歌曲质量非常耗时耗力且不现实，而查询数据库就相对简单明了，可以说，歌曲数据库是歌曲库质量的真实写照。

2. 创建数据库需要极大的耐心

歌曲数据库并非一成不变，多年来，不仅新增了字段，数量也增长了，这些变化都是随着点歌软件的发展和大众对歌曲的了解而发生的。

20年来，点歌软件的变化可谓是日新月异，围绕歌曲产生的新功能频出，如果数据库不发生变化，那么点歌软件就跟不上时代的步伐。譬如，最早的点歌软件没有评分功能，后来评分功能出现，就需要在数据库中填写是否为评分歌曲等相关数据，否则，消费者在使用时就搞不清楚哪些歌曲可以应用评分功能，哪些不可以应用。

同样，20年来，歌曲的数量变化也很可观。20年前，歌曲库中的歌曲还不到1万首，如今已高达20万首，每首歌曲的数据都多达几十条，数据总量增加了数百万条。

如果没有足够的责任心和耐心，没有持之以恒的工作态度，歌曲数据库的创建工作是无法推进的，还会影响点歌软件的质量和用户体验。

二、维护歌曲数据库必须进行巨大投入

1. 数据库的维护必须有资金投入

要维护好歌曲数据库，仅有态度还不够，还要拿出大量资金进行投入。首先，存储歌曲的原始文件需要大量的硬盘，随着硬盘容量的变化，还要及时更换；其次，为了防止歌曲文件损坏，还需要大量硬盘来做备份。

为了做好卡拉OK歌曲的检查入库工作，还需准备歌曲检查设备若干。由于歌曲数量、内容每天都会发生变化，所以必须配备多台设备才能满足

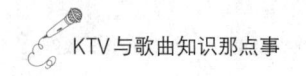

整改所需和 KTV 用户添删歌曲的需要。

2. 数据库的维护必须有人力投入

如果没有一支懂歌曲、有文化的专业队伍，就无法完成歌曲的数据整理工作。就目前迅速增多的新歌曲和繁重的老歌曲改造任务而言，低于 20 人的制作队伍，是无法承担当前歌曲数据库日常工作的。

人力成本的投入是持续性的，不可间断，因为歌曲数据库的维护工作枯燥乏味，人员流动性很大，但是每茬新人都需要进行岗前标准化培训。虽然人力不是万能的，但是缺少人力是万万不能的，只有选择适合、适量的人才，才能提高工作效率，至于其中度与量的把握，就需要经验丰富的管理人员自行斟酌了。

目前，歌曲数据录入工作还未实现自动化，只能依靠人工，所以，人力的投入和管理都非常重要，况且人力投入也意味着资金投入，两者不可割裂。

3. 数据库的维护必须以互联网为依托

要对上万家 KTV 的歌曲数据库进行实时维护，就要依靠先进的互联网技术。如果还采用 20 年前背着小包上门服务的模式，那真要干到天荒地老了。

利用互联网技术也意味着一定的成本付出，比如接入互联网的费用和流量使用费等，KTV 对新歌曲的需求量越大，下载的新歌曲越多，使用的流量就越多。这里所谓的流量，不仅指歌曲下载时产生的流量，还包括点击点歌界面上的云下载歌曲时所产生的请求费用，所以，要做好上万家 KTV 的云服务工作，没有上千万元的投入是无法实现的。

当前，凡是采用互联网化歌曲服务的 KTV，经营效果都非常显著。如果还使用人工上门加歌的方式，就不会收获理想的效果，所以，KTV 应在经营模式上进行转型升级，而转型升级的第一步就是互联网化。

三、必须用音乐文化与技术相结合的方式

1. 懂歌曲知识和音乐文化才能建设好数据库

歌曲数据库发生过多次迭代变化，每一次变化都意味着点歌软件的一次进步。要做好歌曲数据库的建设维护工作，首先要热爱音乐，对歌曲知识和音乐文化有所了解，否则将造成歌曲的数据项不完整、不专业，无法发掘点歌系统的新亮点。

2. 懂技术才能设计好数据库

（1）实现数据库随时升级的设计理念

懂得了歌曲数据库在音乐文化传播和传承中的重要性，才能对数据库进行针对性的专业设计，为实现数据库随时迭代升级做好准备。如果数据库选择不当，频繁更换数据库软件，就会影响点歌软件的开发和功能的实现。

（2）要对数据库的维护做出专业设计

对各项数据进行专业设计，才能保证全面准确地录入歌曲的原始信息，还要为 KTV 提供可自行添加、修改信息的编辑软件，以备在经营过程中发现问题，及时解决。由此也可以看出，数据库的维护工作是多方面的，需要全面考量，齐头并进，VOD 商所做的工作是宏观意义上的，KTV 所做的工作是微观意义上的。

第三节　歌手数据库中的辅助数据

歌手数据指的是数据库表中关于歌手的文字型数据，还有一些辅助数据因其特殊性，需要以另外的方式进行储存。

一、歌手的照片数据

1. 歌手照片的作用

（1）直观查找歌手

歌手照片可助使用者更直观地查找歌手，当点歌界面上出现歌手名称

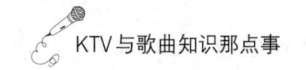

时，再辅以歌手的照片，可令消费者迅速识别，节约时间。

（2）分辨同名歌手

有时会出现歌手重名的现象，输入一个名字可能会出现多位歌手，此时就需要通过照片进行分辨。

（3）使点歌界面更美观

歌手的照片还可以起到美化点歌界面的作用，当歌手照片以图片形式在点歌界面上展现时，比纯文字更富有视觉吸引力，也更为美观。

2. 歌手照片的收集

（1）歌手照片的数量

歌手的照片越丰富，越能吸引消费者，越有助于人们直观辨别和选点歌手。但是，歌手照片的收集却并非易事，有的歌手照片稀缺，或因各种原因佚失，只能用一个缺省图片代替，如果不下大气力进行歌手照片收集工作，恐怕"缺省"的歌手会越来越多。除客观因素外，造成歌手图片缺省的主要原因为收集人员的工作力度不够，责任心不强。

当前 KTV 使用的歌曲库涉及的歌手约有 4 万人，其中起码有 1 万多人没有照片，只能用缺省图片代替，严重影响了客人的使用体验和画面美观。

（2）歌手照片的质量

歌手照片是以图片形式存在的，随着成像技术的不断发展，照片的分辨率也越来越高。遗憾的是，很多歌手因过早辞世，所留下的照片已不符合当今的图片审美潮流，只能进行技术加工和艺术加工，尽量使其完美。

3. 歌手照片的版权问题

《中华人民共和国民法通则》第一百条规定：公民享有肖像权，未经本人同意，不得以营利为目的使用公民的肖像。多年来，KTV 因使用歌手照片出现过多起纠纷，有的是因为误用，即歌手的名字与照片不符，这种不专业的做法必然会引发纠纷；有的是因为使用未经授权的照片，侵犯了歌手的肖像权。

如今，很多老歌手正被人们逐渐遗忘，如果在点歌界面上出现歌手图片或许还能唤起大家的回忆，在点歌软件中放置这些图片的初衷并不是为了营利，而是要纪念那些逝去的岁月和歌者的风华。

二、歌手的简介数据

歌手简介是对歌手基本信息、人生经历、演艺经历、作品成就和社会评价的简要总结，包括年龄、性别、经典作品、获奖经历等等，这些数据不仅要花大气力去收集整理，还要反复审核，避免谬误。由于受系统界面限制，字数要控制在一定范围内，故应高度凝练，言简意赅，需要撰写者具有深厚的文字功底和较强的语言组织能力。

歌手简介有助大众深入了解歌手的生平境况，除作品外，还可全面认识其内在品格和精神魅力。

收集整理歌手简介比收集歌手照片的难度要大得多，所以很多点歌系统是没有这项内容的，只有专业的点歌系统厂家才有信心和能力胜任此项工作。

第四节　歌曲数据库的各种辅助数据

歌曲数据库中的主要数据是为正常调用点歌软件服务的，是不可或缺的，但是，辅助数据也非常重要，不仅能令点歌软件高下立现，还有助于KTV的日常经营。

一、歌词数据

1. 歌词的作用

（1）区别歌曲

随着音乐创作热潮的兴起，同名歌曲屡见不鲜，尤其是歌颂美好爱情的歌曲，如《爱》《初恋》《情人》《缘分》等，在点歌软件中输入一个歌曲名，往往会出现多个结果，这些结果并不是同一首歌曲的翻唱，只是

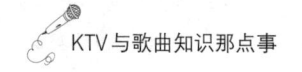

歌名一样，如果不逐一进行详细标识，就会造成使用者的误选、误点，而显示部分歌词，则可有效区分同名歌曲，给使用者带来便利。

（2）熟悉歌曲

独立的歌词查询功能可帮助客人提前了解歌曲所表达的意涵，还能唤醒回忆，加深印象，使消费者在演唱时更加得心应手。

（3）理解歌曲

歌曲库中有不少外文歌曲，如果没有译文，恐怕很多人会不解其意。为了便于消费者理解、记忆歌词，更好地学习外来音乐文化，应加入外文歌曲的译词，帮助大众进行学习、模仿和演唱。

（4）对比繁体

当前很多卡拉OK歌曲采用的都是繁体字幕，简体歌词查询功能出现后，大大方便了消费者。人们可以提前预览简体歌词，与繁体歌词进行对比，同时理解和记忆，在随后的演唱中更加从容、自信。

（5）其他应用

在点歌软件的其他应用中，也会遇到对歌词的单独调用，比如用手机回放录音歌曲时，可以同时加载歌词，方便他人鉴别和欣赏。

2.歌词的收集

（1）歌词总量

一般而言，歌曲库中的每首歌曲都有与之对应的歌词，即便是同一首歌曲，版本不同，歌词也可能会有所不同。比如陈瑞演唱的《白狐》有两个MTV版本，尽管演唱者没有发生变化，但是，歌词却改变了。其实，不少经典老歌都有这种情况，曲调不变，歌词却发生了改变。所以，如果歌曲库中有20万首歌曲，就应该有20万首歌词。

（2）歌词收集

歌词可以在音乐网站中搜索获取，但是，未必精确。想要精益求精，就要一个字一个字地耳听抄录，俗称"扒词"，由此可见，歌词收集核对的工作量非常之大。

外文歌曲的歌词收集工作更是难点，如果找不到信、达、雅的译词，就只能聘请专业人员进行翻译，或暂时留白了。

二、歌曲故事的资料数据

1. 歌曲故事的作用

（1）了解歌曲、唱好歌

每首歌曲都有创作背景和产生过程，无论是词曲创意的由来，还是演唱过程中的插曲、轶事，都会引发大众的兴趣和关注。如果能将把这些趣闻以故事的形式进行总结和传播，必会加深人们对歌曲的认识和理解，演唱起来也更加投入。

（2）声情并茂地演唱歌曲

每位歌手都对自己的作品倾注了无数心血和深厚的情感，因为他们了解歌曲的创作初衷和歌曲所蕴含的深刻意涵，所以他们演唱的版本曲曲动人。但是，大众在 KTV 里模仿歌手演唱时，总是给人画虎画皮难画骨之感，主要缘于大众缺乏对歌曲背后故事的了解和感受。随着歌曲故事的出现和普及，大众模仿者也能如同歌手一样精确拿捏情感，声情并茂地演唱自己心仪的歌曲。

（3）了解音乐文化和历史

歌曲具有时代性，了解不同时代的歌曲就等于在学习不同历史时期的文化，尤其是那些极具代表性的经典歌曲，凝聚着词曲作者和演唱者的智慧与风采，也反映了时代潮流和历史意义，所以，歌曲故事的存在很有必要，不仅可以介绍音乐文化知识，还能令人铭记历史，不忘初心。

2. 歌曲故事的收集

（1）收集基础资料

一首歌曲的相关资料或许有很多，或许十分稀少，所以，全面挖掘歌曲背后的故事就相对困难，只能对经典的、资料详尽的歌曲先行总结。

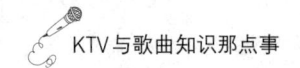

（2）进行二次创作

由于歌曲故事只是点歌软件诸多功能中的一项，且拘于篇幅限制，所以在完成收集工作后，还需进行二次加工，使之直白凝练，富有趣味性和可读性。二次创作对艺术性和文字技巧的要求颇高，既不能照搬照抄，又不能胡编乱造，所以需要专业人士操刀，可见，每一则歌曲故事背后都需要大量的资金支撑。

三、评分文件的资料数据

1. 歌曲评分的作用

（1）显示客人的演唱技巧和实力

当前各家点歌系统都开发了歌曲评分功能，不少客人也习惯于使用该功能测试自己或亲友的歌唱实力，为聚会活动增添了娱乐性和欢乐气氛。

（2）组织客人进行演唱比赛

KTV场所可以利用评分功能实地或通过互联网组织客人进行演唱比赛，增加经营亮点。

（3）进行奖励

KTV场所还可在演唱比赛后，根据参赛者的成绩排名对优胜者进行奖励，通过这种营销手段来刺激和黏着消费者，提升经营业绩。

（4）激发客人的演唱兴趣

虽然点歌系统的演唱评分只是一种娱乐形式，不代表最科学、最专业的评判，但是，这种模式可以激发客人的演唱兴趣和参与热情，为KTV带来持久性收益。

2. 歌曲评分的原理

（1）评分的实现方式不同

目前，VOD商实现歌曲评分的技术手段不尽相同，最终的评分结果也不同，比如同一个人演唱的同一首歌曲，或许能在A家的产品处获得高分，在B家则不然。所以，评分是一个相对个性化的产品，未形成统一的标准，不过值得注意的是，只要想实现歌曲的评分功能，就必须额外制作不同类型的评分文件。尽管评分功能只是一项娱乐功能，结果未必精准，但是，如果没有评分文件的支撑，这个功能就是纯糊弄，毫无科学依据，只能随机打分，完全没有存在的意义，甚至还会给 KTV 带来负面效应。

（2）评分文件的制作过程十分复杂

由于各家 VOD 商的技术水平不一，所以评分文件的制作方法也不尽相同，但是，无论何种技术路线，都需要人工逐首制作实施，有些工艺十分复杂，需要专业人士亲自操作。

（3）评分文件需要巨大的资金投入

每首歌曲的评分文件都需要人工制作，没有现成的数据可用，所以该项目需要投入大量的人力成本和资金。根据对各家 VOD 商评分文件的成本估算，我们发现，每首歌曲的成本均不低于 30 元，高的可达 100 元，如果一套点歌系统有 1 万首歌曲具有评分功能，那么其价值为 30 万至 100 万元，评分文件越多，可使用评分功能的歌曲就越多，投入也就越大。

当然，具体的投入金额主要受 VOD 商主观因素的影响，如果重视评分功能，就会加大投入力度；如果不重视，则不会投入太多。

3. 评分文件的数量与更替

（1）评分歌曲的数量

通过对各家 VOD 产品评分歌曲的数量分析，我们发现，少的在 5000 首以下，主要为常唱歌曲；多的可达 8 万首以上，基本涵盖了 KTV 经营所需的大部分歌曲，客人在演唱时可以即唱即评，没有应用死角。

（2）评分歌曲的替换

一般来说，歌曲的评分文件是与歌曲数字文件同时下发的，如果 KTV 中的歌曲被替换，那么原有的评分文件也就不复存在，需要重新制作。只有通过 VOD 商系统性地删添歌曲，才能保证评分功能的正常使用，如果 KTV 自行删添歌曲，那么替换的仅为歌曲数字文件，而无与之匹配的歌曲评分文件，将会造成评分功能的缺失和瘫痪，给客人带来诸多不便。

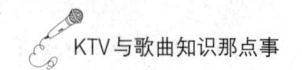

综上可以看出，歌曲库的数据十分重要，堪称点歌系统的基础，无论是基础数据，还是辅助数据，无一不是围绕客人的演唱需求设置的，无一不是为帮助KTV更好经营而产生的。

对比各品牌点歌系统的数据后，我们发现，在种类和数量上均有巨大差异，这也说明各品牌产品的质量不同，各有千秋。有的KTV投资经营者认为，只要拥有海量歌曲就能搞好经营，实际上，歌曲数量与经营成败并无直接关系，反倒是歌曲质量与KTV的经营休戚相关。如果歌曲的数据存在大量谬误，无论歌曲多寡，都会影响客人的演唱体验，所以，点歌系统的优劣绝不是靠歌曲量来评定的，而是以歌曲数据的全面性和正确性为评价指标，自然，歌曲的质量数据也是评价的重要类项之一。

要想令客人满意，要想使KTV提升业绩，就一定要重视歌曲数据库的建设和维护，希望KTV投资经营者通过本章内容的学习能够端正思想，明确认识，增强意识，搞好经营。

第十一章
违禁歌曲不能放　千万别往枪口撞

我国文化主管部门对卡拉 OK 歌曲的内容审查一直都没有停止过，近几年，文化主管部门公布了多批违禁歌曲名单，制定了违禁歌曲的判别标准，对很多低俗不雅的歌曲做出了限制。

在 KTV 经营所用的歌曲库中，违禁歌曲只占很少的一部分，删除它们不会造成什么大的影响，因此，KTV 应按照政策要求严格执行，不要为了几首违禁歌曲而触犯政策红线，给自己平添麻烦。

在这里也提醒朋友们，切不可忽略音乐除娱乐以外的其他属性，把一切想得过于简单，不要以为音乐就是供大家唱唱跳跳、休闲娱乐的，其实，阴暗的音乐作品一样可以腐蚀人的心灵。如果有人还不知道什么叫"黑色音乐"，就赶快去搜索研究一下，如果自家歌曲库中有这种音乐，对消费者造成了伤害，KTV 也会跟着倒霉。

当前，文艺作品提倡正能量，但庞杂的歌曲库中难免会存留一些颓废低俗的作品，此类歌曲与伤春悲秋、表达情感失意的歌曲还不一样，KTV 作为一个为消费者提供精神服务的场所，其投资经营者更不可大意，应及时下架违禁歌曲，不要纵容违禁歌曲在歌曲库中存留，更不要成为一个传播负能量的黑场所、黑平台。

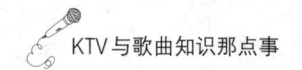

第一节　法律法规是衡量歌曲是否合法的标准

歌曲属于文化范畴，文化属于意识形态领域，中国公民的意识形态必须符合国家的性质和党的要求，如果这个基本的逻辑关系都没搞懂，认为表达可以自由，歌曲可以随意创作，那就大错特错了，起码如此考虑问题的人不具备基本的国情意识和政治头脑。

一、何为违禁歌曲

1. 违禁歌曲的定义

从字面上理解，违禁歌曲就是因违法、违规而被禁止播放的歌曲，不仅不能在 KTV 里播放，在所有的线上、线下平台都不可播放。

当前违禁歌曲名单是由政府的文化主管部门来确定和发布的，有些由文旅部直接公布，有些则由地方文化主管部门根据相关法律法规确认和公布。

2. 违禁歌曲的数量

可以说，违禁歌曲的数量并不多，目前所公布的所有名单中，歌曲总量不过数百首。与互联网各大音乐平台动辄百万的歌曲量和 KTV 歌库中 20 万首卡拉 OK 歌曲相较，违禁歌曲简直是九牛之一毛，这也从侧面说明，绝大多数歌曲都是合法合规的。

随着监管部门对违禁歌曲审核工作的展开，违禁歌曲的数量将会进一步增多，也会随着突发事件而不断产生，所以，违禁歌曲是一个动态的、持久的产物，对违禁歌曲的处理也是一个长期的工作。

二、违禁歌曲产生的原因

1. 文化对任何一个国家而言都非常重要

（1）文化的概念

文化包括了世界观、人生观、价值观等具有意识形态性质的部分，也包括自然科学和技术、语言、文字等非意识形态的部分。

广义的文化概念是：人类在社会历史实践过程中所创造的物质财富和精神财富的总和。

狭义的文化概念是：社会的意识形态以及与之相适应的制度和组织机构。

（2）文化的作用

文化作为一种精神力量，能够在人们认识世界、改造世界的过程中创造出物质，对社会发展产生了深刻的影响。这种影响，不仅表现在个人的成长历程中，还表现在民族和国家的历史进程中。人类社会发展的历史证明，一个民族在物质上不能贫困，精神上也不能贫困，只有物质和精神都富有，才能自尊、自信、自强地屹立于世界民族之林。由此可见，文化是多么重要。

2. 歌曲是文化的产物

（1）歌曲与文化的关系

从文化的定义我们可以看出，歌曲是文化的产物，也是意识形态的产物，用什么样的文化思想去指导，就会创作出什么样的歌曲作品。意识形态也是需要传承和发展的。

（2）歌曲的内容需要符合文化的发展要求

作为具有中国特色的社会主义国家，就需要产生适合社会主义制度的文化，歌曲也应具有社会主义属性。

我国目前正在倡导和谐、文明、正能量的社会主义价值观，凡是与此宗旨不符的相关内容，都会被杜绝和禁止，绝不可出现负能量的内容。所以，卡拉OK歌曲也必须在各个方面都呈现正能量，符合社会主义核心价值观，符合社会主义制度对文化的要求。

3. 卡拉OK歌曲是普通歌曲的高阶形式

普通歌曲只包括词和曲，而卡拉OK歌曲还囊括了画面等诸多元素，如果不加以严格审查、把控，随时都可能出现纰漏，所以，作为音乐的高阶形式，卡拉OK歌曲的各项元素都必须呈现正能量，杜绝负能量，必须

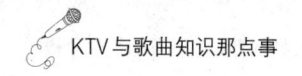

符合社会主义核心价值观。

4.违禁歌曲产生的原因

（1）违禁歌曲是利益驱动下的产物

几乎所有歌手都需要"金钱+粉丝"的模式来维持自己的地位，如果歌手没有名气，就没有粉丝，没有粉丝，就无法创造经济效益，他们的每一首作品都需要得到大众的认可和追捧，否则，就失去了存在的价值和意义。在音乐作品与法律法规相冲突时，一些音乐人采取了"铤而走险"或"故意为之"的方式，将大量三俗内容和违反法律法规的作品推向市场，最终歌曲被禁。

违禁歌曲与社会主义意识形态的要求不符，与中国具有社会主义特色的文明发展观背道而驰，所以，无论是违禁歌曲本身，还是其创作者、演唱者，都没有立足之地。

凡是符合社会主义意识形态要求的歌曲就是好歌曲，不符合的就有可能成为违禁歌曲。

（2）KTV是违禁歌曲的传播平台

KTV的经营核心是出售卡拉OK伴奏，但卡拉OK歌曲恰恰是普通歌曲的高阶形式，包含了多项元素。一不留神，就会让违禁歌曲钻了空子，必然会殃及KTV，所以，KTV也必须成为违禁歌曲监管的重地。

尽管KTV不是违禁歌曲的制造者，但其在音乐文化传播、传承中的平台地位是不容忽视的，也正是由于这种特质，有时KTV会无意识地成为传播违禁歌曲的"帮凶"，如果不想受到牵连，KTV的投资经营者就必须重视起来，及时清理歌曲库中的违禁歌曲，不给其滋生和传播的机会。

欲戴王冠，必承其重，KTV作为一个传播音乐文化的平台，必须守住社会主义核心价值观的基本底线，明确自己的社会属性，无论在经营中获取多高的经济效益，都必须坚持担当精神，遵纪守法，将社会责任牢记心间。

三、定性违禁歌曲依据的法律、法规和指导性意见

1.《中华人民共和国宪法》

宪法是国家的根本大法，是治国安邦的总章程，它规定了国家生活中的根本问题，同时也规定了公民的权利和义务，每位公民都应该去学习和了解，在此就不赘述了，大家可以参照宪法内容来提高自己的觉悟和意识。

2. 国务院《娱乐场所管理条例》

对卡拉 OK 歌曲内容的监管，文化主管部门是根据国务院 2011 年 4 月 22 日颁布的《娱乐场所管理条例》中的第十三条和第十八条的规定来执行的。

《娱乐场所管理条例》第十三条：国家倡导弘扬民族优秀文化，禁止娱乐场所内的娱乐活动含有下列内容：

（一）违反宪法确定的基本原则的；

（二）危害国家统一、主权或者领土完整的；

（三）危害国家安全，或者损害国家荣誉、利益的；

（四）煽动民族仇恨、民族歧视，伤害民族感情或者侵害民族风俗、习惯，破坏民族团结的；

（五）违反国家宗教政策，宣扬邪教、迷信的；

（六）宣扬淫秽、赌博、暴力以及与毒品有关的违法犯罪活动，或者教唆犯罪的；

（七）违背社会公德或者民族优秀文化传统的；

（八）侮辱、诽谤他人，侵害他人合法权益的；

（九）法律、行政法规禁止的其他内容。

《娱乐场所管理条例》第十八条：娱乐场所使用的音像制品或者电子游戏应当是依法出版、生产或者进口的产品。歌舞娱乐场所播放的曲目和屏幕画面以及游艺娱乐场所的电子游戏机内的游戏项目，不得含有本条例第十三条禁止的内容；歌舞娱乐场所使用的歌曲点播系统不得与境外的曲库联接。

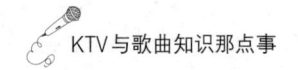

3. 中国文化和旅游部发布的《中国文化娱乐行业转型升级的意见》

2016年9月18日，原文化部根据中国文化娱乐行业的发展情况，出台了《文化部关于推动文化娱乐行业转型升级的意见》（文市字26号文件），为中国娱乐行业的转型升级提出了十六字的总体思路：融合发展、创新供给、拓展受众、提升形象，最终目的是要达到"提升文化娱乐行业经营管理水平，使之成为场所阳光、内容健康、服务规范、业态丰富、受众多样、形象正面，适合不同消费群体，在公众文化生活中起积极作用的现代文化消费场所"。

我们可以将歌舞娱乐行业的经营内容理解为卡拉OK歌曲，正因为KTV有歌曲存在，才有了文化属性，才归文化主管部门领导。尽管文化主管部门不负责歌曲版权的问题，但是，如果歌曲内容出现了偏差，文化主管部门一定会行使监督和管理权利。如原文化部定期颁布违禁歌曲名单，就是对文化内容的管理。可见歌曲内容十分重要，KTV如果不把好卡拉OK歌曲的内容关，就不符合转型升级的要求，更无法身体力行，去传播和传承中国的音乐文化。

四、文化主管部门对违禁歌曲的具体指导性解释与定义

原文化部进一步对《娱乐场所管理条例》做出了解释和定义：

1.违反宪法确定的基本原则的（反党、反社会主义）。

（1）攻击中国特色社会主义理论和制度的；

（2）反对中国共产党领导的。

2.危害国家统一、主权或者领土完整的，危害国家安全、损害国家荣誉和利益的（台独、港独、藏独、疆独分子以及反华势力）。

（1）赞颂、美化背叛、分裂国家和颠覆国家政权的活动、组织和人物的；

（2）干涉或恶意攻击我国政治、经济、文化、军事、行政、外交等主权的；

3.违反民族、宗教政策，煽动民族仇恨、民族歧视，侵害民族风俗习惯和破坏民族团结的。

（1）侮辱少数民族习俗和宗教信仰的；

（2）宣扬种族、民族歧视的；

（3）歪曲亵渎合法宗教信仰、侮辱宗教领袖和信众的；

（4）鼓吹宗教极端主义和邪教的。

4. 危害社会公德、民族优秀文化传统的。

（1）颠覆社会公德基本判断，混淆正义与非正义基本界限的；

（2）宣扬与健康伦理道德相悖的婚恋观、性观念的；

（3）篡改重大历史事实，歪曲中华文明和中国历史的。

5. 渲染恐怖暴力，展示丑恶行为，诱发犯罪，破坏社会稳定的。

（1）美化罪犯形象，引起未成年人对罪犯的同情或者赞赏的；

（2）描述犯罪方法或细节，诱发或鼓动未成年人模仿犯罪行为的；

（3）描写血腥、恐怖、暴力、绑架、自杀、吸毒、赌博、酗酒等具体行为的，展示凶暴、残酷的犯罪过程及肉体、精神虐待，对未成年人造成心理伤害的；

（4）美化、宣扬反人类、反社会行为的。

6. 宣扬淫秽色情的。

（1）具体表现和描述性行为的；

（2）有明显的性暴露、性挑逗、性骚扰、性侮辱或类似效果的画面、歌词、乐曲的；

（3）以成人电影、三级片、偷拍、走光、漏点及各种挑逗性文字或图片作为视频标题或分类的。

7. 侮辱、诽谤他人，侵害他人合法权益的。

8. 法律、行政法规禁止的其他内容。

学习过以上指导意见后，想必我们对违禁歌曲的认识也会更加立体，更容易去辨别违禁歌曲的类型。同时也可以想见，要检查一套容量近 20 万首歌曲的歌曲库是一件多么艰巨的任务。

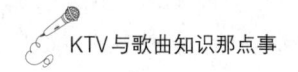

第二节　对歌曲库中违禁歌曲的清理

歌曲库中的违禁歌曲一直屡见不鲜，一批批地被发现、被通报，这也意味着文化主管部门一直没有放松对违禁歌曲的监管。当前，文化主管部门要求 VOD 商和 KTV 都加入到"自查违禁歌曲"的行列中来，做到全民自审，对检查违禁歌曲提出了更高的要求。从卡拉 OK 歌曲的特征上看，违禁元素的藏身之所无处不在，自查人员稍有疏忽就可能放走一条落网之鱼，如果不了解违禁歌曲的具体表现形式，那么无论是 VOD 商，还是 KTV 场所，都将无可避免地给自己带来损失。

一、歌曲库中违禁歌曲的存在形式

1. 歌曲的歌词有违禁内容

歌词是最容易出现违规内容的，因为几乎每首歌曲都有几十句歌词，任何一句歌词都有可能出现违规现象。

从歌曲的创作时间上看，早期的经典老歌是没有问题的，毕竟流传多年，如果出现问题，早就进入违禁歌曲名单了。近 20 年创作的歌曲中，出现问题的可能性最高，因为每年都会涌现很多新歌，增加了审核难度，海外和港台地区的作品也比较多，如果不加强审核力度，把握不好方向，随时都可能出现漏网之鱼。

2. 歌曲的画面有违禁内容

在没有卡拉 OK 歌曲之前，歌曲的违禁元素只存在于词曲中，当卡拉 OK 歌曲出现后，画面也成了违规内容的高发区，此类画面违规内容的"毒性"更强、更直观。

3. 歌曲的曲子中有违禁内容

如果有一种曲子令人听完就想自杀，那么这就属于黑色音乐，恐怕一般人不知道世界上居然还有这种音乐，即使知道了也不敢去听，但是，如果别有用心之人故意在 KTV 歌库中添加此类歌曲，就会给大众造成巨大危害。从目前情况看，卡拉 OK 歌曲在曲子方面的违禁内容相对较少，如果没有一定的政治素养、音乐知识和心理学知识，就无从分辨。

二、文旅部定期通报的违禁歌曲名单

原文化部于 2010 年、2015 年和 2018 年分别通报了三批违禁歌曲名单，KTV 的投资经营者应对这些歌曲进行了解，因为违禁歌曲虽已删除，但遗毒仍在，一些消费者由于不了解违禁歌曲的相关政策，还会向 KTV 提出重新添加已下架违禁歌曲的要求。

三、以往违禁歌曲的分类

1. 内容不合规

歌词内容不合规，有反政府的、用语低俗的、思想消极的，这些都做下架处理。

2. 画面不合规

歌曲画面中出现违禁镜头，也会遭遇下架，比如出现港独、台独分子的画面和涉及政治立场的画面；格调低下的淫秽内容或血腥暴力内容等。值得注意的是，泳装版歌曲不在此列，虽然此类歌曲画面低俗，数量可观，但并不属于违禁歌曲，不过，若广大 KTV 的经营者能自发查找并删除之，对传递正能量来说，还是有重大意义的。

3. 歌手自身的问题

歌手是社会公众人物，他们的一举一动都受到大众的关注，也会对大众起到影响作用。

早期下架的歌曲，有些缘于歌手自身的问题，譬如思想危险，有分裂国家和反政府的倾向，所以，对其所有歌曲作品都做下架处理。最近遭遇下架风波的歌手，除了意识形态问题，还有个人生活作风和社会舆论不良等问题，或违法犯罪，或出现绯闻，或不符合公序良俗，那么其作品也会进行下架处理。

4. 作品内容消极，涉及黄色、三俗

有些歌曲从歌名上看就很低俗，歌词就更违反法律法规了，有的是下架单曲，有的干脆将歌手的全部作品都做下架处理。

四、根据指导性意见进行自查

1.VOD 商的自查工作

无论采用何种方式来杜绝违禁歌曲，都需要明确责任边界，强化社会责任意识。对违禁歌曲加强责任意识并付诸实践，需要主管部门加强监管，也需要与违禁歌曲有关联的各方进行自我反思、自我审视、自我整改、自我提升。这样才能推动对违禁歌曲更加专业化、规范化的检查，为弘扬正能量的卡拉 OK 歌曲创造一个纯净空间。VOD 商与 KTV 一样，亦非卡拉 OK 歌曲的制作者，但是，他们是歌曲的收集者和传播者，如果他们不进行自查，歌曲自然会流向 KTV，流向千千万万的消费者，所以，应管理部门的要求，VOD 商已经开始了自查，并对歌曲库中每首卡拉 OK 歌曲的每一句歌词、每一帧画面都进行认真检查，绝不放过一首违禁歌曲。

从对歌曲的鉴别水平上看，VOD 商的水平要高于 KTV，自然是检查违禁歌曲的最佳人选，也是控制违禁歌曲外流的重要关卡。但是，从人员和财力上看，VOD 商实有欠缺，因为要检查 20 万首歌曲需要巨大的投入，所以，与 KTV 形成联合，共负检查重任，是势在必行的。

2.KTV 场所的自查工作

KTV 应遵从国务院颁布的《娱乐场所管理条例》的相关规定，受到法规条文的约束。如果 KTV 里出现了违禁歌曲，那么其就是第一责任人，责无旁贷，是被处罚的首要对象，所以，KTV 的投资经营者更应该对违禁歌曲给予重视，自发组织人力、物力对歌曲库进行自查，这项工作其实不难，只需明确违禁歌曲的标准即可。可见，KTV 应从自身利益出发，尽早做好歌曲的自查工作。

第三节　对使用违禁歌曲行为的处理方式及规避违规行为的方法

过去KTV多采用送交光盘至有关部门进行审查的方式来删除违禁歌曲，当前则是通过有关部门发布违禁歌曲名单的方式，通知KTV删除歌曲。KTV场所应积极响应，依照规定及时删除。为了保证歌曲库的洁净，还要未雨绸缪，尽量规避违规行为，否则，因小失大，定会给场所带来更大的损失。

一、KTV使用违禁歌曲将遭遇处罚

1. 依法进行处罚

当前社会是法制社会，凡是使用违禁歌曲牟利的企业或个人，都会面临法律的处罚，不过因情节不同，处罚方式也有所不同。

原文化部曾在人民网文化频道的采访中表示：地方文化行政部门或文化市场综合执法机构管理规范娱乐场所经营活动，是国务院《娱乐场所管理条例》（下称《条例》）赋予的职责。在其权限范围内，应当依法行使监管职责。同时，娱乐场所也有责任和义务依照《条例》规定，加强内部管理，包括对娱乐场所提供的卡拉OK歌曲内容的管理，并主动接受相关部门的监管。

根据《条例》规定，娱乐场所提供的卡拉OK歌曲，其曲目、歌词和荧屏画面均不得含有禁止内容。

各地娱乐场所有责任依照《条例》规定及管理部门的要求，不提供违禁歌曲的点播服务。如相关歌曲违反了《条例》规定，各级文化行政部门和文化市场综合执法机构应当依法予以查处。

2. 行政罚款或停业整顿

《条例》第十三条、第十八条规定：有违规情形之一的，由文化主管部门责令停止违法行为，予以警告，并处3万元以下罚款；情节严重的，责令停业整顿1个月至6个月。

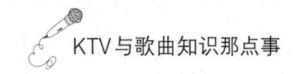

2018年10月，虎牙直播平台的签约女主播因篡改国歌，有辱国歌的尊严，不仅被平台所封杀，还被上海公安局处以行政拘留5天的处罚。

二、对违禁歌曲一定要杜绝使用

1. 自觉下架违禁歌曲

下架违禁歌曲是对所有KTV场所的统一要求，拒不下架不但不会带来更多的经济效益，还会为经营带来风险，所以，接到下架违禁歌曲的通知后，应第一时间安排下架工作，不得拖延，这种自觉性一定要有，千万不要等着执法部门上门检查，那就为时晚矣。

下架违禁歌曲并不会对KTV造成什么损失，因为违禁歌曲在歌曲库中的占比很少，且多为不常唱歌曲，所以，下架此类歌曲不会妨碍经营。如今弘扬正能量的优质歌曲层出不穷，删除下架数百首违禁歌曲对消费者而言无关痛痒，只要KTV自身打消顾虑，明辨是非，就可以妥善处置。

2. 不要随意满足客人的非分要求

客人到KTV进行点唱时，只关注自己喜欢的歌曲，不会在意其是否违禁，也有一部分客人偏偏爱好违禁歌曲，看到自己喜爱的歌曲下架，不免会对KTV提出异议，这时KTV应不卑不亢，阐明原因。如果客人依旧不依不饶，KTV也应坚定立场，坚守底线，切不可对非分要求让步，私自添加已下架的歌曲，否则定会给日后的经营埋下隐患，随时都会面临被处罚的风险。

三、对疑似违禁歌曲要配合下架

1. 发现疑似违禁歌曲要删除

除了文化主管部门明确公布的违禁歌曲外，歌曲库中还存在一些疑似违禁歌曲，这些歌曲也可以按照相关的政策和指导意见进行鉴别，提前下架删除。对疑似违禁歌曲的鉴别更需要KTV具有责任感和担当，如果干等着文化主管部门的正式公告，而不去主动筛查歌曲库，那么疑似违禁歌曲就不会消失，自查工作的意义也将不复存在。

2. 反复核对后再上架

由于歌曲库的增补渠道繁多，给鉴别违禁歌曲和疑似违禁歌曲增加了困难，歌曲库中的违禁歌曲日益增多，尤其那些自行购买歌曲进行添加的KTV场所，更是重灾区。

凡是自行购买歌曲加入歌曲库的KTV场所，一定要对每首新歌都进行审核，遇到违禁歌曲坚决淘汰删除；私自恢复违禁歌曲的KTV场所，也应进行阶段性自查，否则，一经举报，也会给经营带来风险。

四、使用云平台服务是杜绝违禁歌曲的最佳方式

1. VOD商云平台的优越性

（1）云平台是添删歌曲最便捷的方式

前面我们对云平台做了介绍，如果KTV已经采用了云平台服务，必然会在处理违禁歌曲方面处于优势。如果暂未使用云平台服务，那么出现违禁歌曲时，就只能自行处理，既费时又费力，所以，早日应用云平台的全方位服务，轻松杜绝违禁歌曲，避免由此造成的损失，才是真正的明智之举。

（2）VOD商能及时发现问题和解决问题

正因为每家VOD商都搭建了自己的云平台，才使得及时发现、下架违禁歌曲成为可能，按照当前云平台对歌曲库的处理速度来看，管理违禁歌曲只需要一瞬间，完全可以满足任何情况下的下架需求，还可以令KTV场所完美规避被处罚的风险。

2. 自行添加歌曲将面临极大的风险

（1）不同渠道添加歌曲的服务差异

有些KTV特别自信，觉得自己有能力撇开VOD商自行添删歌曲。但就目前情况看，通过VOD商添删歌曲是最安全、便捷的，VOD商可以收集到绝大多数的常唱新歌，与其他新歌供应商相比，只缺少部分不常唱新歌，所以，缺失部分不会影响KTV的经营，在此真诚建议KTV：请专业的人做

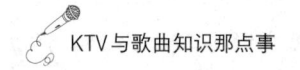

专业的事，找 VOD 商添删歌曲安心省心，选择其他渠道添加歌曲，或将带来未知的风险。

（2）自行添加歌曲的风险

当前，还有一些 KTV 在自行添加歌曲。这些歌曲有些是买来的，有些是熟人赠送的，还有些是下架的违禁歌曲，应客人要求私自添加的。自行添加歌曲的行为会给 KTV 的经营埋下隐患，即使应用了云平台服务，也难保万无一失，而那些没有应用云平台服务的 KTV 则更加危险。

3.VOD 商对违禁歌曲十分重视

（1）VOD 商是 KTV 的歌曲供应者

当前每家 VOD 商都有 5000 家以上的 KTV 客户，一旦歌曲出现问题，将会殃及所有 KTV 用户，所以，VOD 商非常重视对违禁歌曲的筛查。如果因为 VOD 商的工作疏漏，对 KTV 用户的利益造成损害，就一定会影响其在业内的口碑，所以 VOD 商必须认真把好违禁歌曲关，绝不能给用户带来麻烦和风险。

（2）VOD 商辨别违禁歌曲十分专业

对违禁歌曲的辨别，VOD 商更为专业，无论是违禁歌曲，还是疑似违禁歌曲，都能从专业角度进行辨析，判断是否需要下架，专业性可以带来安全性，所以，广大 KTV 的经营者可以放心将此项工作交予 VOD 商。

在文化主管部门发布违禁歌曲通告时，VOD 商会第一时间得到消息，做出判断，对相关歌曲进行下架处理，说明 VOD 商的嗅觉非常灵敏，行动也十分迅速。

（3）VOD 商被严格监管

由于 VOD 商是卡拉 OK 歌曲的发放源头之一，且具备云平台服务手段，所以备受文化主管部门的重视，经常对其进行突击检查，VOD 商也遵规守纪，丝毫不敢放松、懈怠。

文化主管部每次发布违禁歌曲时，VOD 商都会第一时间得到通知，通过云平台以最快速度下架违禁歌曲，此举令 KTV 受益匪浅。

文化是一个国家、一个民族的灵魂。只有不断提升中华文化的影响力，才能传播优秀文化。在全国宣传思想工作会议上，习近平总书记提出了"推进国际传播能力建设，讲好中国故事、传播好中国声音，向世界展现真实、立体、全面的中国"的重要任务，明确了提升中华文化影响力的要求和方向，为我们在新形势下做好宣传国家文化软实力工作，指明了方法路径，提供了根本原则。

传播力决定影响力，要把弘扬社会主义核心价值观始终贯穿于卡拉OK歌曲内容的策划、制作、审核、传播过程中，积极传播正能量，自觉抵制低俗不良内容，坚决屏蔽违法违规信息。

只有不断加强正面引导和规范管理，弘扬主旋律、传播正能量，大力推动KTV行业的健康有序发展，才为能为大众，特别是青少年营造一个积极健康、营养丰富、正能量充沛的音乐文化氛围。

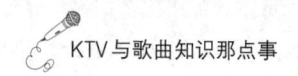

第十二章
新歌必须补充好　一天断顿都不妙

　　KTV 玩的就是卡拉 OK 歌曲，能为 KTV 带来利润的也是卡拉 OK 歌曲，离开了卡拉 OK 歌曲，KTV 就无法生存，但是，KTV 仅靠一套原始歌曲库是无法获得持续性盈利的，无论哪种形式的 KTV，都需要重视新歌曲的添加补充工作。

　　歌曲是音乐文化的重要组成部分，具有极强的时代性，如果跟不上时代发展的脚步，很快就会落于人后，所以，KTV 要想满足消费者对音乐文化的孜孜求新，就要紧扣时代脉搏，高度关注乐坛涌现的新人新歌，及时补充，绝不能守着一套陈旧的歌曲库故步自封。

　　KTV 需要及时补充新歌，就像人体需要摄取营养物质一样，只有不停地汲取养分，才能维持机体的正常发育，调节生理机能，保持活力和生命力。KTV 也需要新陈代谢，推陈出新，添加新歌曲，替换不良歌曲，才能满足消费者日益更新的精神文化需求，充满活力，收获良好的经济效益。

　　当前，新歌的种类非常复杂，不可随意添加，必须采用科学的方法，必须了解音乐知识，加强文化素养，可见，重视和关注新歌也成为新时代 KTV 投资经营者的必修课。

　　如今，通过云服务添加新歌就像喝水一样方便，奉劝 KTV 的投资经营者千万不要纠结网络使用费那点小钱，抓紧时间去开通云加歌业务，否则将会因小失大，悔之莫及。

第一节　卡拉OK新歌的概念和作用

卡拉OK新歌是KTV歌曲库的重要组成部分，也是消费者不可或缺的点唱内容，更是KTV赖以生存的经营主体。如果不懂新歌的概念，不了解新歌的作用，恐怕也搞不好经营。

一、新歌的概念

1. 广义上的新歌

广义上的新歌是指最近一年内出现的所有普通歌曲，包括海内外各国、各地区、各民族的歌曲作品。

2. 狭义上的新歌

狭义上的新歌是指广义新歌的卡拉OK版本。因为每年产生的广义新歌太多，所以只能挑选其中的一部分，制作成卡拉OK版本。KTV里出现的新歌只是广义新歌的一小部分，绝大多数普通新歌并没有被制作成卡拉OK歌曲。

二、新歌的作用

1. 宣传推广

新歌曲需要经过推广才能被人们熟知，得到广泛传唱，随着时代的发展，KTV也成了新歌推广的重要平台之一。不少唱片公司和独立音乐人都千方百计将自家作品引入KTV，目的就是扩大宣传范围，增强推广力度，既可以营销艺人，又能做品牌推广，扩大知名度。

2. 流行咏唱

过去，歌曲靠人们口耳传唱，才得以流行开来。如今，KTV的消费者已然成为推动歌曲流行的中坚力量，只有被广泛传唱、反复歌咏，歌曲才能产生持久的生命力，成为经久不衰的经典。KTV是一个面向大众，专门提供卡拉OK歌曲演唱服务的平台，也是歌曲推广、流传的重要平台，KTV

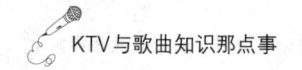

的消费主力——年轻群体对音乐圈的新鲜事物非常敏感，只要听到喜欢的新歌或者学会一首新歌，就会迫不及待地前往 KTV 进行点唱，无形中助力了歌曲的流行和传播。

3. 文化传承

卡拉 OK 歌曲由 30 多年前的数千首发展到当前的 20 万首，是一个逐渐累积的过程。在此过程中，新歌变老歌，老歌变经典，不断循环。如果没有新歌曲的补充，就不会有老歌和经典歌曲，也不会有歌曲库规模的扩张。歌曲数量的增加是中国音乐文化发展的可喜成果，是文化的传承和延续；如果 KTV 歌曲库中的歌曲一成不变，一潭死水，就意味着音乐文化发生了断层，只有每天不断注入新鲜血液，才能使音乐文化事业基业长青，永葆青春与活力。

第二节　卡拉 OK 新歌的组成

当前的新歌数量庞大，来源纷繁，组成复杂，令人眼花缭乱，如果没有一双慧眼，明加辨析，仔细挑选，而是将其一股脑全部纳入囊中，就会造成歌曲库冗繁，给管理和使用带来不便。因此，对新歌也要批判性收纳，择优提炼，才能保证歌新质优，获得消费者的肯定。

一、知名歌手的新歌

1. 知名歌手的定义

知名歌手一般指成名多年、身居一线的大腕，作品数量在 50 至 500 首，其中不乏大众耳熟能详的热歌金曲，一提这些知名歌手的名字，想必 80%的国人都会知晓，总之可以这样定义知名歌手：名气大、地位高、资格老、歌曲数量多、经典作品多、传唱度广、粉丝量大。

2. 知名歌手的新歌

知名歌手的经典作品广受大众重视和喜爱，其创作的新歌曲也备受关注，很多知名歌手的新专辑签售会声势浩大，吸引八方粉丝前去捧场。知名歌手还会开办演唱会，老歌、新歌一起唱，赢得了粉丝的喜爱。知名歌手的作品确实有过人之处，立意新颖，紧贴潮流，制作水平高，宣传力度大，他们的新歌一经推广，往往立刻火爆，很快就会出现在 KTV 里。如果 KTV 缺少此类歌曲，必会被歌迷和其他消费者所诟病，也说明该 KTV 十分不专业。

二、歌坛新秀的歌曲

1. 歌坛新秀的定义

歌坛新秀是指近年来崭露头角的新人歌手。随着音乐事业的蓬勃发展，涌现出不少唱作俱佳的乐坛新人。目前，中国仅自由音乐人就有十万之众，优秀歌手更是层出不穷，有些新人从国外学成归来，造诣颇深；有些新人则是天赋异禀，自学成才。当然，歌坛新秀也包括中国港台地区的一些青年歌手。歌坛新秀可定义为：基数大、年纪轻、颜值高、歌曲新、风格潮、粉丝群体低龄化等等。

2. 歌坛新秀的新歌

假设现存的每个唱片公司和独立音乐人每年只创作一首新作品，总量也有 10 万首之多，其中必然会有令人百听不厌的佳作。

歌坛新秀的作品多以单曲或 EP（迷你专辑）形式发行，在生活节奏加速的时下，备受年轻人的欢迎。如今，年轻群体成为 KTV 的消费主流，所以，KTV 必须准备此类歌曲以飨来客，但是，这些歌曲的来源比较分散，收集和整理都相对困难，需要 KTV 用心为之。

三、最新的影视歌曲

1. 影视歌曲的定义

影视歌曲为电影、电视剧等影视作品中出现的各类歌曲，由于影视作品的受众范围广、体量大，所以影视歌曲也会广为流行。

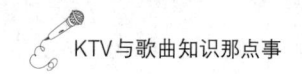

2. 最新的影视歌曲

每年中国上映的电影数量多达 500 余部，电视剧及其他影视作品更是不胜枚举，每部影视作品都有主题曲和插曲，可见，每年出现的影视新曲总量不低于 1000 首，其中不乏剧未红歌先爆的流行"神曲"。一些影视作品中还会出现老歌新唱的情况，令经典歌曲重新焕发生机。这些歌曲应及时制作成卡拉 OK 歌曲，供剧迷和歌迷点唱，有些歌曲还会提前被出品方制成 MV 版本以做宣传推广之用。

四、娱乐栏目中出现的歌曲

1. 娱乐栏目的定义

娱乐栏目指各电视台举办的音乐选秀节目和以音乐为主要内容的娱乐栏目及其他综艺节目。自从湖南卫视的《超级女声》开播以来，音乐选秀节目开始风行全国。经过多年的发展和角逐，湖南卫视、浙江卫视和北京电视台花开三朵，中央电视台的《星光大道》更因"百姓舞台"的定位和宗旨一枝独秀，这些电视台制作的栏目不仅给观众带来了美妙的艺术享受，还推出了不少歌手和新歌曲。上述栏目的特点可总结为：老少歌手皆有、以比赛形式为主、新老歌曲结合、生命周期短、收视率高、传播速度快等等。

2. 娱乐栏目推出的歌曲

娱乐栏目以电视台这种大平台为依托，传播范围广，受众人群年龄跨度大，涵盖老、中、青、幼多个年龄层。这些栏目不仅推广了新人，还推出了不少新歌曲，几乎每一季节目都会带火数十首歌曲，这些歌曲不仅受到了歌迷的热捧，也成为 KTV 中不可缺少的必点曲目。很多消费者在收看电视娱乐节目后热血沸腾，激情高涨，恨不得马上就去 KTV 引吭高歌，一展风采，但对 KTV 而言，却是一个不小的挑战，如果不能尽快为消费者实现夙愿，就会给经营和场所口碑带来不利影响。

五、网络歌曲

1. 网络歌曲的定义

所谓网络歌曲，是指通过互联网各音乐网站和社交媒体发布或流行开来的歌曲。此类歌曲数量庞大，作者和歌手多为草根出身，旋律简单，歌词直白，演唱水准和制作水平都比较粗陋，但是，经网络传播或事件发酵后迅速风靡，引起轰动，顺便收获了大量粉丝和使用者。但是此类歌曲大部分都火得快，凉得更快，仿佛一道闪电，很快就消失在人们的视野中。当然，很多知名歌手也会在网络上发布歌曲，作为宣发的补充，还有歌手一直在通过网络平台做宣传。我们可以将网络歌曲定义为：草根多、数量大、制作差、水准低、传播广、消失快等等。

2. 网络歌曲

网络歌曲制作简单，上传方便，不经意间就会流传开来，正因其门槛较低，所以很多非专业人士也能自行操刀制作，一度导致了网络歌曲的泛滥，每天上传的网络新歌数之不尽。不过真正成为"流行爆款"的却凤毛麟角，被制作成卡拉OK歌曲的就更少见了。当然，贴近生活、贴近群众的"接地气"作品对KTV来说是不可或缺的，否则也会引发消费者的不满。

第三节 卡拉OK新歌的获取方式和问题

当前，KTV使用的卡拉OK新歌并非自行制作的，而是采用外部供给的方式，渠道来源多样。虽然对歌曲库做了及时补充，但同时也产生了不少问题。

一、新歌的获取方式

1. 自行购买

多年前，由于种种原因，KTV形成了自行购买歌曲的习惯。近20年来，

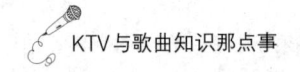

由于点歌设备的变化，加上歌曲来源太过复杂，KTV 无法依靠自己的力量收集到全部的新歌曲，无法满足经营所需，所以，KTV 自行购买歌曲的情况越来越少。

2. 依靠厂商

近 20 年来，KTV 基本上都在靠 VOD 商来补充歌曲。毕竟中小型的 KTV 场所占比较大，根本没有能力和精力自行补充歌曲，VOD 商收集的歌曲资源较为丰富，补充方式自动便捷，收费合理，还附赠设备维护等服务，所以，多数 KTV 都选择了与 VOD 厂商合作的方式来补充新歌。

VOD 商作为输送新歌血液的主力军，为了按时保质完成工作，也投入了巨大的人力、物力、财力，比如要与厂牌唱片公司和独立音乐人建立密切联系，才能尽快收获独家资源，因此，VOD 商的资源相对丰富、优质，其他歌曲供应渠道则日渐萎缩。可以说，近年来，VOD 商的歌曲供应能力逐渐加强，彻底改变了过去的供需方式，成为 KTV 不可缺少的依靠力量。

3. 网络下载

过去 KTV 也会从网上自行下载歌曲，其实，这种方式也属于自行购买歌曲，只不过单价极低。但是，网络下载的歌曲只有歌曲文件，不包含歌曲数据库信息，需要进行二次整理才能使用，而很多 KTV 根本不具备整理歌曲数据库信息的能力，所以，用这种方式补充新歌收效甚微。如果网站因某些原因不能继续提供歌曲下载服务，KTV 就只好选择其他方式了。

二、新歌上线后出现的问题

1. 卡拉 OK 新歌的补充速度

卡拉 OK 歌曲是歌曲的最高阶形式，不同于简单的音频歌曲，也不同于普通的视频歌曲，而是包含四大基本元素的较为复杂的歌曲形式，所以，新歌的卡拉 OK 版本普遍滞后于其他版本。但是 KTV 的消费者往往不明就里，不了解卡拉 OK 歌曲的制作流程，因此提出质疑，KTV 应做好耐心细致的解释工作，还要选择最快的方式来补充新歌，降低不良影响，树立专业形象。

2. 卡拉 OK 新歌的缺陷

KTV 出于营利的迫切需要，常常给卡拉 OK 新歌的供应方施压，要求快速供给歌曲，殊不知，卡拉 OK 歌曲的制作工序复杂，一味讲求时效性，压缩制作时间，必然会导致歌曲的质量下降，无法尽善尽美。所以，大部分新歌的画面和伴奏都不够完美，尤其是伴奏，多采用消音伴奏，不利于演唱者的正常发挥。即便如此，KTV 也不以为意，只要能暂时应付消费者，其他问题可以日后慢慢解决，这种错误理念造成了新歌的质量缺陷和二次返工等问题，如不进行返工，这些不良歌曲将永远留存于歌曲库中。

3. 卡拉 OK 新歌的其他问题

（1）新歌的压缩格式问题

当前各家 VOD 商对歌曲压缩的格式都有一定要求，由于受点歌设备硬件的制约，并非任意格式都能被识别和播放。有些歌曲在播放时会出现卡顿现象，这就是 KTV 自行添加了不符合格式要求的歌曲导致的。

（2）新歌的数据信息问题

只有完整、正确的歌曲数据才能被点歌系统全面调用，新歌也是如此。如果 KTV 自行加歌，自己填写数据库，不如 VOD 商那般专业严谨，数据易出现缺失和谬误，点歌软件也将无法识别调用，从而给消费者带来不便。

（3）新歌的数据库加密问题

很多 VOD 商的数据库都经过了加密处理，若无权限，则无法添删歌曲，这也是保护数据库的一种手段。如果 KTV 场所自行加歌，只能逐首添加数据，效率低下，准确性也无法保障，而且其他歌曲供应商也不会为 KTV 解决这些问题，当数据库中的错误越积越多时，必然给场所的经营带来隐患。

（4）新歌的加密问题

歌曲一直是 KTV 的一大竞争利器，在中国台湾地区，由于歌曲资源分布不均，当消费者想点唱某首歌曲时，只能去特定的某家 KTV。如今，中国大陆也存在这种情况，每家 KTV 场所的歌曲资源不同，新歌的更新速度

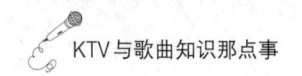

也不同，哪家 KTV 的歌曲更新多，哪家 KTV 的新歌更新快，哪个 KTV 场所就能获得消费者的青睐。不过，新歌不仅要讲求实效性，还需注重安全性，及时进行加密，否则，万一发生歌曲外流，就等于为别人做嫁衣，丧失了自己的核心竞争力。

第四节 各类网站和 App 上的歌曲

如今，歌曲的传播平台日益多元化，有音乐网站、直播网站、各类游戏和社交 App、短视频 App 等等。在这些新兴的网络平台上，歌曲的传播速度快，受众范围广，流行热度高，备受各阶层人士的喜爱。所以，KTV 也应对此类歌曲进行补充。

一、互联网音乐网站的特点

1. 开放式平台

目前，各类音乐网站属于相对开放的信息传播平台，经过审核的歌曲作品都可以上传。相对而言，KTV 是一个封闭性平台，不可随意添加歌曲。正是由于互联网音乐网站的开放性和包容性，造成了原创作品百花齐放的可喜局面，互联网音乐网站的特点可总结为：人数多、作品量大。

2. 大量的资金投入

当前我国的大型音乐网站由于版权等问题已经所剩无几，寥寥几家音乐网站各自拥有的版权歌曲也不相同，它们相互之间既有合作，也有竞争。音乐网站要想生存，就要解决歌曲版权这个头等大事，而收集版权会耗费大量的资金，现存的几家音乐网站每年在版权上的投入均以几十亿元计，可见，如果没有雄厚的财力，则无法实现音乐网站的运营。在 KTV 行业中，可没有这样财大气粗的集团，任何类型的歌曲提供商也不会如此大手笔地购买歌曲版权，如此一来，自然会拉开音乐网站与线下 KTV 场所中歌曲数量和质量的差距。一些网站甚至还利用自身优势开始打造线上 KTV 功能，对实体 KTV 造成了巨大冲击。

3. 歌曲多且新

平台的开放性造就了互联网音乐网站的海量歌曲，不管是正规渠道收集的 PGC（professionally-generated content 专业制作的内容），还是用户自己上传的 UGC（user-generated content 用户创作的作品），数量都蔚为壮观；巨额的资本投入即可免除版权之忧，又能广泛收罗专业唱片公司的最新佳作，可以说，无论新歌的数量、质量还是更新速度，互联网音乐网站都领先 KTV 一步。

4. 引领潮流

如今，互联网音乐网站成为真正的音乐潮流引领者，而线下的 KTV 只能顺应潮流趋势，默默跟随。KTV 里出现的新歌大都在互联网音乐网站上风行多时，KTV 虽然极力追赶，却跟不上那风一般的脚步。

二、互联网歌曲与 KTV 歌曲之间的差异

1. 总量的差距

通过以上分析，我们发现，互联网音乐网站的歌曲数量非常庞大，动辄百万，犹如千吨巨轮；而 KTV 歌曲库中的歌曲只有区区 20 万首，如同一个小舢板，两者根本不在一个等量级上。但是，KTV 对老歌曲的收集却有独到之处，绝不逊于互联网音乐网站，可满足大众对经典老歌的需求，只是在新歌资源方面，不得不甘拜下风。

2. 形式上的差异

卡拉 OK 歌曲是歌曲的最高形式，从这个观点出发，各互联网音乐网站的歌曲等级都要低于 KTV 所使用的歌曲，无论是制作难度还是使用效果，都远不及卡拉 OK 歌曲。目前还未出现一个纯粹意义上的卡拉 OK 歌曲网站平台，无法像 KTV 一样为大众提供四元素具足的优质卡拉 OK 歌曲，所以，就歌曲形式而言，KTV 胜出。

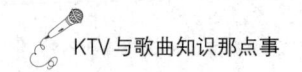

3. 歌曲排行榜的差距巨大

（1）KTV 的常唱歌曲排行榜

常唱歌曲是指最受大众关注、最常被点唱的歌曲。KTV 的常唱歌曲排行榜是根据歌曲的点击次数，自多而少排列的。一首歌曲被点击的次数越多，就意味着其越受欢迎。一般来说，需要先划定一个时间和数量范围，然后在此范围内进行比较，比如在一个月内或一年内，从 10 万首歌曲中排列出点击量最高的前 1000 首，或者在 1 万首歌曲中排列出点击量最高的前 100 首。

一般我们不进行平台间的横向比较，除非两个平台的歌曲采样对象相同、数量一致，因为音乐网站的歌曲量比较大，并且表现形式与 KTV 不同，所以，两者不具备可比性。

（2）互联网歌曲排行榜

各互联网音乐网站都有自己的热歌排行榜，排序原理与 KTV 类似，上榜歌曲也有重叠，不过音乐网站排名前 1 万首的热歌中，约有 4000 首歌曲是 KTV 的歌曲库中不具备的。可见，互联网音乐网站的歌曲比较新，来源复杂，而且重复翻唱的情况较多。

（3）两榜相较

通过对 KTV 的 1 万首常唱歌曲名单与互联网音乐网站的前 1 万首热歌名单的研究发现，两份名单中有所出入的 4000 首歌曲并非后者没有收录，而是排名不在前 1 万首之内，再深入研究才发现，这些歌曲很多都是年代感很强的经典金曲。由此可见，在 KTV 里怀旧的人还是比较多的，也从侧面说明 KTV 对经典老歌的传播和传承做出了巨大贡献。

三、KTV 如何运用互联网上的歌曲

1. 随时关注音乐网站的歌曲排行榜

线下 KTV 想要拥有与互联网音乐网站同样的歌曲资源，无论从版权取得还是歌曲数量上看，都是不现实的，只能退而求其次，暂不求全只求

"前"，对排名靠前的歌曲多加关注，尽量将其全部收入囊中，KTV 的经营者更要密切注意各大音乐网站热歌榜排名前 100 首和新歌榜排名前 100 首的动态。如今，将这些歌曲制作成卡拉 OK 版本对任何歌曲供应商而言都不是难事，但是，如果 KTV 不予重视，也不去核查，就难以发现问题，无法及时补充。

2. 广泛收集新歌制作成卡拉 OK 版本

既然互联网音乐网站是新歌潮流的指向灯，那么我们就可以按图索骥，尽最大努力将所有新歌都制作成卡拉 OK 版本，这样才能使线上、线下真正实现融合，保证线上新歌和线下老歌共同组成一个最大化满足各年龄层消费群体娱乐需求的完美歌曲库。

3. 需要大量资金来支撑歌曲制作工作

要想将每首新歌都转换成卡拉 OK 版本，需要巨大的资金投入，所以，以互联网音乐网站排行榜为依据，只将上榜歌曲制作成卡拉 OK 歌曲是相对合理且易于实现的。根据对线上、线下排行榜榜单的差异分析，我们发现，在一定时间段内，线下缺失的歌曲是有限的，仅为 4000 首。假设每首歌曲的制作费为 1000 元，4000 首歌曲的制作费用共计 400 万元，对当前的新歌供应商而言，这不是一个小数目。如果没有利益驱动，恐怕没有人会自掏腰包来完成这项工作，KTV 也只好望新歌兴叹。想得到最新、最潮、最受消费者欢迎的歌曲，KTV 必须行动起来，自发筹集资金，众人拾柴火焰高，即使每个场所每年仅支付 1 万元制作费，也会令 KTV 的歌曲库旧貌换新颜。相信一个优质歌曲库不仅能给 KTV 带来良好的社会效益和口碑，也会带来令人满意的经济效益。

新歌对 KTV 而言十分重要，与老歌的地位不相上下，如果做不好对新歌的收集、整理、下载、添加工作，必然会影响到 KTV 的日常经营和用户体验，甚至还会给场所声誉造成损害，那些长期不更新歌曲的 KTV 场所，简直是在冒险经营。

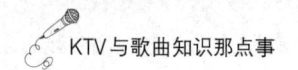

我们提醒 KTV 的经营者在重视新歌的同时，也应对新歌的制作过程略作了解，这样才能履行自己应尽的义务，为新歌的收集、制作工作出一把力，添一把火；要学会运用互联网及时补充歌曲库，弥补服务漏洞，消除经营隐患，树立一个专业、严谨的企业形象，吸引更多的消费者，收获更多的肯定和赞誉。

第十三章
改造老歌作用大　质量提升全靠它

歌曲库要跟上时代的发展，就必须保证新老歌曲在质量上都有所提升，整体优化，才能服务好前来 KTV 消费的客人。

当前，每年推出的卡拉 OK 新歌非常多，可达到两万首左右，这也说明我国娱乐行业正在蓬勃发展，越来越多的歌手和制作公司愿意投入精力和财力去创作歌曲，而且这些新歌的拍摄质量和制作水准都比 10 年前有了较大幅度的提高，完全可以满足消费者的演唱需要。但是，大家最常点唱的还是那些经典老歌，而老歌往往由于当年的技术条件所限，质量不佳，亟待改造优化。

老歌改造说起来容易，实际操作时却困难重重。首先，歌曲资源匮乏，因为年代久远，一些歌曲的原唱者已经辞世，失去了作品重置的条件，改造原唱歌曲已无法实现；其次，改造老歌需要投入大量的人力、物力，既要重质，又要保量，如果谁能把老歌改造成与新歌同样的质量，就可以打造出一套前所未有的高品质歌曲库，可谓功德无量。

要改造老歌，还需要投入比收集新歌多上百倍的力量和资金，而当前没有一家 KTV 会在这方面进行投入。有资本和能力对老歌进行改造的 VOD 商也只顾追求新歌，对老歌改造漠不关心。所以，哪个 VOD 商能对经典老歌进行改造优化，哪个 VOD 商就能在日后的歌曲库较量中取得先机。

每家 KTV 使用的歌曲库都不尽相同，缘于其选择了不同的 VOD 商，在此提醒 KTV 的投资经营者，先去了解一下自家歌曲库的现状，针对性地做出调整和优化，否则就是对投资的不负责，也是对消费者的不负责。

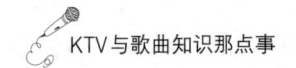

第一节　歌曲库中新、老歌曲必须同步发展

歌曲库每天都在更新，否则就跟不上时代的步伐。但是，歌曲库也要新、老歌曲均衡同步发展，而不是偏颇于一方，只有新、老歌曲全面发展，才能不断提高歌曲库的整体质量，打造出一套最佳歌曲库。

一、歌曲库每天都有变化

目前，全球的音乐文化事业都在蓬勃发展，新人歌手层出不穷，有属于艺术团体和厂牌唱片公司的歌手，也有独立音乐人。单论独立音乐人，在我国就有十万之众。

数目庞大的歌手群体每天都在辛勤创作，在各大网络平台上不断推出新歌，令人们感受音乐的美妙和魅力。KTV作为重要的音乐发布平台之一，搜集新歌、更新歌曲库的重任自然就落到了VOD商的肩上。

如今，普通歌曲的即时发布平台很多，由于卡拉OK歌曲需要一定的时间进行制作，所以，KTV就成为滞后发布平台。通常人们在即时发布平台上听到了新歌，才会去KTV进行点唱。如果KTV没有这些歌曲，就无法满足消费者的需求，从而对KTV的声誉和经营造成不良影响。所以，新歌必须天天加，消费者想唱什么，KTV就要有什么，否则就会给消费者留下歌曲过时、缺乏新歌的负面印象，影响KTV的收益。

二、东拼西凑的歌曲库无法帮助KTV营利

VOD商想及时得到新歌热曲，就必须与厂牌音乐公司或独立音乐人保持良好的关系，否则就无法取得新歌，填充歌曲库，更无法服务KTV和消费者，还会对KTV的经营产生负面影响。

但是，很多KTV都想当然地认为VOD商每天补充的新歌肯定能满足消费者的需求，即使无法满足，消费者点唱老歌也能凑合。其实，这是一种极不负责的错误思想，这种思想必然会导致KTV的业绩下降，甚至走向

衰落。其根源就是KTV的投资经营者没有搞清楚KTV到底是靠什么来营利的。

是不是所有VOD商提供的卡拉OK歌曲都一样呢？答案肯定是否定的。各品牌VOD商之间的竞争，不仅表现在软件、硬件产品的销售和售后服务上，还表现在歌曲库的质量和建设等方方面面。一个KTV采购的VOD设备再好、再便宜，如果没有一套优质歌曲库做支撑，没有每天跟进的新歌服务，那么一切都等于空谈。因为没有消费者会冲着VOD设备的品牌去KTV消费，和大众对华为、VIVO、小米、苹果等手机品牌如数家珍不同，人们甚至叫不出VOD产品的品牌名称，所以，VOD商的点歌系统再优秀，大众也没有任何感觉。但是，KTV歌曲库质量的好坏，消费者却十分敏感。越是懂行的KTV投资经营者，就越会注重歌曲库的质量和歌曲的更新速度，会将歌曲库的优劣作为VOD产品的首要选择标准，而不是只看价格，贪图便宜。

不同品牌的VOD商所组建的歌曲库到底有何差异？差异点可太多了，首先，是否有一套歌曲库的组建标准；其次，是否有最广泛和及时的歌曲来源；再次，能否独立组建歌曲库和改造歌曲库。如果一个VOD商啥都不具备，只有一个东拼西凑得来的破烂歌曲库，那么，KTV敢使用这套产品进行经营吗？恐怕不仅消费者不答应，就连KTV的投资经营者心里也会打鼓，毕竟谁都想使用优质产品，谁都不想落于人后，被同行拉开差距，影响经营效果。

三、懂得优质歌曲库的标准

VOD商是当前组建歌曲库的主角，其格局和操作细节直接关乎KTV歌曲库的优劣。如果一个VOD商只懂软件、硬件技术，却不懂歌曲，不懂音乐，也不懂音乐文化，一问三不知，三问九摇头，那么这种企业就无法组建一套优质歌曲库。

VOD商不仅要懂得音乐文化，还要具备制作卡拉OK歌曲的专业知识，

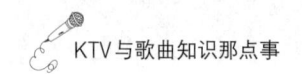

卡拉OK歌曲之所以不统一，就是因为没有形成一个统一的制作标准。结果，好好的一套歌曲库变成了五花八门的大杂烩。

无论是新歌还是老歌，要想按照一个标准进行统一是很困难的，除非从制作之初就进行统一规划，但很多唱片公司和独立音乐人对此并不重视，也不懂得卡拉OK歌曲的制作标准，所以新歌的卡拉OK版本依然杂乱无序。谁能解决这个难题，谁就能向KTV提供最优质的歌曲库。

凡是重视歌曲库的VOD商都会挖空心思、尽最大努力去收罗与新歌曲相关的各种资源，然后按照自己的标准来制作卡拉OK歌曲，还会不断改造不符合标准的卡拉OK歌曲，使符合统一标准的卡拉OK歌曲越来越多，令歌曲库得到整体优化。

对于老歌曲也要充分重视，不断挖掘资源，不放过一切可以改造提升的机会，而不是放任自流，不管不顾。这些工作均以歌曲库的质量数据表为基础，首先根据数据记录找出歌曲库的缺陷，再有针对性地去收集可用素材，不断进行各方面的细致改造。这些琐碎的改造优化工作无法一蹴而就，需要不厌其烦，徐徐图之；同时也要求KTV给予充分重视，争取用最好的歌曲库来服务消费者，用最小的代价留住消费者。

组建一套优质歌曲库的意义十分重大，无论对VOD商还是对KTV而言，都十分必要。道理想必大家都懂，关键在于能否落实到实践中，能否进行专项检查，归根结底，要看大家是否对自己的事业和经营负责。

四、相互配合打造出最佳的歌曲库

当前KTV的投资经营者对歌曲库的认识相对浅薄，有的人懵懵懂懂，似懂非懂，有的人不闻不问，毫不重视，整个KTV行业都处于混沌迷茫的状态。但KTV恰恰是以歌曲为主要经营内容来营利的，如果KTV的经营者不懂歌曲库的相关知识和组建优化原理，还妄图搞好经营，那只能是痴人说梦。即便使出浑身解数来笼络顾客，也收效甚微；如果掌握了歌曲库的相关知识和基本原理，并拥有一套"能打"的优质歌曲库，想要营利简直不费吹灰之力。只要打开大门，就会客似云来，招财进宝，这就是知识的力量。

但是，单凭 VOD 商的一己之力，未必能打造出一套完美的歌曲库，要想达到最佳水准，还需要各方面打配合、下苦功，而不是单单指望某一方去用功努力。VOD 商与 KTV 之间应建立起密切联系和交流渠道，这样才能相互弥补短板，真正传递消费者的心声与需求，更好、更快、更多地满足消费者所需。

KTV 可以成为缺歌、补歌信息的收集者，VOD 商可以成为缺歌、补歌问题的解决者，两者有机配合才能使歌曲库更贴近消费者的实际需求，单靠 VOD 商盲目添加新歌，只怕会南辕北辙，与消费者的需求背道而驰。实践证明，只有 VOD 商与 KTV 密切沟通，第一时间接收消费者的反馈，才能第一时间满足消费者的需求，在歌曲制作环节上，也需要二者进行配合，总之，哪一对 VOD 商与 KTV 之间配合得好，哪家的歌曲库就最牛，就最能吸引客流。

第二节　新歌数量与歌曲库质量之间的关系

在当前的歌曲库中，新歌所占的比例越来越大，这也是音乐产业发展的必然，但是，并非新歌越多，歌曲库的质量就越好。尽管新歌的制作比较精良，但也只是提高了歌曲库的平均品质，并不代表能满足消费者的所有需要。

一、新歌是歌曲库的重要组成部分

每个时代都有独具特色的音乐作品，可满足不同年龄、不同偏好的消费者的需求。随着时代的发展，新歌越来越多，每年的增长量保持在两万首左右，偶尔还会超过两万首，这就使得歌曲库越来越庞大，歌曲的画面质量也随着新型编码技术的应用而不断提升，对 KTV 而言总体利好。

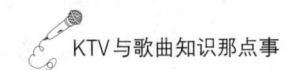

新歌每天都在产生，近10年的新歌总量已经超过了以往年份歌曲数量的总和，可见，新歌成为歌曲库中不可缺少的组成部分。但是，如果从点唱热度上看，老歌曲的分量却不可小觑，很多经典老歌依然是KTV里点唱的主体。如果将新、老歌曲的点唱频率做个分析，就可以发现，20年前的经典老歌在点唱频率最高的两万首歌曲中的占比很高，而近几年创作的新歌占比则比较低，其中还包括"老酒装新瓶"的老歌翻唱作品。

从KTV投资经营者的角度上看，肯定希望新歌越多越好，这也是对新歌盲目追求的一种心态，可以理解。但是，新歌虽多虽热，在制作成卡拉OK歌曲时未必都能保证质量，因为伴奏多为消音版。新歌的质量参差不齐，同样会影响歌曲库的整体水平，所以，只顾添加新歌却不重视质量，也是当前KTV投资经营者们常涉足的误区之一，长此以往，必然会影响到KTV的业绩。

二、新歌的画质普遍优于老歌

新歌虽多，但是问题也不少，大家必须对新歌有清醒的认识，才能判断歌曲库的优劣，对新歌给出全面的评价，选择适合场所发展的歌曲库及VOD产品；否则，对歌曲库的优劣一无所知，无从下手，必然会影响KTV的经营效益，给经营活动埋下隐患。

相对老歌曲而言，新歌曲的画质有明显的优势，原唱基本上也都是演唱者的原人原唱，但字幕和伴奏却未必能保持最佳水准，有的甚至远远不如老歌，反而拉低了整个歌曲库的质量。

很多KTV的投资经营者一看到新歌的画质清晰，又有原人原唱，就认为万事大吉了，其实，这是一种错误的判断方式。我们一再强调，评判卡拉OK歌曲要从四个方面着手，不可单从某一方面进行评估，这样不负责任的评价不仅武断、盲目，且害人害己。

实际上，影响新歌质量的最主要因素是伴奏问题。我们也都清楚，卡拉OK歌曲最重要的就是伴奏，消费者最重视的元素也是伴奏。在当前的歌曲库中，近几年出现的 10 万首新歌中，具有不良伴奏的歌曲约有数万首，这是以往老歌曲中不曾出现的问题，也是新歌曲无法规避的问题。

收集、制作新歌看似简单，实际上工序颇多，首先要制作卡拉 OK 字幕，其次还要制作伴奏音轨。歌曲虽然有 MV 和 MTV 等版本，但是，这两者都不是专业的卡拉 OK 歌曲版本，在无法得到原版伴奏的情况下，要将 MV 直接转换为卡拉 OK 歌曲，就需要补足缺失的伴奏元素，即通过技术手段生成一个有瑕疵的伴奏——消音伴奏。消音伴奏属于不优伴奏，无论怎么优化，其中都有残余的人声。此类新歌的画质、原唱、字幕都不错，唯独伴奏不够好，而伴奏又是直接影响消费者演唱的重要元素，伴奏不好，自然就会引发消费者的不满。

正因为新歌存在这种缺陷，所以，无论其画质多么完美，都难以弥补整体缺憾，消费者对新歌的感受和评价也会影响到 KTV 的经营。幸好有些 VOD 商十分重视消费者的体验，摒弃了消音这种落后的处理方式，为广大 KTV 和消费者提供了一大批制作精良的卡拉 OK 新歌，与劣质歌曲库拉开了差距，使整个歌曲库都产生了质的飞跃，在实际经营中发挥出了正面作用。KTV 的投资经营者应重视起来，切不可只认新歌，不抓质量，必须从歌曲标准的四方面着手，进行全面比较后再下结论，不然，等消费者怨声载道之时，就悔之晚矣了。

不同质量的新歌会产生不同的经营效果，劣质歌曲堪称"隐形杀手"，或许一两天内导致的恶果还不会显现，但长此以往，肯定会给 KTV 的经营带来损害，所以，新歌数量多就能满足经营所需的结论是极端错误的。如果广大投资经营者认不清这个道理，不承认这种现实，那么自欺欺人的结果只能是经营失败，惨淡收场，这点务必警钟长鸣，引以为戒。

三、只有热唱的新歌才有价值

即使当前 KTV 获得的新歌质量都能达标，也不一定都为消费者所喜爱，我们应该着重关注被广泛热唱的新歌，而非一味关注新歌的数量。重数量

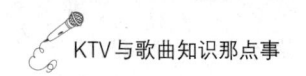

不重热度，无疑是缘木求鱼，再努力也无法得到消费者的认可。

目前歌手的门槛一降再降，新歌更是如雨后春笋般层出不穷，音乐园地百花齐放，有的花红百日，有的昙花一现，有的新人歌手一炮而红，有的却歌红人不红，或者歌、人两不红，这种情况是当代音乐产业发展的必然结果，谁都无法预见一首歌曲推出后的效果，只能等待市场和受众给出答案。所以，音乐作品的总量是增加了，但红歌热曲却没有随比例激增。

在新歌曲无序增长的情况下，KTV 即使拥有再多的新歌也没用，很多新歌变成了老歌，依旧无人问津。所以，KTV 应着重获取热歌，而且是高品质的热歌，才能为经营所用，真正满足消费者所需。

第三节　如何对经典老歌进行改造

经典老歌在歌曲库中占有重要的一席之地，有些大家耳熟能详的经典金曲虽然算不上热歌，但是在中国音乐史上的地位却不容忽视。

一、经典老歌的现状

中国音乐发展史上产生的经典老歌有很多，它们铭刻着时代特色，向人们诉说着历史的变迁。

这些经典老歌曾风靡一时，响彻中华大地，可惜当时还没有卡拉 OK 这一新兴事物。当卡拉 OK 模式传入中国后，一些经典老歌的卡拉 OK 版本也随之出现，但是，当时的制作水平却不尽如人意，从歌手到设备都不具备制作优质卡拉 OK 歌曲的条件，也没有机构和单位来精心制作卡拉 OK 歌曲。

在客观条件的制约下，为满足大众对经典老歌的演唱需求，只能对这些歌曲进行替代性制作。替代性歌曲作品中没有真人画面，甚至原唱都不是真人的声音，最终的结果是：虽然有了经典老歌的卡拉 OK 版本，却不符合卡拉 OK 歌曲的标准。

经典老歌在整个歌曲库中，约有 3 万首之多，其中包括 20 世纪 90 年代以前的国内外金曲名作，除流行歌曲外，还包括一些戏曲名段。

二、经典老歌改造的重要意义

经典老歌如果不进行改造，任由风景或模特人物画面来替代演唱者的形象，实在对不起经典歌曲的名头，也不利于大众认识和了解原唱歌手，更不利于中国音乐文化的传播和传承。

如果能获得经典老歌首唱者的画面，并将其应用于卡拉 OK 歌曲中，必将大幅提升歌曲的质量和价值。

KTV 如果能为消费者提供罕见的优质卡拉 OK 经典老歌，做到"人无我有，人有我优"，想必一定会获得好评，收获更多的经济效益和社会效益。

三、改造经典老歌的艰巨性

因为经典老歌历史悠久，各种原始素材严重缺失，故改造工作极难展开。但是，如果不进行经典老歌改造，歌曲库的质量就无法提高，KTV 的经营效益也会受到影响。

对年代久远的歌曲而言，想找到首唱者是不现实的，有的歌手已经作古，有的歌手已经归隐，若要改造这些歌手的作品，真是难上加难，无从下手。

找到歌曲首唱者的目的，是需要他们的动态视频画面，用其真实形象做卡拉 OK 歌曲的背景，以达到最佳的画面水准。如果能得到原人演唱的声音作为原唱，再加上原版伴奏，就堪称完美了，这样的歌曲才是符合标准的最佳版本。

由于经典老歌的数量庞大，要想全部优化重置，是不现实的。即使对其中一部分进行改造，也要付出极大代价，改造一首经典老歌所花费的时间约等于收集 500 首新歌的时间。正因为改造经典老歌的工作太过艰巨，所以，很多歌曲提供商宁愿提供新歌，也不愿投入精力去改造经典老歌。

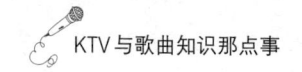

经典老歌之所以经典，是因为曾经风靡一时，追捧者甚多，并且在中国音乐文化发展史中占有一席之地，如果无法改造优化，未免令人抱憾；如果能够成功改造，不仅诸多歌迷受益匪浅，还能在中国音乐文化发展史上记下浓墨重彩的一笔，成就一段佳话。

四、经典老歌的改造能体现歌曲库的水平

改造经典老歌的第一步就是要明确哪些歌曲是老歌中的经典，这需要改造者对中国音乐文化具有深刻的了解，如果无法定义经典老歌，改造就无从谈起。

当前，很多经典老歌已经被某些 VOD 商进行了改造，但是，改造后的歌曲却无法供给全国的 KTV，因为 KTV 的歌曲库与 VOD 产品的品牌是绑定的，选用某品牌的 VOD 产品，就要同时选择该品牌的歌曲库。可惜，每家 VOD 商的歌曲库质量参差不齐，对老歌的改造工作更无法同步，这就苦了那些选错品牌的 KTV 了，只好以一套低劣歌曲库与优质歌曲库相抗衡，其经营效果如何，不言自明了。

要想改造经典老歌，并且提高歌曲库的整体质量，就必须有既懂音乐文化史，又具备改造技术的人员，还要投入精力广泛收集素材。这些工作说起来容易，做起来艰辛，其中甘苦只有真正的实干者才能体会，也只有通过辛勤的付出，才能打造出高品质的经典老歌。如果只想坐享其成，做"伸手党"，或采用不光彩的手段盗取改造好的歌曲，那么歌曲画面中的 VOD 商标识也会令盗窃行为昭然若揭，更显得自己在老歌改造工作方面毫无成就。

对经典老歌的改造将提升卡拉 OK 歌曲库的整体质量，有助于 KTV 使用更高品质的音乐作品服务大众。

五、经典老歌的改造需要巨大的资金投入

对经典老歌的改造不仅是一个磨炼歌曲提供商意志的工作，还会耗费

大量资金。如果不进行资金投入，就无法完成这项工作，更无法打造出一套高品质、高水准的歌曲库。

有的人一提到老歌改造就大摇其头，认为难以实现，其实，不是所有的经典老歌都无法改造，只要用心去收集素材，投入资金邀请老艺术家出山，经典老歌还是可以得到一定程度的改善的。即使不能进行全面改造，也应逐步实施，但每一步都需要巨大的资金投入。在现实中，无论新歌还是老歌，都会或多或少地存在瑕疵，也需要不断进行改造，但是，改造老歌所耗费的资金是新歌花费的几十倍甚至上百倍，可见，如果每年没有数百万元的投入，是绝对无法启动新、老歌曲改造项目的。而这么多的资金投入，对歌曲提供商而言，是能力和财力的双重考验，也是毅力和意志的磨炼。

当前专注经典老歌改造工作的匠心歌曲供应商还是存在的，他们只要发现可以改造的经典老歌，就会不惜重金，坚持不懈地开展工作。他们不仅打造出了最优质的歌曲库，也对中国音乐文化的传播和传承做出了巨大贡献。

对于 KTV 而言，是否懂得经典老歌的价值，能否对自家的歌曲库质量给予足够重视，能否意识到歌曲库的质量与经营效益之间的关系，是至关重要的，需要 KTV 的投资经营者自行评估。如果脱离了歌曲库，KTV 就无法经营；如果没有优质歌曲库，KTV 就难以营利，相信这些浅显的道理大家都懂得。

第四节　如何对歌曲库质量进行整体提升

仅仅了解一套优质歌曲库的作用还不够，还应了解如何进行新、老歌曲改造，改造后的歌曲如何替换。比如一部车子的某个零件坏掉了，已经威胁到了行车安全，我们就要及时更换零件。只有不断进行歌曲库的更新改造，才能做到没有瑕疵，产生更多的利润。

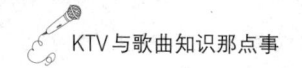

一、重点针对伴奏进行改造

我们一再强调，伴奏是卡拉 OK 歌曲的灵魂，在当前歌曲库中，新、老歌曲的伴奏都存在问题。如果要改造所有的瑕疵歌曲，则需要上亿元的资金投入。随着新歌曲的不断增加，所需的资金也会水涨船高。

在当前歌曲库中，仅使用消音伴奏的歌曲就有 3 万首之多，如果为其收集原版伴奏或制作高仿伴奏，那么每首歌曲的投入将不低于 1500 元，可想而知，伴奏改造工作是多么艰巨，投入是多么可观。

只有将伴奏改造好，令消费者满意，才能获得可持续经营和发展的机会。如果无法一次性对消音伴奏歌曲进行全面改造，就需要制订改造计划，逐步进行改造，只是战线会拉得比较长，也许 10 年，也许 20 年。所以，当前 KTV 使用的卡拉 OK 歌曲库将在相当长的一段时间内"带病"坚持工作，这必然会影响到整个行业的发展，谁能快速高效地解决这个问题，谁就是 KTV 行业的功臣。

二、对歌曲字幕的改造

随着时代的发展，歌曲的字幕问题也越来越突出，大众对繁体字的识别能力逐年降低，如果不及时处理繁体字幕问题，就会给大众演唱卡拉 OK 歌曲带来不小的障碍。

繁体字幕不仅存在于老歌中，香港和台湾地区出品的新歌也存在繁体字幕现象，一些内地（大陆）制作单位由于热衷模仿港台，喜欢照搬照抄，依葫芦画瓢，也给自己的作品硬配上了繁体字幕，给字幕改造工作带来了很大困难。

字幕制作的其他环节中也存在很多问题，如果不及时解决，也会给优质歌曲库进程带来阻碍，长远来看，对 KTV 行业的发展极其不利。

当前已经有 VOD 商着手对几万首繁体字幕歌曲进行了改造，将繁体字歌曲在歌曲库中的占比降到了 30%，与其他 VOD 商高达 50% 的占比相较，明显拉开了差距。

三、对歌曲画面的改造

尽管当前 MTV 版本和演唱会版本的歌曲在整个歌曲库中占绝大多数，但是，其他版本的歌曲仍有数万首之多，尤其是风景版和人物版，甚至还有泳装版，这些都是需要改造的对象。如果要进行改造，就要另行制作新版本的画面，那么工作量相当于将每首歌曲都重新制作一遍。

当前已经有 VOD 商对歌曲版本进行了标准化分类和定义，并且完成了对风景人物版歌曲的改造，尽管暂时还不具备条件全部改造为原人原唱版本，但起码要优于风景人物版。

四、对歌曲原唱的改造

歌曲原唱的瑕疵相对较少，但也存在，尤其是那些没有原唱的歌曲，需要添加原唱。但是，添加的原唱无法与伴奏和字幕完全吻合，因为演唱者每次演唱的节奏、速度都不一致，随意添加就会出现时间轴偏差，如果不使用技术手段来解决，即便是找到了原唱，也无法添加合成。

还有很多原唱难觅芳踪，如果采用其他演唱者的原唱，则是张冠李戴，稍微熟悉原唱者声音的人马上就能发现端倪，这么做反而会拉低歌曲库的整体水平。

由于原唱在卡拉 OK 歌曲组成元素中最容易被忽视，所以一般不作为改造工作的重心，那么问题原唱还将在相当长的一段时间内存在于歌曲库中。

五、对歌曲数据库的改造

我们曾多次强调过歌曲数据库的重要性，但是，歌曲数据库中的错误却始终无法避免，甚至一些重要信息也会出现问题，比如歌手名称、歌曲名称等。某些 VOD 商的数据库中，无法落实演唱者姓名的歌曲高达 3 万余首，

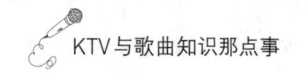

这些谬误及缺失给消费者点选歌曲造成了障碍和不便,也会影响到消费者对歌曲其他元素的评价。

第五节 需要了解的歌曲库数据表

任何 KTV 在面对多达 20 万首歌曲的曲库数据表时都会感到头大,根本无暇顾及每首歌曲的优劣,但是,如果对赖以生存的歌曲库都不给予重视,就无异于不重视自己的饭碗,更无法对经营效益进行把控。哪怕先了解一下自家歌曲库的数据表,也算对自己经营的事业有个交代。

一、歌曲库数据的意义

歌曲库数据的总结表是可以直观了解歌曲库质量的重要文件,可以把它当成一份歌曲库产品的说明书,希望广大 KTV 客户在选型时先仔细审核一下这份表格,对歌曲库有个大致的了解。

每家 VOD 商都应该具备这么一份歌曲库数据统计总表,尽管各家的数据格式有所不同,但是,只要 VOD 商想继续事业,就离不开对数据的统计。如果 KTV 需要 VOD 商提供相关的数据文件,VOD 商应及时满足。

但是,如果只给 KTV 一份歌曲库数据统计总量表,则意义不大,VOD 商还应提供针对歌曲库质量形成的统计数据总结表。如果 VOD 商没有上述歌曲质量数据总结表,就说明自己都不清楚所提供的歌曲库质量如何,选择这种 VOD 产品的 KTV 更是两眼一抹黑,至于营利与否,只能听天由命了。

歌曲质量的数据总结表是 VOD 商下功夫统计出来的,但如果 VOD 商根本没有建立对卡拉 OK 歌曲的评估标准和评估体系,就拿不出这些数据。只有具有评估标准和评估体系的 VOD 商,对每首卡拉 OK 歌曲进行细致的评估标注,才能最终形成一个分类详尽的歌曲质量数据总结表。如果 VOD 商犯懒,或者没有对数据库进行评估的方法和实施细则,就无法得出科学的结论和数据总结,只怕有些 VOD 商手中无表,随便拿一份假数据来忽悠 KTV。

小小一份歌曲质量数据表凝聚着 VOD 商的匠心，也是其对 KTV 负责的具体表现。这份表格可以让 KTV 明确预知即将使用的歌曲库处于何种质量水平，是否应采买该品牌的 VOD 产品，能否依靠这套歌曲库进行经营，可以说是 VOD 产品选型中必不可少的一份重要文件。

二、歌曲画面版本统计表

一些热歌往往具有多个画面版本，优质版本广受消费者的欢迎，堪称 KTV 的营利神器。如果没有衡量画面优劣的标准，就无法得出结论，更无从判定歌曲库的质量。

画面版本无论优劣，都应将信息显示在点歌界面中，消费者可依据自己的喜好进行选择，但是，当前一些 VOD 商处于未知原因，已经不在点歌界面上标识歌曲的版本信息了，消费者面对数个相同的歌曲名称和歌手名称，只能进行"盲点"，增加了点唱难度。

曲库画面版本类型统计表

版本	MTV	演唱会	影视版	故事版	其他	小计
国语	54209	20594	3801	50720	3848	133172
粤语	10013	6211	623	3098	472	20417
闽南语	10766	220	31	987	491	12495
英语	9281	1924	192	2273	2861	16531
日语	3207	322	133	651	137	4450
韩语	2721	321	403	403	10	3858
其他	1970	241	15	308	359	2893
合计	92167	29833	5198	58440	8178	193816

三、歌曲伴奏类型统计表

卡拉 OK 歌曲的伴奏类型统计表也是反映一套歌曲库优劣的重要指标，

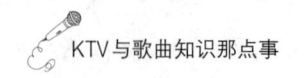

优质伴奏多多益善，不良伴奏的数据也如实描述了歌曲库的缺陷，没有谁家的歌曲库是完美无缺的，大都存在或多或少的瑕疵。如果有人标榜自家的歌曲库毫无缺点，完美无瑕，那肯定是一位爱讲大话的"大忽悠"。

要想标识卡拉OK歌曲的伴奏类型，就需要逐首进行人工审定，必须本着对消费者负责的态度，耐心细致开展工作。标识不良伴奏，也是为了便于日后改造，为了让歌曲库日臻完善。只有不厌其烦地认真做好上述工作，才能得出准确的伴奏类型统计表。

KTV的投资经营者首先要了解和懂得卡拉OK歌曲的伴奏分类，才能进一步认识伴奏的定位标准，进而审查伴奏类型统计表，最终得出歌曲库孰优孰劣的结论，这才是对事业负责任的正确态度。

曲库伴奏类型统计表

伴奏	原版	M专	M单	漏音	消音	小计
MTV	80361	2598	367	16	8825	92167
演唱会	12641	1394	1050	9906	4842	29833
影视版	3034	311	112	2	1739	5198
故事版	43870	1058	1269	22	12221	58440
其他	7071	256	379	1	471	8178
合计	146977	5617	3177	9947	28098	193816

四、歌曲字幕类型统计表

卡拉OK歌曲字幕统计表也是从经营角度来评估歌曲库优劣的一个重要文件，只有对卡拉OK歌曲字幕不断改进，才能让更多的消费者轻松驾驭歌曲，一展风采。

歌曲库中的标准字幕越多，简体字幕越多，说明歌曲库的水准越高，越能满足消费者的演唱需求，使用这种歌曲库的KTV所提供的服务质量也就越好。

曲库字幕类型统计表

语种	双标 简体	双标 繁体	双大 简体	双大 繁体	双小 简体	双小 繁体	双语 简体	双语 繁体	单双 简体	单双 繁体	单大 简体	单大 繁体	单小 简体	单小 繁体	多排 简体	多排 繁体	曲库总数	简体总数	繁体总数
国语	71798	23942	24820	9988	311	22	6	94	44	532	397	363	38	3	211	603	133172	97625	35547
粤语	7225	4476	731	7585	0	17	3	78	13	151	10	99	0	1	0	28	20417	7982	12435
闽南语	2709	6400	135	2675	3	8	0	5	1	309	1	94	0	1	6	148	12495	2855	9640
英语	8528	—	7073	—	84	—	14	—	123	—	59	—	0	—	650	—	16531	—	—
日语	1701	—	2428	—	12	—	14	—	42	—	20	—	1	—	232	—	4450	—	—
韩语	2004	—	1833	—	4	—	0	—	0	—	0	—	1	—	16	—	3858	—	—
其他	614	—	1622	—	131	—	42	—	57	—	200	—	53	—	174	—	2893	—	—
合计	94579	34818	38642	20248	545	47	79	177	280	992	687	556	93	5	1289	779	193816	108462	57622

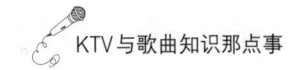

五、歌曲统计表的内容变化及其意义

无论 KTV 对歌曲数量和歌曲质量数据统计表的认知度如何，都可以要求 VOD 商按照 KTV 的实际需求先行提供这些数据，并进行存档，因为只有这么做，KTV 才能有时间进行细致评估，在后期歌曲的替换改造工作中进行对比，监督 VOD 商的工作表现。

只有对卡拉 OK 歌曲进行不断地改进，歌曲库的整体质量才有可能随之优化。如果仅仅是添加新歌，而不做老歌曲和问题歌曲的改造与替换，那么这套歌曲库就犹如一潭死水，毫无活力，这也从侧面说明这家 VOD 商根本就没有实力将死水引活，更无心也无力为 KTV 和广大消费者服务。

可以说，消费者的眼睛是雪亮的，嗅觉是最灵敏的，因为他们才是卡拉 OK 歌曲的使用者，如果 KTV 在经营活动中采用劣质歌曲库，必然会引发消费者的不满，影响到 KTV 的收益。所以，奉劝 KTV 的投资经营者一定要了解卡拉 OK 歌曲优劣的标准和歌曲改造的重要性，切不可做卡拉 OK 歌曲的门外汉，否则，就无法服务消费者，更无从获利。

对歌曲的改造工作而言，无论是新歌还是老歌，都不可松懈或偏重一方，要作为日常工作来抓，打持久战，无论是 VOD 商还是 KTV，都必须高度重视，绝不能马虎。如果 KTV 在选型伊始就对歌曲库进行了正确评估，那么后续经营将顺风顺水，一通百通；如果将歌曲改造工作贯穿始终，更会对经营大有裨益。就怕一些投资经营者对卡拉 OK 歌曲一窍不通，不懂装懂，却偏偏还要靠卡拉 OK 歌曲营利，这就好比不懂数学知识的人硬要做数学老师，不懂菜系菜品的人去经营餐厅，结果只能是自欺欺人，贻笑大方，说不定还会关门大吉。

可以说，如果不对新、老卡拉 OK 歌曲进行改造，就无法打造出一套专业的优质歌曲库，无法满足消费者的需要；如果不对经典老歌进行改造升级，就无法令一套高品质、具有文化传承意义的卡拉 OK 歌曲库留存于世。

第十四章
卡拉OK格调高　滞后上线莫吵闹

正所谓众口难调，无论KTV多么努力地去完善歌曲库，都无法做到十全十美，令所有客人都满意。KTV也懂得要尽量去满足客人的需求，但是，KTV终究不是歌曲资源的提供者，只能向上游供应链反映客人的心声，这还真不是KTV想故意怠慢客人，毕竟现在都以服务为先，但是，满足客人提出的所有点歌需求是不现实的，任何KTV都做不到，其中的道理也在前面各章中做过介绍。

其实，如果KTV从业者能对卡拉OK歌曲的出品过程和加载环节有所了解的话，就能在应对客人投诉时做出相应的解释，告诉客人为什么会缺少歌曲，否则，信息不对称造成的双方矛盾将愈演愈烈，无法消除。

KTV的投资经营者必须明确：自己是无法百分百满足所有客人的需求的，能满足80%就很不错了，所以，不要因为缺失一首歌曲而着急上火，陷入焦虑，而应积极寻求对策及解决方法，办法总比困难多，关键看KTV持何种态度，准备付出何种代价。

卡拉OK歌曲是音乐作品的最高阶形式，其组成元素要多于其他形式的音乐作品，所以，无论是收集过程还是制作过程，都比较复杂，无法做到与其他音乐形式同步。可见，卡拉OK歌曲的特点使其天然具有滞后性，有的普通歌曲甚至永远都没有卡拉OK版本。

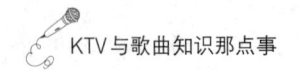

第一节　音乐形式的介绍

不少人对卡拉 OK 歌曲抱有"想当然"的心理，觉得一首歌曲有其他的音乐形式，就一定会有卡拉 OK 版本。如果一家 KTV 里没有这首卡拉 OK 歌曲，说明这家 KTV 缺失歌曲，资源匮乏。其实，我们平时生活中接触到的大多数音乐形式与卡拉 OK 歌曲并非同一范畴，下面我们将大众经常接触的音乐形式做一个分析：

一、CD 唱片

CD 是英文 compact disc 的缩写，中文意思为激光唱片或光盘，发明于 1980 年。这类产品大家都很熟悉，不少人都曾购买过，当前仍有音乐光盘在出品出售，尤其是号称高保真的光盘。光盘以实物为载体，需要与之配套的设备才能进行播放，使用起来比较麻烦。

二、MP3

MP3 是一种音频数字压缩格式，是将音乐作品压缩后生成的一个数字音频文件，然后用相应的软件、硬件播放器去播放，发明于 1991 年。MP3 音乐可以存储在电脑中，也可以通过互联网进行传播。当年，MP3 音乐的出现，严重冲击了 CD 唱片市场。

当前，国内外不少音乐网站和 App 都在经营 MP3 音乐作品，一些网站的 MP3 音乐作品多达千万首，远远大于卡拉 OK 歌曲的总量，所以，大众对音乐的了解和需求均高于 KTV 所提供的卡拉 OK 歌曲资源。如果哪位消费者认同缺歌现象是 KTV 的常态，那说明其知识面和音乐素养肯定要优于其他人。

三、MV 和 MTV

MV 是英文 music video 的缩写，意思是音乐录影带，实际上就是将音乐以电影手法拍摄呈现，然后用相应的设备如数字录像机等进行播放。MV强调的是音乐视频的概念，其内容完全可以数字化，当前已不拘泥于是否采用录像带为载体。

MTV 是英文 music television 的缩写，有三个含义：一是指全球最大的音乐电视频道，专门播放 MV 形式的音乐节目；二是指电视台播放的 MV 节目，此时，MV 已经发生了细微的变化，即在原始 MV 中添加了歌词字幕元素，便于大众欣赏记忆，但是此字幕非卡拉 OK 歌曲的字幕；三是指卡拉 OK 歌曲的画面版本，即在 MV 或 MTV 中添加了演唱使用的卡拉 OK 滚色歌词字幕。

MV 和 MTV 都是承载音乐作品的音视频文件，但它们都不是卡拉 OK 歌曲，此类音乐作品制作完成后一般送至电视台、网站进行播放，并没有考虑做成卡拉 OK 版本送到 KTV 供大众演唱。

如今，每天都有歌手推出新的歌曲 MV 作品，但是，电视台的资源有限，受众日益减少，所以，大量的 MV 作品开始转战音乐视频网站，并呈现出欣欣向荣之势。

四、卡拉 OK

卡拉 OK 歌曲按照画面分类，可分为很多类型，MTV 版本只是其中之一。MTV 版歌曲是以 MV 为原始素材制作而成的卡拉 OK 歌曲，但卡拉 OK 的诞生之日要早于 MV，所以，并非离开了 MV 就无法制作卡拉 OK 歌曲。

从版本的等级上看，MTV 版本的出现令卡拉 OK 歌曲发生了质的提升，变得更加丰富多彩，得到了消费者的认可和喜爱，也使得风景人物版和蓝底白字版的卡拉 OK 歌曲被边缘化，于是，歌曲提供商们使出浑身解数去收集 MTV 版本的歌曲，但由于能力不同，造成了歌曲库之间的质量差异。

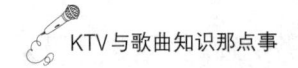

第二节　卡拉OK歌曲的滞后性

　　歌曲音乐格式的分类比较复杂，在此就不赘述了，因为去KTV的普通消费者不会从技术层面对卡拉OK歌曲进行分析，只要能在KTV里点唱到自己心仪的歌曲即可。不少消费者经常到KTV点唱自己通过其他渠道接触到的歌曲，并想当然地认为，在其他平台上能听到的歌曲也一定能在KTV里点唱，但是，很多时候都事与愿违。

一、卡拉OK歌曲是最高等级的音乐形式

　　为什么说卡拉OK歌曲是最高等级的音乐形式呢？这个结论是从音乐组成元素的数量上得出的。

　　CD和MP3是单元素音乐作品，只有音频，而且仅有原唱，没有视频，没有伴奏，没有字幕，自然是最简单的形式。两者的区别为载体不同，相比之下，MP3更为简单。

　　MV和MTV都具有音频和视频两种元素，而且视频制作起来费时费力，复杂程度远超演唱会版本歌曲。首先，拍摄MV要有脚本；其次，还需要一定的拍摄手法和剪辑技巧。MTV比MV更多一道工序，即需在MV的基础上添加歌词字幕，但是，歌词字幕的制作相对简单，与卡拉OK歌曲字幕有质的区别。MV、MTV与卡拉OK歌曲最大的区别是前两者不具备伴奏元素，与卡拉OK歌曲四元素相较，MV和MTV最多具备两个半元素。

　　卡拉OK歌曲必须具备原唱音频、伴奏音频、画面视频和特殊的卡拉OK字幕四种元素，无论各元素的质量如何，都应具备，缺一不可。所以，从音乐组成元素上看，卡拉OK歌曲的元素最多、最复杂，相对其他音乐形式而言，卡拉OK形式是最高等级的音乐形式。

二、卡拉OK歌曲的特殊性造成其具有滞后性

　　卡拉OK歌曲的滞后性主要缘于以下两个方面：

1. 客观条件的制约

制作任何一首卡拉 OK 歌曲，都需要以其他音乐形式为基础，如果没有其他形式的音乐素材，就没有卡拉 OK 歌曲，所以，卡拉 OK 歌曲必然存在滞后性。

同一首歌曲的 MTV 版本或其他版本的卡拉 OK 形式，一般来说都滞后于 CD、MP3 和 MV 等形式的发布时间，如果一首歌曲没有拍摄过 MV，也没有演唱会版本，就更需要琢磨是继续等待还是临时做一版先行使用了。正因为卡拉 OK 歌曲的组成元素最多，要想凑足四种元素，必然要花费较多的时间成本，而要想将四种元素优化至接近完美，更需要耗费时间。

2. 主观条件的制约

在制作一首卡拉 OK 歌曲时，由于歌曲提供方的主观能动性和资本投入等方面的差异，也会造成卡拉 OK 歌曲的滞后性。

每个卡拉 OK 歌曲供应商的学识修养和职业敏感度都不同，不仅主观意识差异巨大，在资源整合能力、技术投入和资金投入等方面也千差万别，这就产生了同一首卡拉 OK 歌曲有人优、有人劣、有人早上线、有人迟上线等现象，最终造成了歌曲库质量的巨大差异。

这两大因素交叉重叠，导致了歌曲库质量的差异、KTV 经营效果的差距和客人投诉内容的不同。

第三节 应对客人投诉歌曲缺失的方法

对于客人的投诉，不同的 KTV 会采用不同的应对方法，但是，如果没有掌握基本原理，就无法化解矛盾，平息争端，甚至会威胁到 KTV 的生存和发展。

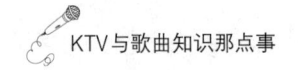

一、做出正确的选择

1. 选择好的歌曲供应商，降低投诉率

通过前面的介绍，想必大家都了解到卡拉OK歌曲组成的复杂性和制作难度，也了解到每首卡拉OK歌曲背后都隐藏着不菲的时间成本和经济成本，每首卡拉OK歌曲都来之不易。

从原理上讲，任何一首普通歌曲都可以被加工成卡拉OK歌曲，但不同的制作机构会呈现出不同质量的卡拉OK作品和不同的工作态度。

我们常用餐厅和厨师的关系来比喻目前KTV与VOD商之间的关系，意在强调卡拉OK歌曲和歌曲提供商的重要性。经营KTV就像开餐馆，KTV的投资经营者是餐厅老板，而不是厨师，要做好卡拉OK歌曲这道菜，就离不开负责烹饪的厨师——VOD商。

不同的VOD商所产出的歌曲库的质量不尽相同，就好比不同的厨师手艺各有高低，必然会造成菜品色、香、味、意、形的差异。如果KTV选择的"厨师"手艺不精，就得不到优质的卡拉OK歌曲，自然无法为客人提供高品质服务，反之亦然。

"大厨""名厨"料理出来的优质歌曲库，必然较少遭遇客人投诉。

2. 懂得原理，积极应对客人投诉

客人投诉问题需要KTV全员去面对、去解决。试想，一家餐厅如果没有厨师，只有经理、店长和服务员，那么在客人对菜品提出质疑时，该如何应对呢？所以，KTV一定要先深入了解自家歌曲库的品牌、质量及使用效果，做到心中有数，然后对员工进行歌曲知识培训，以应对客人提出的各种问题和投诉，而不是将投诉一股脑都甩给店长或经理。但是，即使KTV的经理、店长和服务员有天大的本事，也无法从根本上解决客人的投诉，只能临时应对，只有选对"厨师"，才是彻底解决客人投诉问题的根本之道。

3."厨师"角色的选择

从制作卡拉 OK 歌曲与向客人做解释工作的难度对比上看,好像向客人做解释工作相对容易一些,否则,KTV 可以不进行解释,立马制作一首卡拉 OK 歌曲来满足客人。如果真能达到这种服务水平,KTV 也不需要聘什么"大厨"了,完全可以将 VOD 商炒了鱿鱼,自行操刀。

实际上,KTV 应该自行承担"厨师"的角色,开餐厅嘛,肯定要有大厨,随时可以品尝菜肴,听取顾客的意见,及时进行改良。KTV 出售的是卡拉 OK 歌曲,如果连卡拉 OK 歌曲都不会制作,那岂不是将自己的命运完全交给别人,任凭别人摆布?早期的 KTV 都是自行采购 LD 大碟作歌曲源,既当老板也兼"厨师",但到了 VOD 时代,面对高科技、新技术,能胜任"厨师"角色的 KTV 越来越少,绝大部分 KTV 都依靠歌曲提供商来担任"厨师",开始陷入被动。虽然 KTV 也可变被动为主动,继续担任"厨师"角色,只是这么做的代价未免太大,每年的歌曲制作费高达 100 万元以上,可想而知,没几家 KTV 愿意承担。所以,绝大多数 KTV 还是愿意聘用 VOD 商为"厨师",这就更需要确认"厨师"的技艺水平了。

二、选择先进的加歌方式,及时添加歌曲

当前 VOD 商普遍采用云加歌的方式为 KTV 添加歌曲,KTV 要想保持活力,及时添加新歌,就必须保持网络通畅,为云加歌保驾护航。

云加歌是近几年兴起的一种新型服务方式,在以往的十几年里,都是 VOD 商委派专人背着书包上门服务,随着用户数量的增加、VOD 人员的减少和成本的增加,每月专人上门添加歌曲已经成为奢望,也不符合社会发展的规律,更无法满足 KTV 的经营所需。尤其是量贩式 KTV 的客人,天天都到 KTV 找新歌曲"尝鲜",如果不能及时补充新歌,想必客人投诉事件一定不少。

其实,云服务产生的费用与人工加歌服务产生的费用相差不大,如果 KTV 为了省点小钱,依然采用原始的人工加歌方式,那还不如干脆采用云

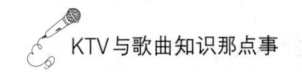

服务，因为云加歌服务不仅能提高场所的服务质量，减少客人投诉，还能减轻客服人员的工作压力，一举多得。相信客服宁愿面对网络，也不愿意面对怒发冲冠的投诉者，希望 KTV 的投资经营者能意识到这一点，并拿出真金白银，赶快实施。

三、及时反馈投诉歌曲，共同应对

1. 最大化地降低投诉

云歌曲服务可以满足绝大多数客人的演唱需求，但是，卡拉 OK 歌曲的制作和添加流程带来的滞后性却无法避免，即使 VOD 商再努力，面对每年数亿人次的演唱需求，也无法提前预知和满足每位客人的点唱需求，所以，缺歌投诉无法规避，只能尽量降到最低。

VOD 商不与客人直接接触，也就无法快速了解客人对歌曲的需求，但是，KTV 每天都会收到很多客人投诉的歌曲信息，如果每个 KTV 都能直接迅速地与歌曲提供商进行沟通，就能及时应对客人投诉，解决问题。当前这条通道尚未打通，需要经过歌曲提供商的渠道商或工程商中转，浪费了宝贵的时间，加之重新制作歌曲还需要一定的时间，所以投诉歌曲无法及时改善，必然会对 KTV 的经营产生影响。

当今乐坛每年都会出现一些突然爆红的热歌金曲，由于突发性很强，故需及时进行信息反馈，及时添加，这也是体现歌曲提供商实力和 KTV 服务诚意的好时机。

KTV 在短时间内将投诉歌曲的信息传递给歌曲供应商是解决客人投诉的积极态度和最佳方式，如果连信息都无法传递，那么歌曲制作更是无从谈起。纵观整个 KTV 行业，信息传递环节的缺失应引起重视，如果不能弥补这个缺陷，就无法最快、最好地满足客需，更无法降低客人投诉率。

2. 个性化歌曲的满足

有时个别客人出于特殊理由，会要求 KTV 提供一些比较冷僻的歌曲，这些歌曲知之者甚少，更没有卡拉 OK 版本，只能另行制作。其实，小众歌曲并不影响大多数客人的消费体验，KTV可酌情处理。

有时客人一掷千金，非要点唱自己心仪的歌曲，KTV应具体情况具体分析，以求实现利益的最大化。例如，曾有一位客人莅临某KTV娱乐，发现一首自己钟爱的歌曲点选不到，就与KTV约定，如果KTV能在三天之内将这首歌曲制作好，就充值50万元的消费卡。经过各方努力，这首歌曲真的在三天内被添加进了歌曲库中，客人点唱到了心仪的歌曲，兑现了约定，KTV也进账50万元，结局皆大欢喜。

3. 解决投诉的成本付出

无论是添加热门歌曲，还是客人"钦点"的特殊歌曲，KTV都要依靠歌曲提供商的支持，单靠KTV自己无法完成，就如同餐厅需要大厨来烹饪菜品一样，但是，餐厅请厨师总要支付薪水，歌曲提供商制作特殊歌曲也可以向KTV收费。凡是号称免费向KTV提供歌曲的供应商，其所提供的歌曲也许都是"方便食品"，既不会精心烹制，也不能保证歌曲质量和下载速度，遇到客人"钦点"时，更不会免费制作，或者压根就没有能力进行制作。

自行制作歌曲的费用不菲，大多数KTV都不愿承担，例如缺少伴奏，就要花钱制作伴奏，相信很少有KTV会自行花费1500元去制作一首歌曲的伴奏，宁愿流失一部分客源，也不会为了少部分人破财。就好比我们去餐厅点餐，菜单上的西红柿炒蛋、尖椒炒蛋、大葱炒蛋、苦瓜炒蛋等都不点，偏偏要点海蛎子炒蛋，此时，餐厅不会特地出去采购海蛎子回来炒蛋，宁愿流失这位客人。

如果KTV想最大化地满足客人的各种需求，就必须做好高成本预算的准备，绝不能认为可以花小钱办大事，因为歌曲供应商也不是万能的，也需要花钱去收集资源，尤其是那些特殊的歌曲资源。

四、更换歌曲供应商

目前，歌曲供应商可分为以下几类：

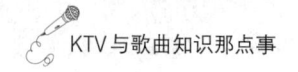

1.VOD 商

可以说，VOD 商是向 KTV 提供歌曲资源的最重要渠道，99% 的 KTV 都依靠 VOD 商提供的歌曲进行经营。

不同品牌的 VOD 商所提供的软件、硬件和歌曲库都不尽相同，不同品牌的歌曲库不仅存在歌曲数量上的差别，还存在质量上的差异，至于孰优孰劣，就需要 KTV 练就一双火眼金睛去鉴别了。

KTV 的投资经营者通过学习卡拉 OK 歌曲知识，练就火眼金睛，判断歌曲库的优劣，不仅能使自身经营的场所受益，还能使千千万万的消费者受益；如果 KTV 的投资经营者不学无术，随意选择歌曲库品牌，并强加给消费者，则会给经营和场所带来负面影响，导致投诉增加，客源流失。

VOD 商要想更好地服务 KTV 和广大消费者，就应在歌曲库建设方面有所作为，必须具备如下条件：

（1）要有专业的歌曲制作团队

VOD 商首先要有收集歌曲的能力，这种能力具体指直接与歌手对接，助力歌手将作品迅速落地 KTV，同时还应具备合法版权，用这种方法收集到的歌曲每月应达 500 首以上。拥有艺人资源和较高的制作水准，才能获得源源不断的歌曲，才能满足 KTV 的需求，才能更好地服务消费者，成为一名合格的 KTV "厨师"。

VOD 商不仅是卡拉 OK 歌曲的收集单位，还应具备制作卡拉 OK 歌曲的能力。这种能力不是指制作一两首卡拉 OK 歌曲的能力，而是每天制作数十首甚至上百首的能力。

一个专门收集、制作卡拉 OK 歌曲的团队，起码需要 20 名人员，低于这个人数，恐怕无法完成工作，无法高效满足消费者的需求。

（2）要有一定的资金投入

若要维持制作团队的运转，每年起码需要投入资金 500 万元左右，其中，歌曲伴奏的改造是最耗费资金的。当前还有大量的消音伴奏亟待整改，如果不投入资金，就无法令歌曲库日臻完美。巨大的资金投入需要广大 KTV 以缴纳各种服务费的众筹形式来支持，如果无人缴费，那么卡拉OK 歌曲改造工作就无法完成，如果每个 KTV 都献出一点爱，歌曲库质量的整体提升将指日可待。

（3）要有完善的云歌曲服务网

工欲善其事，必先利其器，要实现 KTV 的歌曲每日更新，就要搭建完善的云服务网络，这样才能吸纳新鲜血液，令消费者充分感受到新歌带来的快乐。

云的搭建有多种形式，但都需要一定的资金投入，不同的服务器种类也意味着不同的服务质量。如果 KTV 不了解这些信息，将服务器、网络和云服务混为一谈，也会对经营造成影响。

（4）要建立良好的反馈机制

要及时响应卡拉 OK 歌曲的相关投诉，就要建立起通畅的反馈渠道，尽快向 VOD 商反映问题，VOD 商才能根据 KTV 的具体需求及时制作卡拉OK 歌曲。如果时间紧迫，还可以支付费用加急制作，一切以满足消费者需求为先。

2. 其他的歌曲提供商

除 VOD 商之外，还有一些提供歌曲资源的商家，这些商家提供的卡拉OK 歌曲不仅服务于 KTV，也供给部分 VOD 商共享，因为有些 VOD 商没有专业的歌曲来源渠道和制作团队，只能从其他歌曲供应商处获取资源，然后再转手提供给 KTV 场所。此类商家在卡拉 OK 兴起之初还拥有一定的市场，随着云服务的普及，其市场份额逐年减少，日渐式微。

这类歌曲供应商有一个致命缺陷，就是与 VOD 系统脱节，无法直接使用云服务来满足 KTV 的需求，无法实现在线云点歌功能。KTV 只能先通过网络下载歌曲，然后再转存至歌曲库中，这就要求 KTV 具备相关的技术力量和人员，否则就会影响歌曲添加。

人工下载转存的方式不仅费时费力，还具有多种局限性，由于当前的卡拉 OK 歌曲已经不是一个简单的数据文件，还有评分等附加功能，这些

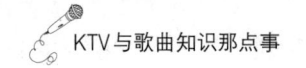

功能需要 VOD 商的技术加工才能实现，而此类歌曲供应商不具备该项技术和能力，自然就无法实现评分等附加功能。

此类歌曲提供商提供的歌曲文件不能实现 VOD 软件的功能调用，必须经过二次加工才能使用，但二次加工也需要专业人员才能完成，单靠 KTV 的网管人员无法实现。

当前此类歌曲提供商的地位尴尬，收入微薄，除上述原因外，还缘于其所售卖的卡拉 OK 歌曲不能加密，卖至一家后，无法保证不被复制转卖，所以，它们未来的发展前景着实堪忧。

如果此类歌曲服务商没有固定、铁杆的 KTV 群体做支撑，就无法巩固品牌地位，更无法将歌手的作品迅速落地，自然无法吸引艺人资源，长此以往，必然会走向衰落。

3. 版权歌曲提供商

有些歌曲的权利人也会以歌曲服务商的身份向 KTV 提供卡拉 OK 歌曲，但是，其局限性与上面提到的其他歌曲资源提供商差不多，歌曲权利人提供的卡拉 OK 歌曲数量有限，缺少技术支撑，服务面狭窄，仅依靠版权优势提供卡拉 OK 歌曲获利甚微，只有将版权歌曲提供给 VOD 商，才能最广泛、最快捷地宣传自己的作品，使利益最大化。

卡拉 OK 歌曲的收集和制作是一项复杂的工作，并没有想象中那么简单，无论业界人员如何努力，都会因主观、客观原因产生一定的滞后。虽然所有的 KTV 都希望拥有一套强大的歌曲库，但愿意为之付出资金投入者却寥寥无几，这就令歌曲库的优化遥不可及。如果无法打破此局，就会使歌曲库存在的问题日益恶化，从而影响整个 KTV 行业的发展。

如果每家 KTV 每年能拿出 5000 至 10000 元来完善歌曲库，那么建设完美歌库的目标很快就能实现，不仅可以及时满足消费者的各种需求，KTV 还能从中获利。可惜的是，当前没有几家 KTV 能有这种觉悟，都想吃大锅饭，当"伸手党"，谁都不愿意掏钱聘请好"厨师"。如果 KTV 行业是一个品牌餐饮连锁店，菜单常年不更新、不创新，恐怕众食客早就吃腻了，试问这样的 KTV 行业还能继续生存和发展吗？

这个问题令人"细思极恐"，如果 KTV 行业还不觉悟，相信未来几年，整个行业的境况还会持续下行，连一个以卡拉 OK 歌曲为经营基础的行业对歌曲都不予重视，还指望未来的发展能好到哪里去吗？VOD 商作为最重要的歌曲提供商，也只是凑合为 KTV 服务，或者采取坑、蒙、拐、骗的手段提供"服务"，如果 KTV 和 VOD 商都专门利己、毫不利人，不为消费者着想，那么整个 KTV 行业还能有什么希望呢？

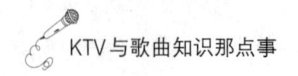

第十五章
中国歌曲三条线　融合发展永不断

当前 KTV 使用的歌曲库中约有 20 万首歌曲，这些歌曲绝大部分的诞生时间都集中在近百年间，而且在此期间所产生的歌曲远远不止 20 万首，由于制作卡拉 OK 歌曲的成本很高，所以只能选择性地将最精华、最经典、受众认知度最高的歌曲制作成卡拉 OK 歌曲。这 20 万首歌曲，堪称百年音乐之精粹。

中国文化历史悠久、博大精深，音乐文化作为中国文化的一个子集，同样源远流长。KTV 行业的从业者应对中国的音乐文化有所了解，毕竟干一行爱一行，干一行也要懂一行。如果对中国的音乐文化一无所知，却又投入大量的资金做着与音乐紧密相关的事业，则无异于在冒险，做风险投资。

KTV 作为以歌曲为主要经营对象的企业，同时也在经营着音乐文化，所以，KTV 的投资经营者应具备一定的音乐文化素养，不仅对自己的事业有所助益，还能惠及 KTV 和消费者，因为大家都在围绕音乐文化进行经营和消费活动。为了使 KTV 的投资经营者捋清思路，更好地认识中国音乐文化的精髓，下面我们将歌曲库中的歌曲按照年代的发展脉络做一个简单的梳理。

目前，歌曲库中储存的大部分歌曲为近 40 年创作的作品，40 年前的歌曲缺失较多。KTV 作为中国音乐文化的传播和传承平台，应尽可能地挽救经典歌曲，不令其失传，毕竟总会有人怀念经典，即使无人点唱，典藏起来也是对中国音乐史的尊重和缅怀。

第一节　中国歌曲的三条发展主线

当前歌曲库中收纳的歌曲以中文歌为主，约占 90%，所以，我们先将近 100 年来中文歌曲的发展史搞清楚。

一、区域划分法

1. 区域的划分

在中国领土内创作、流传并使用中文书写和汉语发声的歌曲都属于中文歌曲，按照该原则，我们可将中文卡拉 OK 歌曲的产生地划分为：中国内地（大陆）、中国香港和中国台湾三个区域。下面按照三个区域中音乐文化各自的发展态势进行描述，反映总体的音乐文化发展进程。

2. 三个区域的相互融合

三个区域内的近现代流行音乐史如果分别计算，都不足 100 年，只有相互融合，才能延伸至百年。三个区域中的歌手早期没有重叠，近 10 年来，歌手的从业地和作品的创作地开始大幅度重叠。

众所周知，很多歌曲都有被传唱、翻唱、改写的情况，随着时代的发展和文化的交流融合，三个区域内的歌曲发生跨区域传唱、翻唱、改写的现象已屡见不鲜，所以，一些歌曲不只出现在某一特定区域内，而是会交叉相融。

3. 三个区域音乐文化的发展特点

（1）继承性

全国各区域内的音乐作品异派同源，通过互相借鉴，彼此传承，共同发展，构成了中国流行音乐的发展总线条，也为 KTV 使用的卡拉 OK 歌曲库提供了丰富资源，所以，切不可将其割裂，必须认可歌曲之间的继承关系，将其作为一个有机整体，宏观全面地进行分析。

（2）多样性

尽管三个区域内的音乐文化相互融合，但在其各自的发展过程中，都

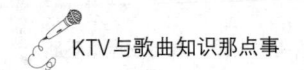

有自己的特性。这种特性时而平行，时而交叉，但是，没有完全被同化，具有明显的特性。

（3）发展性

由于人口流动和文化同根等原因，三个区域中的音乐文化也在不断各自发展，在不同的时代背景下，具有独特的人文特色，最终在当下实现了最大程度的融合及共同发展。音乐文化的发展传承是由人民群众推动的，三个区域内大众的文化差异越小，文化融合发展的可能性就越大，只有广受大众喜爱的音乐形式和音乐元素，才能被继承和发展，才能经久不衰。

第二节　中国内地（大陆）歌曲的发展史

一、1949年以前歌曲的发展情况

1. 学堂乐歌和艺术歌曲的兴起

谈及中国的近现代音乐发展史，就不能不提到新文化运动的先驱李叔同。他1905年留学日本，在音乐、书法、绘画和戏剧方面都有很深的造诣。1912年，李叔同回国并于浙江省立第一师范学校任教，每到下午四点，他创作的经典歌曲《送别》就响彻整个校园。这首歌曲的曲调取自约翰·P.奥德威作曲的美国歌曲《梦见家和母亲》，后被李叔同填上了富有中国诗意的歌词，该曲虽然是"选曲填词"，但其意境、诉求与"五四"之后的文化精神高度统一，所以迅速在青年学生中流传开来，成为至今仍被传诵的经典毕业歌曲。

类似于《送别》这种取自西方优秀音乐作品的曲调，再以中文填词，并在学校和青年学生群体中广为流传的歌曲被称为"学堂乐歌"。学堂乐歌的出现不仅为中国青年普及了西方音乐，而且还标志着中国专业音乐教育的开始，学堂乐歌作为区别于中国传统曲艺的新样式，掀起了一场中国近现代音乐史上的启蒙运动。被称为中国第一首学堂乐歌的《男儿第一志气高》，最初传唱于20世纪初的上海南洋公学附小，作者是有着"学堂乐歌之父"之称的沈心工。沈心工针对中小学生及学前儿童的特点，以接近口语式的新词编写了一批质朴、隽永的乐歌作品。

"五四运动"爆发后，西方文化正式全面涌入，学堂乐歌逐渐被正统的西洋音乐所取代，艺术歌曲的时代随即到来。这个时代的歌曲完全由中国人自己作词、作曲，如《教我如何不想她》创作于20世纪20年代，歌词取自新文化运动的先驱、语言学家刘半农先生在伦敦留学时创作的一首白话诗，这首诗看似一首情诗，实则寄托了海外游子对祖国的眷恋和思念；作曲家则是被誉为"中国舒伯特"的中国现代音乐先驱赵元任。与学堂乐歌"借曲填词"的创作方式不同，赵元任多选用文坛巨擘胡适、刘半农、徐志摩等人创作的新诗，借由歌曲抒发"五四青年"大胆追求恋爱自由、个性解放的激情与决心，如《海韵》《听雨》等，这些作品虽然没有昂扬激烈的曲调，但挖掘了当时国人的内心情感，也是一种突破和创新。

2. 流行音乐的发源

中国流行音乐的发源地是上海，自1843年11月17日正式开埠后，外国人口、商品纷纷涌入，西风东进，东西方文化开始交融。1908年，法国人乐浜生在上海成立了东方百代唱片公司，随后，胜利、高亭等具有外国背景的唱片公司纷纷登陆上海。最初这些唱片公司灌制的唱片以各地地方戏曲为主，但已无法满足上海市民日益增长的精神文化需求。

1915年，陈独秀、胡适等人倡导的"新文化运动"唤醒了湖南湘潭的黎锦晖、黎锦光两兄弟，他们认为用音乐也可以启迪国人的思想，于是开始倡导"新音乐运动"并付诸实践。1927年，当时被称为"时代名曲"的中国第一首真正意义的流行歌曲诞生了，这就是由黎锦晖作词作曲，其女儿黎明晖演唱的《毛毛雨》。这首歌曲一经推出就引起了轰动，开启了流行音乐创作的先河。

随着电影事业的发展，电影插曲一度成为当时流行歌曲的主力军，如至今大家都耳熟能详的流行金曲《夜上海》《天涯歌女》《四季歌》等。

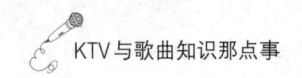

这一时期，除了一些被称为靡靡之音的鸳鸯蝴蝶派作品外，还出现了激昂铿锵的救亡歌曲。

3. 左翼救亡歌曲的出现

1937年，抗日战争爆发，全国上下掀起了轰轰烈烈的抗日救亡运动，音乐家们的创作风格也突然转型，一时间，涌现了很多保家卫国、反抗侵略者的经典佳作，经典歌曲《长城谣》和《松花江上》便诞生于这个时期。与此同时，革命圣地延安刚刚成立的鲁迅艺术学院也吸引了一批"国统区"的艺术家，其中不乏音乐专业人才，如李劫夫（代表作《我们走在大路上》）、王莘（代表作《歌唱祖国》）、刘炽（代表作《我的祖国》）、冼星海（代表作《黄河大合唱》）等人，这些音乐家创作的大量抗战歌曲传遍了中国的每一寸土地，鼓舞和激励着苦难的中国人民。

二、1949年以后至改革开放前歌曲的发展情况

1. "文革"前歌曲的发展情况

新中国成立后，历经战火的中华大地重新焕发了生机，我国的音乐创作者们也纷纷积极投身于社会主义新音乐文化的大潮中。1949年10月1日至1966年"文革"开始前的这段时间创作的歌曲题材广泛，感情表达多样，从抗美援朝到社会主义建设，甚至爱情主题也经常出现，可以说是一个音乐创作的高峰期，留下了不少经典歌曲，如《歌唱祖国》《我的祖国》等一批饱含浓烈爱国情怀的歌曲，至今仍被传唱。目前歌曲库中存有不少这一时代的歌曲，多为电影插曲。

2. "文革"期间歌曲的发展情况

"文革"10年（1966年—1976年）间，音乐文化备受摧残，创作受限，艺术家被戕害，很多优秀歌曲也被当作"毒草"连根拔除，最终只剩下9个样板戏（京剧《智取威虎山》《海港》《红灯记》《沙家浜》《奇袭白虎团》《龙江颂》《杜鹃山》，芭蕾舞剧《红色娘子军》和《白毛女》），还有各地围绕这些样板戏改编的地方戏曲，再加上几百首颂歌、毛主席诗

词所谱就的歌曲和一些电影插曲,可以说,"文革"期间的歌曲翻来覆去就那么几首,老幼妇孺闭着眼睛都能唱上几句。当前卡拉 OK 歌曲库中仍存有不少这一年代的歌曲,这些歌曲才是真正意义上的"红歌"。

3.1978—1996 年歌曲的发展情况

1978 年改革开放后,"文革"时期被批判的歌曲、戏曲艺术家都得到了摘帽平反,音乐园地如同久旱逢甘霖,枯木又逢春,群众开始再次传唱"文革"前的音乐作品;同时,艺术家们的创作热情高涨,开始吸收国外音乐元素,探索新型唱法,涌现了新中国成立后第一代流行歌手和大量脍炙人口的经典作品。很多歌曲被传唱至今,这些歌曲在当前的歌曲库中占有重要位置。

20 世纪 70 年代末,流行唱法刚刚诞生在这片冰封已久的土地上,便遭遇了巨大争议。1979 年,李谷一演唱的歌曲《乡恋》被定性为"靡靡之音",直到 1983 年春晚,才被解禁。

随着改革开放步伐的加快,中国社会发生了翻天覆地的变化,流行音乐文化无论是内涵、风格还是思想观念、表现手法,都发生了巨变。

坚冰既已打破,音乐创作也进入了空前繁盛期,以现实主义创作手法为基本特征的流行歌曲更加贴近生活、贴近大众、贴近实际,充分反映出人们在现实生活中的切身感受和精神世界,呈现出人性化与世俗化的特点,如京津冀"三张"(北京的张蔷、上海的张行和天津的张蝶)的作品《月光迪斯科》《迟到》《成吉思汗》等。在表演方面,李谷一、苏小明等歌手也开始尝试运用自我认定的通俗唱法来演绎歌曲。80 年代中后期,随着《让世界充满爱》和《一无所有》的诞生,标志着中国流行歌曲开启了新纪元。从此,歌曲创作开始突破固有的题材范围,涌现出一批引人注目的社会性题材作品,体现了当代青年特有的时代观、爱情观和价值观。随后兴起的以《信天游》和《黄土高坡》为代表的"西北风"歌曲更以粗犷浑厚、质朴奔放、独具浓郁的地方特色俘获了大量歌迷,成为流行音乐的主流,彻底扭转了歌坛严重港台化的倾向,古老而原始的民族曲调与西方现代作曲

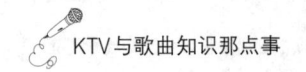

技法融为一体，为歌坛的发展注入了新的活力。整个80年代是歌坛觉醒的年代，这一时期的流行音乐超出了大众的娱乐需求，多维度地反映了社会形态和民众的精神诉求，承担起了重要的社会功能。

进入90年代，随着经济的高速发展，歌坛在歌曲创作方面又开始了新拓展，古典、通俗、民族被融于一体，整体创作水平又上了一个新台阶。歌手个人专辑的出现标志着版权意识的觉醒，歌曲发行体制日臻完善，刺激了音乐人的创作热情，一时间，大量优秀歌手和个人专辑如雨后春笋般纷纷涌现，令人目不暇接，不少歌曲成为后来华语乐坛的永恒经典，如刘欢的《亚洲雄风》、李春波的《小芳》、杨钰莹的《轻轻地告诉你》、老狼的《同桌的你》、那英的《雾里看花》等等，这些歌曲旋律优美，易于传唱，且具有鲜明的原创性，彰显了创作者强烈的个人特色和主观意图。无论题材、音乐形象，还是旋律、节奏、配器都发生了质的飞跃，极大地拓展了音乐表现空间。

这一时期的歌曲大多被完好保存在KTV的歌曲库中，尤其是春晚开播以来，历届晚会出现的歌曲都被收录库中。这一时期堪称中国流行音乐的第二春，音乐风格更加多元，唱片公司与艺人签约制盛行，唱片大量发行。广播电台、演唱会、流行音乐排行榜、流行音乐颁奖礼等一系列新事物的出现，为流行音乐的蓬勃发展提供了条件，随后，乐坛进入了互联网音乐时代。

三、现阶段歌曲的发展情况

千禧年后，音乐创作出现了大幅滑坡，旋律朗朗上口，内容言之有物，流行面积覆盖全国的歌曲越来越少，更多的是以手机彩铃为代表的口水歌。这些歌曲曲调简单，歌词直白，亲和力强，好学易唱，如第一代网络歌手代表杨臣刚的《老鼠爱大米》、庞龙的《两只蝴蝶》、香香的《猪之歌》等，不过这些歌曲的生命周期短，淘汰率高，很快就被受众抛之脑后，红遍大江南北的经典歌曲越来越罕见。

近 10 年，歌曲的内容和风格都发生了很大变化，不仅继承了原生态的音乐元素，还吸纳了其他国家、民族、流派的曲风，各种音乐传播平台的不断建立和壮大，为音乐人带来了无尽的创作激情。电视台和各大网站的综艺节目成为新的"造星工厂"，一大批新生代歌手、音乐人和厂牌唱片公司不断涌现。目前，我国的独立音乐人已达 10 万之众，他们创作和翻唱的歌曲在当前 KTV 普遍使用的歌曲库中占据了主要地位。

在当前的歌曲库中，中国内地（大陆）近年来创作的歌曲数量最多，并且每年都在攀升，已远超港台地区的歌曲数量，说明音乐文化的兴起和大众对歌曲风格、内容的兴趣发生了转移。

第三节　中国香港地区歌曲的发展情况

香港的历史大家都很清楚，虽然香港并非中国流行歌曲的发源地，但其后续发展却不可小觑。

一、早期歌曲

1. 1840—1949 年

香港在鸦片战争前只是一个偏僻的渔村，人口稀少，无法产生独立的音乐文化。鸦片战争后，香港先后被英国和日本强占，又因其独特的地理位置，成为战时人们前往海外的中转站，形形色色的人们纷至沓来，香港的人口逐渐增长，形成了独具特色的混杂文化。

这个时期的香港主要流行传统粤剧的过场小调，也被称为"K 歌"，这些"K 歌"简单明了，朗朗上口，可惜没有得到广泛流传。

2. 1949—1974 年

从 20 世纪 50 年代开始，香港成为许多知识分子南下的首选之地，文化和艺术空前繁荣，中国早期的国语流行歌曲也被带到了香港。"K 歌"为了迎合新移民的语言习惯和审美，逐渐开始变化，祖国各地的民歌也在

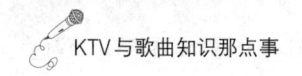

香港"入乡随俗",变种为"粤曲"。

随着香港电影的崛起和西方乐队文化的冲击,粤语歌和专业歌手随之诞生。1967年,"六七暴动"引发的社会反思机缘巧合促使音乐人开始创作描述社会现状的歌曲,粤语歌逐步脱离了电影附属品的范畴,开始迅速发展。

在香港初代歌手泰迪·罗宾风靡的时期,香港歌曲以英文歌曲和电影主题曲为主,尚未形成以粤语歌曲为主的流行音乐体系,所以,该时期的歌曲,在当前KTV的歌曲库中存量很少。

二、粤语歌的出现

除了欧美音乐外,以邓丽君的作品为代表的台湾流行音乐也曾在香港风靡一时,极大地刺激了粤语歌曲的创作者。

1974年,以许冠杰创作的《鬼马双星》为标志,粤语歌坛的序幕被正式开启,一改过去乐坛以英文歌为主导的局面,且一发不可收拾。恰巧,同在1974年,香港电视剧同名主题曲《啼笑因缘》风靡全港,《鬼马双星》和《啼笑因缘》的双双成功,使粤语歌曲的地位发生了根本性变化,这两首歌曲不仅振奋了香港乐坛,也为日后粤语流行歌曲的创作"炸"出了一条大道,此后无数音乐人前赴后继,开始挖掘属于自己的时代。所以,1974年是粤语流行乐的元年,意义重大。当前KTV歌曲库中存留的粤语歌曲,基本上都是1974年以后的作品。

三、"谭张争霸"

"二战"后"婴儿潮"中出生的孩子们逐渐成长为青葱少年,他们已经不再对粤剧和"国语时代曲"感兴趣,也不再以唱英文歌为傲,随着60年代"披头士"的流行,香港的年轻音乐人纷纷开始组建乐队,争相发出"香港自己的声音"。

1968年,一名热爱音乐的文具店店员与陈友、彭健新、叶智强、陈百祥、陈百燊组成了一支乐队，他们在参加音乐比赛失败后恰巧于门口捡到一张"Loosers"乐队的报名表，又以该表再次参加了比赛，结果出人意料地获得了冠军，于是就沿用了"Loosers"的名称。1971年，小有名气的"Loosers"乐队解散。两年后，这名年轻人又和陈友、彭健新、叶智强组成了"温拿乐队"。在经理人的撮合下，钟镇涛也加入了他们，这五人被并称为"温拿五虎"。"温拿五虎"凭借时尚的曲风迅速俘虏了各阶层和年龄层的歌迷，成为席卷整个东南亚获奖无数的金牌乐队，这个当年名不见经传的年轻店员就是日后被大家尊称为"谭校长"的香港流行乐坛殿堂级音乐人谭咏麟。

70年代中期，谭咏麟开始尝试独立创作，虽然他的作品中带有德永英明、芹泽广明等艺术家的深刻印记，但组乐队出身的谭咏麟却不失为一个多产的音乐创作人。他的作品《雾之恋》《曾经》《痴心的废墟》也可圈可点，达到了一定的艺术高度。

此时的张国荣刚从英国留学归港，参加了电视台举办的歌手大赛，开始崭露头角。不过，他的演艺之路并不顺畅，一路跌跌撞撞，直至7年后才凭借粤语歌《风继续吹》和 Monica 在香港乐坛获得了一席之地。刚熬出头的张国荣随即跌入了娱乐圈的八卦漩涡，这时开始有媒体有意无意地将他与风头正盛的歌坛前辈谭咏麟相提并论，刻意制造了"谭张争霸"的火爆公案。虽然两位殿堂级歌手从未表现出不和，但自1984年开始同台领奖，争夺"最佳男歌手"等奖项起，两方歌迷就开始了旷日持久的口水大战、肢体冲突，甚至流血事件。这也从侧面说明谭张二人确实具有超凡的偶像魅力及当年香港乐坛的繁盛与疯狂。

虽然谭咏麟和张国荣一直都被人们作为对立面来解读，但从另一种意义上看，"谭张争霸"将香港流行乐坛推向了巅峰。

四、"四大天王"

20世纪80年代不仅是粤语流行歌曲百花齐放的时代，也是香港乐坛的全盛时期。很多人虽然不懂粤语，但也会跟随潮流，欣赏粤语歌曲

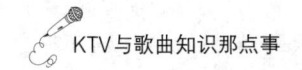

并进行模仿演唱。许冠杰、徐小凤、关正杰、罗文、林子祥、谭咏麟、张国荣、陈百强、梅艳芳等人雄霸80年代的香港乐坛，堪称那个时代的乐坛巨星。

不过，"香港只有娱乐圈，没有乐坛"，1992年，随着"四大天王"的出现，更佐证了这句话的现实意义。"四大天王"指90年代香港四位最受欢迎的男歌手，分别是：张学友、刘德华、黎明和郭富城。随着"谭张争霸"结束，香港乐坛出现了真空期，以张学友、刘德华等年轻歌手为代表的新人开始在歌坛脱颖而出，香港乐坛又迎来了新时代。

"四大天王"于1992年被命名后，很快就得到了大众的广泛认可，影响力迅速波及全国甚至整个亚洲。四人虽然影、视、歌多栖发展，但竞争焦点还是集中在音乐方面，他们几乎垄断了90年代香港乐坛的所有奖项，共举办超过1600场个人演唱会，正版唱片销量破一亿张。每年香港四大音乐颁奖礼期间，"四大天王"的歌迷们就开始口水横飞，为自己的偶像拉票，也使中国内地诞生了第一批真正意义上的"追星族"。歌迷们为偶像做出许多疯狂的举动，各式各样的明星周边产品开始出现并热销，"四大天王"的唱片、磁带、海报、贴纸、卡片均被抢购，四人的穿着、发型、声线也被无数人模仿。直至1999年年底，张学友和黎明宣布退出香港音乐颁奖礼，不再领取任何奖项，宣告了"四大天王"音乐时代的结束。

那是一个最好的时代，也是一个最坏的时代，"四大天王"创造了香港娱乐史上最辉煌的流行元素，造就了歌坛的垄断局面，也制约了香港乐坛百花齐放的多元化发展。但无可否认的是，这正是香港娱乐圈黄金时代的象征，"四大天王"将香港娱乐业推向了最高峰。

五、"第五天王"

随后，无论媒体和娱乐圈如何鼓噪"新四大天王""四大天王接班人""四小天王"，张学友、刘德华、黎明、郭富城这四人的地位都没有被撼动，直至四人的重心逐渐偏离歌坛，那些所谓的"接班人"依然默守在历史的角落，没有再现"四大天王"当年的辉煌。

只有被称为"第五天王"的李克勤唱功超群，与谭咏麟成立组合"左麟右李"，横跨 80、90、00、10 四个年代，依然在各大颁奖礼上风光无限，堪称真正的乐坛"常青树"。

六、走向衰败

千禧年后，香港乐坛逐渐式微，虽然许多新生代歌手在香港街知巷闻，在内地却无人知晓，如麦浚龙、王菀之等人，颁奖礼上新人辈出，但内地民众已不再关注，香港乐坛再难重现八九十年代的辉煌。再加上韩流、日风的冲击，粤语歌坛明显力不从心，音乐人创作乏力，歌手青黄不接。上层建筑的岌岌可危，实则缘于经济领域遭遇的重创，由于互联网的冲击和香港经济的衰退，香港乐坛失去了一家独大的往日风光，华语乐坛的重心也开始由香港转移至内地。

七、粤语歌曲发展的原因

1. 语音为粤语歌曲的流行提供了土壤

粤语歌曲由少到多，逐渐占据了香港乐坛的垄断地位，主要缘于当地大多数人都讲粤语，用不擅长的语言来进行音乐创作是很困难的，人们不可能为了创作歌曲而去学习另一种语言。

2. 歌手不断诞生

（1）粤语歌手的诞生

"六七暴动"后，香港政府积极推动文化娱乐活动，为无所事事的青少年们提供娱乐渠道，一时间，民间乐队层出不穷，随着电视的普及和欧美流行文化的渗透，专业音乐人不断涌现，出现了以第一代"歌神"许冠杰为代表的一大批殿堂级歌手。后期重量级歌手也不断涌现，作为"四大天王"之一的张学友，如今虽年逾花甲，但依然活跃在音乐舞台上。

（2）歌手的发展路线

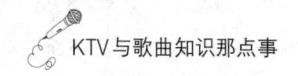

香港歌手很多都是"两栖"或"三栖"的多面手，不仅擅长演唱，还可以表演，出演影视剧和舞台剧等，一专多能，对内地歌手产生了极大的冲击和影响。

香港歌手虽然业务广泛，但毕竟市场有限，仅靠香港弹丸之地无法施展拳脚，所以，不少粤语歌手开始尝试演唱国语歌，并向内地市场渗透，越来越多的香港艺人前往内地"捞金"，无论其普通话发音是否标准，无论其业务能力如何，都取得了一定的成绩。因为名头大，资历深，内地流行音乐发展相对滞后，音乐形式和内容表达长期遭受束缚，故被香港歌手反超，就好像中国足球一样，虽然人口众多，但真正会踢球的没几个，或根本无法出头。

3. 运作经验的逐步成熟

由于香港的体制和位置特殊，吸纳和学习外来音乐理念与歌手包装经验更为便利，所以，纳众家之长，逐渐形成了自己的特色。

一些内地歌手因缘际会，有幸赴港发展，也取得了不俗的成绩，譬如广受欢迎的女歌手王菲，这也说明香港早已具备包装推广歌手的一系列成熟经验和行之有效的方式方法。

4. 文化的包容性

20世纪70年代，创作歌手许冠杰的代表作《鬼马双星》开启了用白话创作歌词的先河，这种以市井人物为主角，讲述底层人民生活的白话歌曲一度成了粤语流行曲的主流。另外，填词歌曲、翻唱歌曲、爱情歌曲、武侠枪战等题材的影视作品主题曲占据了香港乐坛的半壁江山，在情歌包装下讲述对社会现状的思考及表达政治理想的歌曲也屡见不鲜，可以说，香港乐坛十分包容、多元。

在当前的歌曲库中，香港歌曲的总量在万首以上，包括粤语、国语、英语等多语种歌曲。

第四节　中国台湾地区歌曲的发展情况

台湾的音乐文化发展与香港有相似之处，但又不完全相同，就其对乐坛的影响而言，似乎有过之而无不及。

一、殖民时代

自中日《马关条约》签署后，台湾就被割让出去。在日据时期，台湾流行的音乐主要为传统民歌南管、北管、歌仔戏和被称为"那卡西"的日本风格音乐及中国大陆流行的"时代曲"。

二、民国时期

1945 年，日本投降后，国民党接管了台湾，随着解放战争的快速推进，国民党已经做好了向台湾退守的准备。1949 年，国民党残余势力全面向台湾转移。此时，台湾社会尚不稳定，经济秩序还没有建立，发源于中国大陆的流行音乐被带到了台湾，并且成为主流音乐。这一时期流行的"时代曲"依然是周璇、白光等旧上海歌星的歌曲及一些日本歌手的作品。

三、民谣的兴起

台湾民谣又可分为传统民谣与创作歌谣。传统民谣指开拓台湾这片土地的人们创造出的体现风土人情、社会变迁及生存状态的歌谣，虽然作者已不可考，但随着岁月的流逝却常唱常新，弥足珍贵，比如《天黑黑》《一只鸟仔哮啾啾》《丢丢铜》等。2000 年，新加坡歌手孙燕姿推出的歌曲《天黑黑》就是流行乐与古老民谣的有机融合，获得了歌迷和市场的肯定。

20 世纪 70 年代，台湾进入了最动荡的年代，虽然当时的台湾经济开始起飞，人们的物质生活得到了极大改善，但随着"保钓运动"、退出联合国、蒋介石去世等重大事件的冲击，台湾民众的意识形态发生了巨大变化，知识分子群体掀起了"反对崇洋媚外，争取自立自强"的民族主义风暴。

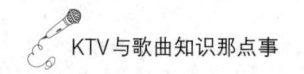

紧跟社会思潮的脚步，文艺思潮随之而来。1975 年，"台湾现代民谣运动"在台湾大学生杨弦的发动下，如火如荼地展开了。杨弦认为"西洋现代民谣的传入已有多年，由于文化差异，总感觉有一层隔阂"，他主张普及一种节奏鲜明、旋律轻快并可与西洋现代民谣媲美的新民谣，同时又区别于艺术歌曲和流行歌曲，这就是"将现代诗用旋律来传达表现"的创作歌谣。1976 年，青年学生歌手李双泽在淡江大学向观众席扔掷可口可乐，并大喊"我们要唱自己的歌"，正式拉开了台湾现代民谣运动的序幕。

校园民谣歌曲的出现，改变了台湾流行歌曲过去的旧面貌，通过纯朴的旋律将富有文化韵律的歌词传递出来，提高了流行歌曲的文化属性，使流行音乐由娱乐层面升华为被赋予文学内涵的更高层次，增加了流行歌曲在发展中的归属感与文化认同感特性。

这场运动激发了无数年轻音乐人的创作热情，启蒙了台湾当代流行音乐，也制造了永恒的集体回忆。脱胎于此的齐豫、潘越云、蔡琴、李宗盛、罗大佑等音乐人及其开创的台湾新流行音乐开始风靡华语乐坛，也为陈绮贞、苏打绿、雷光夏、韦礼安等新一代音乐人的创作注入了养分。

这一时期的很多歌曲也被当前 KTV 的歌曲库所收录。

四、台湾闽南语歌曲

在 1945 年之前，台湾音乐几乎全是闽南语歌曲和日文歌曲的天下，国语歌曲十分少见。随着 1917 年日本禁令的打破和电影默片的兴起，众多优秀的创作者们文思如泉涌，通过"野戏台"和酒家女的传唱，开创了闽南语歌曲的新天地。1932 年，以詹天马先生为电影《桃花泣血记》创作的宣传歌为标志，此类歌曲的创作和流行进入了黄金期。这时期产生的经典作品如《补破网》《望春风》《港边惜别》等不但历久弥新，还成为 90 年代老歌翻新的重要素材，直到 1997 年，R&B 歌手陶喆依然对《望春风》念念不忘，将其重新编曲，以蓝调节奏重新演绎，使这首歌曲重新焕发光彩。

台湾闽南语歌曲也被大量收录进了当前 KTV 的歌曲库中，总数约 5000 首，但是，很多歌曲的画面版本不佳，让本来就小众化的歌曲更难得到广泛传播。

五、国语歌

1945 年以前，台湾民众使用的语言主要是日语和台湾地方语言，直到国民党政府迁台后，国语和国语歌曲才逐渐流行开来。不过 50 年代是台湾流行国语歌曲的"翻版时代"，风靡宝岛的歌曲几乎都是居住在香港的音乐人姚敏的作品，比如今天大家还耳熟能详的《春风吻上了我的脸》《情人的眼泪》《小小羊儿要回家》等。60 年代，台湾唱片公司开始有意识地培养本地音乐人，产生了一大批具有划时代意义的词曲作者，如庄奴、左宏元、刘家扬、孙仪等，他们的出现使国语歌坛重现生机。词坛泰斗庄奴和邓丽君这对黄金组合更是为华语乐坛留下了一段段佳话，也为广大歌迷留下了大量脍炙人口的佳作。

六、翻唱歌曲

虽然创作人才层出不穷，但翻唱之风在台湾却依然盛行，70 年代不少唱片公司的老板专做盗版，买一张日本唱片，重新填上中文歌词，就成了中文流行歌曲。如果歌曲大卖，唱片公司的老板们就赚得钵满盆满；如果失败，就跑路躲债。同时，翻唱西洋歌曲也是当时的歌曲"创作"主流之一，著名歌手黄莺莺和苏芮虽然名噪海峡两岸，歌迷众多，但她们也是翻唱歌手出身。

七、唱片工业化后的台湾乐坛

20 世纪 80 年代，台湾经济开始腾飞，为娱乐事业的发展奠定了物质基础。台湾流行乐坛也形成了创作、制作、策划、营销一整套完整的运作体系，创作初衷也由自娱自乐变成了有目的的商业行为。

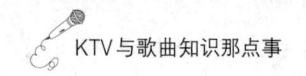

这时，台湾民歌与流行歌曲的界线不再分明，各大唱片公司纷纷开始"造星运动"，歌本位迅速被偶像所取代，这时的音乐类型已经成为塑造歌手人设的工具。不过这一时期却是台湾乐坛的繁荣时期，从民谣运动中走出来的音乐人和歌手开始了新的创作征程，各种偶像组合、极具个人特色的偶像歌手、乐团、情感代言人等轮番上场，如华人偶像组合鼻祖"小虎队"、"忧郁浪子"王杰、创作乐团"红蚂蚁合唱团"、女性情感代言人李宗盛等，他们不仅给歌迷带来了一曲曲难忘的经典之作，也给卡拉OK歌曲库留下了大量的音乐财富。

90年代台湾歌坛进入了空前繁盛期，艺术流行曲让位给热门金曲，使整个台湾乐坛在流行和商业的道路上越走越远。1996年，任贤齐的《心太软》爆售2600万张，使其成为千禧年前台湾最后一位销量巨星，这张唱片也成为台湾实体唱片破百万销量的绝唱，此后，唱片产业陷入了前所未有的大萧条时期。

千禧年前后，中国乐坛哀鸿遍野，华语唱片行业举步维艰，幸好台湾实力歌手张惠妹和创作歌手周杰伦横空出世，力挽狂澜，彼时台湾流行音乐开始与国际接轨，音乐风格多元，新民谣、独立乐团、中西曲风的融合成为发展大势，美国R&B曲风与中国风的融合更是独树一帜，将周杰伦推上了华语歌坛"天王"的宝座，影响了越来越多的华语音乐人。

这一时期的台湾歌曲大都被收录进了歌曲库中，可按照台湾歌手的姓名进行检索，了解数量。

第五节　歌曲随着时代的发展而进步

歌曲是具有时代性的，不同的社会发展时期会产生不同风格的歌曲，纵观中国音乐文化的发展历程，每一阶段都带有时代的烙印，既有传承，又有发展。

一、歌曲是时代发展的产物

1. 歌曲的产生离不开人口的增长

歌曲是艺术家创作的，也是针对大众创作的，人口基数越大，艺术家出现的可能性就越高，无论是创作歌曲，还是倾听、传唱歌曲，都需要一定的人口基础。

中国是一个人口大国，艺术家的数量庞大，歌曲数量也很庞大，喜爱唱歌的群众更是不计其数，如果没有足够的人口作支撑，就不会产生创作动力和激情，也不会有今天的KTV行业及市场规模。

2. 歌曲的创作基于主流语言

歌曲基本都是基于母语来创作的，因为艺术家对母语的了解最深刻，作品的受众也多为使用相同语言的人群。知名艺术家多是通过创作母语歌曲而获得成功的。

3. 歌曲的发展是民族性的融合

如果抛开政治因素和意识形态的制约，歌曲将是民族性的，也是融会贯通的，中华民族的音乐文化不仅会代代相传，还会与世界各民族的音乐文化撞击融合，创造出更具特色的音乐风格。

二、歌曲是情感的表达

1. 人是富有情感的高级生命体

人是高级生命体，会使用语言、文字、音乐、舞蹈等形式来表达情感。其他动物虽然也能发出美妙的声音，来传递信息或抒发情感，但它们的声音却不能像人类创造的音乐一样，不受人种、语言、国籍的限制。音乐无国界，音乐是全世界共同的语言，不同民族、地域的人们能够通过音乐来感知对方的喜怒哀乐，这就是音乐的神奇之处。

2. 歌曲是人类表达情感的方式

人类的情感非常丰富，可以通过多种方式进行表达，歌曲就是人类抒

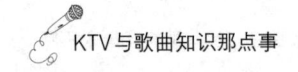

发情感的方式之一，比长篇累牍的文章更精炼，比感慨嘶吼更优美，比肢体语言更直观，通过传唱，还可以令更多的人了解自己的情绪，传达自己的观点。

3. 不同历史时期所表达的内容和情感不同

从中国的音乐发展史中，我们可以发现，每个历史时期都会产生独特的歌曲内容和表达方式。在国土沦丧、民族危亡的时刻，不会出现大量缠绵悱恻的爱情歌曲；在和平年代，歌唱祖国、讴歌英雄、赞美河山的音乐作品则占据主流。正因为不同历史时期出现了林林总总不同内容、不同风格的歌曲，才极大地丰富了当前的卡拉 OK 歌曲库，才能让大众有条件按需选择。

三、经典歌曲的生命力最长久

1. 优秀的歌曲作品生命力最强

只有优秀的作品才能历经岁月洗礼，光华依旧，也只有真正优秀的作品才能经受住历史和现实的考验，成为经典。有些歌曲虽然也曾风靡一时，但很快就被时间的尘埃所湮没；一些歌曲虽然从未大红大紫，却深刻隽永，任时间流逝，艺术价值和影响力却永远存在。

2. 大众喜爱的歌曲最具生命力

有的歌曲叫好，有的歌曲叫座，在唱片工业化时代，只有具有社会意义、受大众喜爱的歌曲才能源远流长，才具有顽强的生命力。有的歌曲通过炒作甚至搭载争议事件获得曝光机会，但是言之无文，行而不远，很快就昙花一现，随即凋零。

3. 经典与流行共存

随着时代的发展，歌曲库中的歌曲越来越多，一些歌曲已经成为"老皇历"，但拥趸甚多，这些歌曲一路走来，收获了各年龄层的歌迷，成为经典。

在 KTV 的热门歌曲点唱排行榜中，最时新的流行歌曲的点击率也居高不下,一新一旧,经典与流行组成了最受大众喜爱的歌曲名单。不过经典老歌的上榜情况变动不大,时新流行歌曲却常有更迭。

4. 留住经典歌曲才能传承音乐文化

经典歌曲代代相传,常唱不衰,比如李谷一的《难忘今宵》自 1984 年亮相猪年春晚以来,一直百唱不厌,成为春晚结束时刻的保留曲目,被称为"经典中的经典"。

经典歌曲要保留,要保护,更要传承,因为我们保留、保护和传承的不仅是一首首歌曲,也是创作者才华的结晶和宝贵的非物质音乐文化。

中国的音乐发展史比较复杂,研究角度和学说众多,我们只能以卡拉 OK 歌曲的视角管中窥豹,虽然不够详尽,但尽量以历史事实和信息数据说话,希望能给大家带来些许启发。

人类社会是不断进步的,音乐文化也在随之发展,歌曲是音乐的一种形式,音乐无国界,同样歌曲也没有国界。香港、澳门都回到了祖国的怀抱,台湾迟早也会归来,除违禁歌曲外,这些地区的卡拉 OK 歌曲早已在歌曲库中形成了统一,文化的统一比领土的统一更快一步,这对中国音乐的大融合、大发展而言是一桩幸事,也是对祖国早日统一的预示和祝福。

卡拉 OK 这种娱乐形式离不开中国音乐的融合发展,中国音乐的融合发展更会带动卡拉 OK 行业的革新与进步。

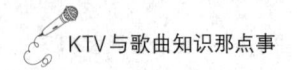

第十六章
歌曲演唱靠歌手　若不认识会丢丑

很多人一说到"歌手"的概念，都认为很简单。其实，歌手并不是一个简单的称谓，其中还有很多内涵，需要通过学习才能真正了解。

每位歌手都有自己的演唱风格和适合自己演唱的歌曲，正因如此，当前的歌曲库才会百花齐放，丰富多彩，才会吸引大众前来模仿演唱。当前卡拉OK歌曲库中约有4万多名歌手的作品，有些歌手"产量"颇高，有几百首作品，大部分都是自己的原唱歌曲；有的歌手几乎没有原唱作品，全是翻唱歌曲；有些歌手一生只有寥寥几首作品；也有很多经典歌曲由于年代久远，已无从确定原唱者了。

歌曲库中的众多歌手好似天空浩渺的繁星，只有德艺双馨的歌者才能永远熠熠生辉，不被人们所遗忘。

第一节　歌手的分类

歌手就是演唱歌曲的人，可分为若干类型，不仅指独唱歌手，还包括组合、乐队、乐团等。

一、歌手的定义

歌手是以演唱歌曲为职业的艺术工作者，要想成为歌手，除了自身努力，还要具备一定的天赋，无论是容貌形体、嗓音条件还是学习能力，都要达到一定的要求，否则这个世界上人人都能成为歌手了。

二、歌手的分类

1. 唱法分类

从唱法上对歌手进行分类的话，可分为美声、民族和通俗（流行）三大类。通俗唱法在中国改革开放之前，是不登大雅之堂的，音乐院校也没有此类课程设置，美声和民族唱法占据了中国歌曲唱法的阵地，流行音乐和流行歌手毫无立锥之地。当前，通俗唱法已经得到了大众的认可，各地的音乐学校也都开设相关课程，教授通俗唱法知识。

2. 性别分类

按照性别进行歌手分类，可分为男歌手和女歌手两大类。

3. 风格分类

按照流派和风格进行歌手分类，可分为流行、摇滚、爵士、民谣、说唱等类别。广受年轻人喜爱的流行歌手和摇滚歌手一直是粉丝量最多的歌手群体。

4. 演唱方式分类

（1）独唱歌手

顾名思义，独唱歌手为单人演唱的歌手，不论男女老幼。

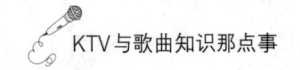

（2）组合歌手

两人成组，三人成队。所谓组合，指两人或两人以上的歌手团体，还可分为对唱组合、合唱组合、重唱组合、无伴奏组合等等，有男男组合（如羽泉）、男女组合（如凤凰传奇）、女女组合（如S.H.E）、女生团体（如SNH-48）、男生团体（如TFBOYS）。

（3）乐队歌手

乐队由乐手和主唱组成，有的主唱也担任乐手，有的主唱只负责演唱，主唱也有男女之分。

5. 就业方式

根据歌手在不同单位和团体的就业情况，可分为如下几类：

（1）国家艺术团体

中国有大量的艺术团体组织，包括地方和军队的艺术团体，如中央乐团、东方歌舞团等，它们负责承接国家大型的文艺演出活动和对外接待任务。这些任务也只能由此类艺术团体来完成，团里的艺术家们都是中国的顶尖人才，艺术造诣深厚。

（2）唱片公司

唱片公司也可分为体制内和体制外两大类。改革开放后，体制外的唱片公司越来越多，进入互联网时代后，唱片业受到猛烈冲击，唱片发行量日益萎缩，与过去动辄上百万、上千万张的火爆销量相比，如今发行唱片已经成为歌手的纪念行为。

（3）独立艺人

改革开放前，基本不存在独立艺人，工商界也不存在个体户。改革开放后，大量喜爱演唱艺术的人才走上了独立艺人之路，独立艺人的数量十分庞大，组成也比较复杂。

最开始是一些国家艺术团体中的艺人出来走穴，或下海单干。

互联网普及后，成分更加复杂的网络歌手随之出现。随着时代的发展，网络歌手的组成和属性也在不断变化，最初网络歌手指作品在网络平台蹿红的艺人。目前，网络歌手的范围已扩大至在各类网络平台上传自己音乐作品的网友。

随着各类电视选秀节目的兴起，选秀歌手开始出现在大众的视野中，比赛结束后，他们有的与唱片公司签约，成为某厂牌的一员；有的单打独斗，自己创办公司。

第二节　歌手与歌唱家的区别

歌手和歌唱家的共同点就是都掌握一定的歌唱技巧，但是，两者依然存在很多差异。

一、歌手

歌手一般指体制外的演唱者，他们首先要生存，其次才能追求发展。一旦无法生存，就只能转换跑道，另觅其他职业。很多歌手成名前都过着四处漂泊、居无定所、捉襟见肘的艰苦生活，全靠天赋、努力和运气才打拼出一片天地。

二、歌唱家

歌唱家一般指体制内的歌唱艺术家，绝大多数毕业于专业艺术院校，受过系统的声乐训练，取得过一定的艺术成就，是音乐领域的专家，德艺双馨。"文革"后，国家对歌唱家的价值和社会地位予以了肯定，他们虽然不像知名歌手那样暴富，但拥有"铁饭碗"，享受一定的经济待遇。"歌唱家"这个称呼也只针对体制内的歌手，体制外的歌手与此殊荣无缘。

另外，我们国家还有一些最可爱的军旅歌手。中国人民解放军一路走来，吸纳了不少歌唱艺术人才，他们在和平年代为驻守祖国边防、保家卫国的军人鼓舞士气。军旅歌手大都具有军人独特的飒爽英姿，又具备超群的演唱技艺，为广大官兵和群众带来了一曲曲经典佳作，为讴歌时代精神

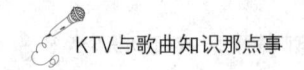

做出了突出贡献。如大家耳熟能详的实力派歌手韩红、阎维文、蔡国庆、陈思思等。

三、歌手与歌唱家的区别

1. 名誉不同

虽然歌手和歌唱家从事的都是音乐工作，但是，"家"和"手"的区别很大，音乐人想要成为"家"，必须经过官方机构的评审，取得一定的专业地位和业务成就，而"手"的门槛相对较低，人数也较多。

2. "钱"途不同

歌手只有发展得好，才能名利双收，如果事业长期没有起色，生活或将陷入困窘，即使曾经辉煌，但一朝过气，也只能吃老本，体会人生起落；体制内的歌唱家则与之不同。

3. 目的不同

歌手必须以作品或话题来保持人气，以获取经济利益；而歌唱家以称号为荣，淡泊名利，或求名不求利。

4. 人数不同

歌唱家属于少数群体，而歌手的数量就太多了，甚至是歌唱家的上百倍。

5. 作品不同

歌唱家未必有自己的专属作品，只要把歌曲唱好就可以；而歌手只能通过打造自己的作品才能获得成功。

第三节　国家表演艺术团

艺术团是指以表演、演示艺术为主体，多元化人员、机构共同组成的团体，是国内外文化传播的载体，也是丰富全世界人民文化生活的重要组织。国家表演艺术团代表了全国表演艺术的最高水平，被赋予了特殊使命，担负着神圣职责，不仅要参加国家举办的大型文艺活动，还要代表国家，远赴海外展示中国的表演艺术形式和作品，服务世界人民。

一、国家表演艺术团中的歌唱家

国家表演艺术团的服务对象非常广泛，团体中的歌唱家都是音乐领域中的佼佼者，为我国的音乐文化事业做出了巨大贡献。这些歌唱家也是以美声和民族唱法为主，改革开放后才逐渐出现了通俗唱法。

国家艺术团体的表演形式更为灵活，如东方歌舞团广泛吸纳国际流行的新唱法，涌现出了大量优秀歌手。大家熟悉和喜爱的女歌手成方圆、韦唯等人都出自该团，著名老艺术家李谷一还曾担任过该团的团长。

二、国家表演艺术团简介

序号	单位名称	成立日期	成立简史及歌唱家
1	中国交响乐团	1956年成立，1996年重组	前身是1956年成立的中央乐团，1996年重组后更名为"中国交响乐团"，有交响乐队、合唱团两个演出实体。艺术人才有孙家馨、罗天婵、胡松华、汪燕燕、杨秉荪、郭淑珍、张利娟等。
2	中央民族乐团	1960年	首任团长为中国音乐家协会主席、著名作曲家李焕之。乐团由民族管弦队、民族合唱队、创作研究室等部门组成。艺术人才包括姜嘉锵、魏菲等。
3	中国电影乐团	1949年4月	乐团70年来为2000部电影电视录制音乐。艺术家有王洁实、谢莉斯、关贵敏等。
4	中国广播艺术团	1953年	中国广播艺术团和中国电影乐团于2003年11月26日进行了整合重组，整合重组后的名称为"中国广播艺术团"，下属有中国广播交响乐团、中国广播民族乐团、中国广播合唱团、中国广播说唱团和中国广播电声乐团，还有青年吉他乐团和广播之友合唱团两个业余团体。艺术团为电视电影录制提供了数以万计的优秀文艺节目。艺术家包括：朱崇懋、王凯平、方初善、殷秀梅、屠馥荔、屠洪刚、魏金栋、吴琼、伊扬、朱砂、红霞、刘斌、牛秀兰、王晓芳、张国平、陈静云、龚洁、薛皓垠等。

(续)

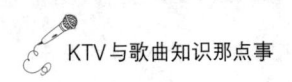

序号	单位名称	成立日期	成立简史及歌唱家
5	中国歌剧舞剧院	1964年	中国歌剧舞剧院是创作与演出中国民族歌剧、民族舞剧的文化部直属剧院，其前身是成立于1950年元月的北京人民艺术剧院。1952年更名为"中央戏剧学院附属歌舞剧院"，1953年更名为"中央实验歌剧院"，1964年定名为"中国歌剧舞剧院"，历年来参加了创作、排练和演出《东方红》《中国革命之歌》。艺术家有郭兰英、万山红、刘秉义、田彦、李玉刚等。
6	中央歌剧芭蕾舞剧院	1952年成立，1996年合并	由中央歌剧院与中央芭蕾舞团合并组建，职责任务为创作并演出中国题材的歌剧、芭蕾舞剧目，介绍和演出世界各国的优秀歌剧、芭蕾舞剧等，如《赤叶河》《草原之歌》《刘胡兰》《阿依古丽》《第一百个新娘》《马可·波罗》。艺术家有林金元、黄越峰、丁毅、季小琴、李丹丹、张凤宜、王霞、马梅、黄丽莉、幺红、傅海燕、刘珊、王蕾、王红、刘庆德、宋学伟、李科平、王立民、钟鸣达、金纪广、梁大南、曹欢、陈凯、王世光、郑小瑛、韩冰、邹德华、楼乾贵、李光羲、李晋伟、苏凤娟、迪里拜尔、刘维维、李迢迢等。
7	东方歌舞团	1962年1月	东方歌舞团是在周恩来总理和陈毅副总理的倡导关怀下，于1962年1月成立的文化部直属歌舞团。歌舞团坚持"以我为主"的建团方针，把中国传统以族民间歌舞艺术和表现现代中国人民生活的音乐舞蹈作品介绍给国内外观众，同时把外国健康优秀的歌舞艺术介绍给中国人民。艺术家包括：王昆、李谷一、田玉斌、元征、成方圆、刘维维、牟弦甫、郭蓉等。
8	中央民族歌舞团	1952年9月	中央民族歌舞团以继承、繁荣、发展少数民族文化艺术为宗旨，把绚丽多彩的文化艺术奉献给各族人民，受到各族人民的喜爱。歌舞团拥有蒙、回、苗、壮、满、藏、彝、朝鲜、维吾尔、汉等36个民族的300余名演职员，如胡松华、蒋大为、德德玛、拉苏荣、方明、腾格尔、曲比阿乌、乌不里卡赛姆、玉龙、金龙珠、张吉平、贝宇杰、许学东、肉孜阿木提、佟艳杰、刘嫒嫒、蓝剑、吴彤、彝人制造、卞英花等。
9	中华全国总工会文工团	1948年	中华全国总工会文工团的前身是成立于1948年的中国人民解放军第十八兵团政治部文工团。文工团有演职员200余人，其中100余人次获得全国各类比赛大奖和国际大奖。如苏红、郑咏、刘佳珠、刘向圆、张丛笑、张云海、韦嘉等。
10	中国铁路文工团	1950年10月	1951年2月，文工团首创了流动舞台——"文化列车"，在全国铁路沿线慰问演出。演员们常年下站段，上新线，抢冬运，钻隧道，把优秀文艺节目送到铁路职工中间，受到铁路职工的热烈欢迎。
11	中国煤矿文工团	1954年	中国煤矿文工团的前身是成立于1947年的"东北工人学校文工团"，1954年与华北煤矿文工团合并，成立了中国煤矿文工团。文工团有歌唱家邓玉华、刘君侠、胡月、谷峰、雷玲、邵子轩、赵羚等。

三、国家表演艺术团中的歌唱家简介

序号	姓名	性别	代表作品	单位
1	王昆	女	《白毛女》《秋收》《夫妻识字》《陕北道情》	东方歌舞团
2	成方圆	女	《游子吟》《童年》《我多想变成一朵白云》	东方歌舞团
3	刘维维	男	《小丑》《佳尼·斯基奇》	东方歌舞团
4	牟玄甫	男	《亲爱的祖国》《共饮一江水》	东方歌舞团
5	郭蓉	女	《爱我中华》《歌唱祖国2008》	东方歌舞团
6	罗天婵	女	《打起手鼓唱起歌》《吐鲁番的葡萄熟了》	中国交响乐团
7	汪燕燕	女	《第九交响乐》	中国交响乐团
8	孙家馨	女	《格里埃尔声乐协奏曲》《茶花女》	中国交响乐团
9	张利娟	女	《弄臣》	中国交响乐团
10	郭淑珍	女	《叶甫根尼·奥涅金》《艺术家的生涯》《黄河怨》	中国交响乐团
11	姜嘉锵	男	《枫桥夜泊》	中央民族乐团
12	魏菲	女	《海风阵阵愁煞人》	中央民族乐团
13	谢莉斯	女	《花儿为什么这样红》《外婆的澎湖湾》《阿瓦古丽》《笑比哭好》	中国电影乐团
14	王洁实	男	《外婆的澎湖湾》《花儿为什么这样红》	中国电影乐团
15	关贵敏	男	《浪花里飞出欢乐的歌》《青春啊，青春》《我们的明天比蜜甜》《再见了，大别山》	中国电影乐团
16	殷秀梅	女	《党啊，亲爱的妈妈》《永远是朋友》《长江之歌》	中国广播艺术团
17	屠洪刚	男	《霸王别姬》《中国功夫》《精忠报国》	中国广播艺术团
18	魏金栋	男	《中国龙》	中国广播艺术团
19	吴琼	女	《戏缘》《江姐》《严凤英》	中国广播艺术团
20	伊扬	男	《亲爱的你会想我吗》《纸飞机》	中国广播艺术团
21	刘斌	男	《当兵的人》	中国广播艺术团
22	薛皓垠	男	《春天在哪里》	中国广播艺术团
23	郭兰英	女	《我的祖国》《社员都是向阳花》《南泥湾》《白毛女》《人说山西好风光》	中国歌剧舞剧院

（续）

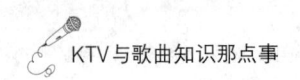

序号	姓名	性别	代表作品	单位
24	万山红	女	《花开原野万山红》《江姐》《公仆赞》	中国歌剧舞剧院
25	田彦	男	《罗密欧与朱丽叶》	中国歌剧舞剧院
26	李玉刚	男	《新贵妃醉酒》《逐梦令》	中国歌剧舞剧院
27	刘秉义	男	《回延安》《延安颂》《牧歌》《草原之夜》	中国歌剧舞剧院
28	黄越峰	男	《卡门》《蝴蝶夫人》《小丑》	中央歌剧芭蕾舞院
29	丁毅	男	《茶花女》《托斯卡》《弄臣》	中央歌剧芭蕾舞院
30	季小琴	女	《图兰朵》	中央歌剧芭蕾舞院
31	王霞	女	《在灿烂阳光下》《祖国不会忘记》《我和我的祖国》	中央歌剧芭蕾舞院
32	马梅	女	《马可·波罗》	中央歌剧芭蕾舞院
33	幺红	女	《茶花女》	中央歌剧芭蕾舞院
34	刘珊	女	《卡门》《歌仙-小野小町》《蝴蝶夫人》	中央歌剧芭蕾舞院
35	王立民	男	《茶花女》《蝴蝶夫人》	中央歌剧芭蕾舞院
36	楼乾贵	男	《在那遥远的地方》《村庄啊，我的小村庄》《黄河之恋》	中央歌剧芭蕾舞院
37	李光羲	男	《祝酒歌》《何日再相会》《太阳出来喜洋洋》	中央歌剧芭蕾舞院
38	苏凤娟	女	《卡门》《黑孩子赛林娜》	中央歌剧芭蕾舞院
39	迪里拜尔	女	《弄臣》	中央歌剧芭蕾舞院
40	胡松华	男	《阿依古丽》《努尔哈赤的骏马》	中央民族歌舞团
41	蒋大为	男	《红牡丹》《在那桃花盛开的地方》《骏马奔驰保边疆》	中央民族歌舞团
42	德德玛	女	《美丽的草原我的家》《草原夜色美》《草原上的风》	中央民族歌舞团
43	拉苏荣	男	《小黄马》《森吉德玛》《啊！草原》	中央民族歌舞团
44	方明	女	《颂歌一曲唱韶山》	中央民族歌舞团
45	腾格尔	男	《蒙古人》《天堂》	中央民族歌舞团
46	曲比阿乌	女	《有一个美丽的地方》《远方的客人请你留下来》	中央民族歌舞团
47	肉孜阿木提	男	《在那遥远的地方》《可爱的一朵玫瑰花》《草原之夜》	中央民族歌舞团

(续)

序号	姓名	性别	代表作品	单位
48	刘嫒嫒	女	《五星红旗》《国家》《民生》	中央民族歌舞团
49	蓝剑	男	《共产党人》《圆圆的思念》《黄河情》	中央民族歌舞团
50	彝人制造	男	《孤独才是完美》《来不及》	中央民族歌舞团
51	卞英花	女	《阿里郎》《金达莱》《鸟打铃》	中央民族歌舞团
52	郑咏	女	《茶花女》《弄臣》《游吟诗人》	全总文工团
53	刘向圆	女	《幸福向圆》《亲亲我的黄土地》《咱们工人有力量》	全总文工团
54	张丛笑	女	《婚誓》《两只斑鸠一个窝》《金色缅桂》	全总文工团
55	韦嘉	女	《透明的天空》《花边》	全总文工团
56	左纯	男	《船工号子》	铁路文工团
57	邓玉华	女	《毛主席的话儿记心上》《情深谊长》《映山红》	煤矿文工团
58	刘君侠	男	《大黄河》	煤矿文工团
59	胡月	女	《小城故事》《昨夜长风》《明天的希望》	煤矿文工团
60	谷峰	男	《Gussanova谷萨诺瓦》《见字如面》	煤矿文工团

第四节　各地歌手

根据地域，可将体制外的广大歌手分为以下几类：

一、内地（大陆）歌手

1. 内地（大陆）歌手的出现

改革开放后，流行音乐得到了官方的认可，国内使用通俗唱法演唱的歌手数量开始迅猛增长，发展速度和规模都十分惊人，从目前的歌曲数量和卡拉OK歌曲库的规模就可窥知一二。

因为中国的人口基数大，通俗唱法相对美声和民族唱法而言比较容易掌握，人人可唱，所以涌现出大量的通俗唱法歌手，加之经济飞速发展，必然会带动与之同步的精神文化新浪潮。

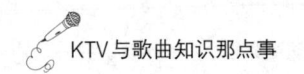

如今内地（大陆）歌手老、中、青三代共绽芳华，还有更新一代的新锐歌手含苞待放，璞玉待琢。

2. 部分内地（大陆）歌手及作品

序号	歌手姓名	代表作
1	孙楠	《不见不散》《风往北吹》《红旗飘飘》
2	刘欢	《少年壮志不言愁》《弯弯的月亮》《好汉歌》
3	沙宝亮	《暗香》《飘》《多情人间》
4	韩磊	《向天再借五百年》《走四方》《天上有没有北大荒》
5	蔡徐坤	Rising Sun、《只因你太美》
6	羽泉	《最美》《感觉不到你》《叶子》
7	朴树	《白桦林》《那些花儿》《生如夏花》
8	汪峰	《飞得更高》《在雨中》《绽放》
9	杨坤	《无所谓》《那一天》《里约热内卢》
10	毛不易	《消愁》《平凡的一天》《借》《像我这样的人》
11	郭峰	《我们是朋友》《心会跟爱一起走》《移情别恋》
12	吴亦凡	Bad Girl
13	TFBOYS	《大梦想家》《青春修炼手册》
14	鹿晗	《冒险时间》《勋章》《超级冠军》
15	王菲	《爱与痛的边缘》《执迷不悔》《红豆》
16	那英	《征服》《心酸的浪漫》《一笑而过》
17	毛阿敏	《思念》《渴望》《同一首歌》
18	周笔畅	《笔记》《谁动了我的琴弦》
19	爱戴	《初次与你相遇》《彩云追月》《和寂寞说分手》
20	田震	《执着》《铿锵玫瑰》《好大一棵树》
21	孙悦	《祝你平安》《幸福快车》《怎么happy》
22	斯琴格日乐	《山歌好比春江水》《别让我猜》《飘》
23	张碧晨	《曾经守候》《凉凉》《年轮》

(续)

序号	歌手姓名	代表作
24	姚贝娜	《红颜劫》《菩萨蛮》
25	李宇春	《下个路口见》《再不疯狂我们就老了》《野蛮生长》
26	张杰	《这就是爱》《勿忘心安》
27	张靓颖	《画心》《印象西湖雨》
28	霍尊	《卷珠帘》《红颜劫》
29	华晨宇	《无字歌》《追梦赤子心》
30	韩红	《天路》《雪域光芒》《天亮了》

二、香港歌手

1. 香港歌手的影响力

香港在成为英国殖民地之初，只是一个小渔村，随着时代的进步和经济的发展，人口增加至数百万，随之出现了很多演艺界巨擘，一度对中国内地的流行音乐文化和影视文化产生了巨大影响。

江山代有才人出，香港歌手也在逐代更迭，从第一代"歌神"许冠杰到第二代"歌神"张学友，从"谭张争霸"到"四大天王"，从"歌王"陈百强到"歌后"徐小凤，从"摇滚乐皇"黄家驹到"第一乐队"达明一派，从"歌圣"谭咏麟到"第五天王"李克勤，直至现在的"TVB三宝"和"新歌神"陈奕迅，虽然香港乐坛辉煌不再，但其对中国流行音乐的贡献却无法抹杀。

2. 部分香港歌手及作品

序号	歌手名字	代表作
1	许冠杰	《铁塔凌云》《鬼马双星》《天才白痴梦》《半斤八两》
2	黄家驹	《海阔天空》《光辉岁月》《喜欢你》《灰色轨迹》
3	谭咏麟	《爱的根源》《水中花》《朋友》《半梦半醒之间》
4	陈百强	《偏偏喜欢你》《一生何求》《摘星》

(续)

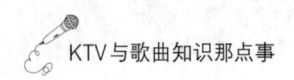

序号	歌手名字	代表作
5	张国荣	《当爱已成往事》《红》《沉默是金》《风继续吹》
6	徐小凤	《卖汤圆》《风雨同路》《顺流逆流》《风的季节》
7	罗文、甄妮	《铁血丹心》《狮子山下》《小李飞刀》《世间始终你最好》《鲁冰花》《春雨弯刀》
8	张学友	《吻别》《情网》《每天爱你多一些》
9	刘德华	《爱你一万年》《忘情水》《冰雨》
10	郭富城	《对你爱不完》《我是不是该安静地走开》《三岔口》
11	黎明	《对不起我爱你》《今夜你会不会来》《我这样爱你》
12	郑少秋	《楚留香》《笑看风云》《岁月无情》
13	吕方	《朋友别哭》《老情歌》《弯弯的月亮》
14	林子祥	《男儿当自强》《在水中央》《真的汉子》
15	成龙	《壮志在我胸》《在我生命中的每一天》《醉拳》
16	陈奕迅	《十年》《K歌之王》《因为爱情》
17	张明敏	《我的中国心》《外婆的澎湖湾》《爸爸的草鞋》
18	迪克牛仔	《有多少爱可以重来》《三万英尺》《放手去爱》
19	李克勤	《不懂温柔》《红日》《回首》
20	凤飞飞	《追梦人》《雪花片片》《掌声响起》
21	古巨基	《好想好想》《劲歌金曲》《还是好朋友》
22	梅艳芳	《似水流年》《似是故人来》《女人花》
23	郑中基	《绝口不提爱你》《你的眼睛背叛了你的心》《左右为难》
24	钟镇涛	《只要你过得比我好》《我的世界只有你最懂》《让一切随风》
25	侧田	《男人KTV》《无言无语》《情歌》
26	莫文蔚	《盛夏的果实》《广岛之恋》《如果没有你》
27	温拿乐队	SHALALALA、《追赶跑跳碰》《陪着她》
28	叶倩文	《潇洒走一回》《曾经心痛》《焚心以火》
29	陈慧琳	《不如跳舞》《花花宇宙》《记事本》
30	郑秀文	《值得》《终身美丽》《出界》

三、台湾歌手

1. 台湾歌手的影响力

台湾歌手和音乐人对中国大陆音乐风格的转变也有很大的影响，尤其被称为"一代歌后"的邓丽君，到目前为止，也是华语歌坛影响力最大的台湾歌手之一。在很多人心目中，邓丽君的地位永远无人可以取代，她不仅仅是一位流行歌手，还是一名极具中国古典韵味的文化使者，是华人音乐史上当之无愧的巨星。

因为没有语言障碍，海峡两岸的音乐作品和音乐理念可以更广泛地融合。

2. 部分台湾歌手及作品

序号	歌手名字	代表作
1	李双泽、杨弦、胡德夫	《中国现代民歌集》《西出阳关》《匆匆》《美丽的稻穗》
2	齐豫	《橄榄树》《你是我所有的回忆》《梦田》《飞鸟与鱼》
3	蔡琴	《你的眼神》《恰似你的温柔》《新不了情》《被遗忘的时光》《读你》
4	罗大佑	《东方之珠》《明天会更好》《追梦人》《爱人同志》
5	苏芮	《酒干倘卖无》《蓦然回首》《跟着感觉走》《牵手》
6	齐秦	《狼》《大约在冬季》《夜夜夜夜》《外面的世界》
7	李宗盛	《凡人歌》《真心英雄》《当爱已成往事》
8	刘文正	《诺言》《三月里的小雨》《乡间小路》
9	伍佰	《突然的自我》《白鸽》《挪威的森林》
10	巫启贤	《你是我的唯一》《红尘来去一场梦》《等你等到我心痛》
11	张洪量	《你知道我在等你吗》《昙花》《广岛之恋》
12	童安格	《耶利亚女郎》《其实你不懂我的心》《把根留住》
13	邰正宵	《九百九十九朵玫瑰》《千纸鹤》《一千零一夜》
14	熊天平	《爱情多瑙河》《火柴天堂》《雪候鸟》
15	陶喆	《爱很简单》《今天你要嫁给我》《月亮代表谁的心》
16	周华健	《花心》《朋友》《风雨无阻》

(续)

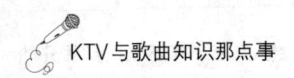

序号	歌手名字	代表作
17	周杰伦	《以父之名》《东风破》《双节棍》
18	任贤齐	《心太软》《很受伤》《伤心太平洋》
19	小虎队	《青苹果乐园》《爱》《蝴蝶飞呀》
20	蔡依林	《看我72变》《舞娘》《爱情36计》
21	刘若英	《很爱很爱你》《后来》《为爱痴狂》
22	邓丽君	《甜蜜蜜》《小城故事》《月亮代表我的心》
23	张惠妹	《听海》《我可以抱你吗》《姐妹》
24	萧亚轩	《最熟悉的陌生人》《爱的主打歌》《潇洒小姐》
25	王心凌	《睫毛弯弯》《第一次爱的人》《彩虹的微笑》
26	许茹芸	《独角戏》《泪海》《如果云知道》
27	辛晓琪	《领悟》《味道》《走过》
28	温岚	《蓝色雨》《眼泪知道》《祝我生日快乐》
29	黄小琥	《没那么简单》《我的心里只有你没有他》《我要你的爱》
30	王杰	《英雄泪》《一场游戏一场梦》《安妮》
31	张雨生	《我的未来不是梦》《大海》《一天到晚游泳的鱼》
32	陈绮贞	《旅行的意义》《还是会寂寞》《距离》
33	林忆莲	《至少还有你》《爱上一个不回家的人》《当爱已成往事》
34	周传雄	《黄昏》《寂寞沙洲冷》《关不上的窗》
35	孟庭苇	《风中有朵雨做的云》《冬季到台北来看雨》《羞答答的玫瑰静悄悄地开》

四、海外华语歌手

1. 海外华语歌手的定义

海外华语歌手主要指除中国内地（大陆）、香港和台湾地区以外的华语歌手，这些歌手虽然是外国籍，但音乐作品均以国语演唱，并且主要面向中国市场和当地的华人市场。

2. 部分华语歌手及作品

序号	歌手名字	国籍	代表作
1	费翔	美国	《冬天里的一把火》《故乡的云》《流连》《读你》
2	王力宏	美国	《龙的传人》《唯一》《大城小爱》《改变自己》
3	梁静茹	马来西亚	《宁夏》《勇气》
4	孙燕姿	新加坡	《天黑黑》《开始懂了》《风筝》《绿光》《第一天》
5	潘玮柏	美国	《快乐崇拜》《我的麦克风》《反转地球》
6	许美静	新加坡	《明知道》《遗憾》《城里的月光》《阳光总在风雨后》
7	阿牛	马来西亚	《爱我久久》《桃花朵朵开》
8	巫启贤	马来西亚	《太傻》《你是我的唯一》
9	林俊杰	新加坡	《江南》《曹操》《醉赤壁》《一千年以后》
10	阿杜	新加坡	《坚持到底》《他一定很爱你》
11	光良	马来西亚	《掌心》《想见你》《身边》《童话》《约定》
12	戴佩妮	马来西亚	《怎样》《街角的祝福》《你要的爱》《爱疯了》《一个人的行李》
13	蔡健雅	新加坡	《陌生人》《呼吸》《红色高跟鞋》
14	张镐哲	韩国	《好男人》《不是我不小心》
15	郭美美	新加坡	《不怕不怕》《爱是你眼里的一首情歌》《我的答铃》

五、国外歌手

在卡拉 OK 歌曲库中，还存在大量的国外歌手及其作品，这些歌手的音乐流派和风格众多。我国除了民族唱法以外，其他形式的曲风和演唱形式都是"拿来主义"，在中国流行音乐断档的几十年里，国际音乐流行趋势发生了数次变化，直至改革开放几十年后的今天，才逐渐摆脱了"港台学日美，内地学港台"的创作怪圈，开启了国际视野，直接汲取国外音乐创作理念和精髓。如今，无论是韩流还是美流，都已不再神秘，我国的音乐作品中不乏同风格的佳作。

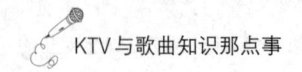

第五节　歌手的成名平台

歌手要想取得巨大成功，除了才华和机遇，还需要一个或多个展示平台，缺少了这些平台，再有本事的歌手也无从施展。

一、广播平台

1. 早期的广播电台

在电视未普及之前，广播电台是非常重要的信息传播平台。1949年以前广播电台的发射机功率不高，传播距离有限，多为地方性广播，只能在城市收听，但对流行音乐的传播起到了巨大推动作用。

20世纪20年代，上海作为中国流行音乐的发源地，有上百个广播电台，很多歌手就是通过广播的广而告之才家喻户晓的。

部分旧上海知名歌手及作品

序号	姓名	代表作品
1	周璇	《天涯歌女》《秋的怀念》《襟上一枝花》《卖杂货》
2	李香兰	《夜来香》《三年》《恨不相逢未嫁时》《戒烟歌》
3	白光	《如果没有你》《怀念》《魂萦旧梦》《叹十声》《相见不恨晚》
4	白虹	《我要你》
5	姚莉	《玫瑰玫瑰我爱你》《苏州河边》《春风吻上我的脸》《秦淮河边》《大江东去》
6	姚敏	《情人的眼泪》
7	吴莺音	《明月千里寄相思》《岷江夜曲》《春光无限好》《断肠红》
8	张露	《给我一个吻》
9	黎明晖	《毛毛雨》
10	袁美云	《塞外村女》
11	龚秋霞	《秋水伊人》《卖报歌》
12	都杰	《秋的怀念》
13	王人美	《渔光曲》《关不住的春光》《青春之歌》

（续）

序号	姓名	代表作品
14	潘秀琼	《情人的眼泪》
15	潘迪华	《得不到的爱》《午夜香吻》《康定情歌》、*DingDongSong*
16	崔萍	《南屏晚钟》
17	黄飞然	《初恋女》《热情的眼睛》《青春舞曲》
18	欧阳飞莺	《雷梦娜》《海燕》
19	陈玉梅	《燕双飞》
20	陈娟娟	《月光光歌》

2. 当前的广播平台

目前，广播电台依然发挥着巨大作用，尤其对有车族而言，开车的时候无法欣赏电视节目，也没法使用手机，但可以收听车载广播。如今广播电台也经常进行歌曲推介和点播，对歌手及其作品起到了一定的推广作用。

二、电影平台

1. 电影平台的作用

有声电影出现后，电影插曲成为流行歌曲的重要组成部分，电影也和唱片、广播、杂志一起，成为歌曲传播的重要载体。不少电影插曲由于电影大获成功而变得街知巷闻，成为当红的时代金曲，时至今日，随电影一起走红的电影插曲依然屡见不鲜。可见，电影平台也是歌手及其作品成名的重要平台。

2. 各时期的电影平台情况

（1）1949年以前电影平台的情况

新中国成立前的电影与电影流行曲基本上属于捆绑关系，有电影必然有歌曲，甚至影星本人也是歌星，主要缘于战时经济萧条，艺人的社会地位不高，能欣赏艺术的受众群较小，所以，歌唱和演艺人才稀缺，只能一专多能。

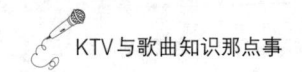

（2）1949年以后电影平台的情况

新中国成立后，文艺事业开始繁荣，在电视未普及前，电影成为全国性的重要的歌曲传播平台，当时很多流行歌曲都是电影插曲。

"文化大革命"期间，电影行业遭遇寒冬，200余部电影作品被定性为"毒草"，受到了严厉批判，一大批优秀的电影艺术家惨遭迫害，大量电影机构屡遭摧毁。中国人民只能反复观看8部"样板戏电影"，其中的插曲也烂熟于心，人人都能信手拈来。

（3）改革开放后电影平台的情况

改革开放后，电影事业开始迅猛发展，被禁播的电影重新焕发生机，电影插曲再次唱响祖国大地；电影艺术工作者的热情也空前高涨，《小花》《庐山恋》《少林寺》等大批风格各异、形式多样的优秀影片纷纷登上银屏，同时，电影插曲《妹妹找哥泪花流》《绒花》《啊，故乡》《牧羊曲》等也与其演唱者一起红遍了大江南北。

随着电视的普及和互联网的发展，信息传播方式也发生了巨变。如今，歌手和歌曲的宣传渠道越来越多，已不满足于搭载电影这个顺风车，而且目前每年院线播放的电影只有几百部，但新歌数量却多达数万首，这也说明电影平台已无法满足歌手的宣传需要。

三、演出平台

1. 演出平台的作用

演出平台一直是音乐文化的重要传播方式，也是艺人营利的主要渠道之一，更是大众喜闻乐见的娱乐模式，因为可以与艺人近距离接触，现场享受音乐带来的震撼和愉悦，但是，演出平台的搭建成本较高，传播效率低，存在一定的客观缺陷。

2. 演出平台的情况

（1）1949年以前演出平台的情况

在广播电台、电影、电视等传播媒介出现以前，艺人在舞台上现场演出是最常见的曲艺表演、传播方式。艺人们每天奔走于茶馆、酒楼、戏院、舞厅、堂会、秀场等场所，观众们想给自己喜爱的角儿捧场，也只能随之奔走。

（2）1949年以后演出平台的情况

1949年以后，供给艺人和艺术家的舞台就更宽广了，各地的人民剧院、机关单位和部队、工厂、农村的固定或临时剧场是大众观看演出的主要场所，即使在田间地头，也能偶遇前来慰问演出的人民艺术家，这些新兴的演出平台为歌曲的传播拓宽了渠道。

（3）改革开放后演出平台的情况

随着改革开放的不断深入，演出平台已不再局限于剧院和剧场，酒吧、餐厅、歌舞厅也成为歌手展示风采的主要平台之一。如今的歌坛老将不少都曾有过酒吧驻唱的经历。

随着群众精神文化需求的日益增长，专场演唱会、主题演唱会、拼盘演唱会、歌友会及各类庆祝庆典、年会酒会也成为歌手们献艺获利的平台。

虽然近年来因政策改变，很多演艺场所和项目均被取缔，但是，知名艺人和流量艺人的演出依然一票难求。

四、电视平台

1. 电视平台的作用

电视平台是重要的歌曲传播和歌手宣传平台，当前很多著名歌手都是通过电视平台被大众认知和认可的。

电视平台的覆盖区域大，受众人数多，宣传成本低，影响范围广，所以，特别容易将歌手捧红，尤其是那些收视率较高的栏目。当然，歌手也必须具备一定的实力，否则，再大的平台也起不了作用。

2. 电视平台的造星栏目

（1）《春节联欢晚会》

一年一度的中央电视台《春节联欢晚会》是备受全球华人瞩目的焦点舞台，也是华人世界的造星大平台，下至学龄儿童，上至耄耋老人，海内

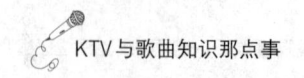

外的华人华侨都会在大年三十晚上准时收看这场视听盛宴。如果能站上这个舞台，就等于直接面对数亿名观众，即使是名不见经传的小歌手，也能在一夜之间变得街知巷闻。

（2）《全国青年歌手电视大奖赛》

《全国青年歌手电视大奖赛》又称"青歌赛"，创办于1984年，是我国首个国家级电视声乐权威赛事。两年一度的青歌赛挖掘和推出了一大批著名歌手，在中老年观众中具有较高的知名度。

（3）《星光大道》

《星光大道》是中央电视台综艺频道推出的一档草根选秀栏目，不同于其他娱乐节目"以明星表演为主"的概念，该栏目突出"百姓自娱自乐"的宗旨，以大众参与性、娱乐性为主要特色，力求为全国各地、各行各业的普通劳动者提供一个放声歌唱、展现自我的舞台。这档节目由于贴近生活，贴近群众，受到了基层观众和老年观众的喜爱，从节目中走出的获胜者"大衣哥"朱之文、玖月奇迹、阿宝、二妮、杨光等人也成为举国闻名的草根明星。

（4）《超级女声》和《快乐男声》

2004年，受风靡全球的平民选秀节目《美国偶像》的启发，湖南娱乐频道和湖南卫视联手推出了一档选秀真人秀节目——《超级女声》，不料一举成为当年最受欢迎的娱乐节目之一，收视率一度超过了《新闻联播》。随之，选秀真人秀节目从"超女"一枝独秀变成满地开花，各地各类选秀节目纷纷兴起，如《快乐男声》，不断涌现出大量备受青少年观众喜爱的年轻歌手。

比赛名次	《超级女声》和《快乐男声》播出年份及前10名获得者						
	2004	2005	2006	2007	2009	2011
1	安又琪	李宇春	尚雯婕	陈楚生	江映蓉	段林希
2	王媞	周笔畅	谭维维	苏醒	李霄云	洪辰
3	张含韵	张靓颖	刘力扬	魏晨	黄英	刘忻
4	Strings	何洁	艾梦萌	张杰	郁可唯	苏妙玲

（续）

比赛名次	《超级女声》和《快乐男声》播出年份及前10名获得者					
	2004	2005	2006	2007	2009	2011
5	孙一卜	纪敏佳	厉娜	吉杰	刘惜君	杨洋
6	杨旸	黄雅莉	许飞	俞灏明	谈莉娜	李斯丹妮
7	陈文娅	叶一茜	韩真真	王栎鑫	潘辰	王艺洁
8	张琛	易慧	Reborn	阿穆隆	潘虹樾	付梦妮
9	郭娟	赵静怡	唐笑	张远	曾轶可	喻佳丽
10	张玥	朱妍	阳蕾	王铮亮	李媛希	陆翊

（5）《中国好声音》

浙江卫视和灿星公司联合将 The Voice of Holland（《荷兰之声》）引进中国，并命名为《中国好声音》，这档与"超女"打擂叫板的节目号称"反选秀"，并提出了"高端选秀"的概念，邀请明星导师言传身教，采用战队对抗的方式优选出了一批怀揣梦想、颇有才华天赋的音乐人。

由于品牌争议，该栏目从第四期开始更名为《中国新歌声》，目前又改回了《中国好声音》。

（6）其他栏目

由于娱乐栏目的收视率颇高，所以很多电视台都争相举办此类选秀或比赛类的音乐栏目，如《加油！好男儿》《中国好歌曲》《蒙面唱将》《我是歌手》等等，这些节目不仅优选出了很多新人歌手和组合，还令老艺人再次翻红，重新走进了大众的视野。

五、互联网平台

1. 互联网平台的作用

互联网是最新、最高效、最现代化的造星平台，自从互联网普及后，一切变得皆有可能，网络平台吸引了众多怀抱歌手梦的草根群体前来尝试。

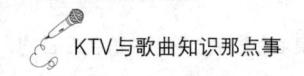

互联网的造星速度最快，成本最低，覆盖范围最广，只是网红歌手的整体实力不强，有些昙花一现，很快被网友所遗忘；还有一些弄虚作假者，通过抄袭、剪辑、调音等方式名噪一时，但要细究唱功和创作能力，却经不起推敲。

2. 互联网平台的种类

（1）百度音乐

曾几何时，千千音乐曾是中国著名的音乐门户网站之一，拥有众多正版的高品质音乐作品和权威音乐榜单，2013年更名为百度音乐PC端后，日渐式微，如今已经排不上网络音乐平台的头把交椅了。

（2）网易云音乐

网易云音乐是一款由网易公司开发的音乐产品，也是国内首个以"歌单"作为核心架构的音乐App，拥有国内最大、最优质的"歌单"库，使用者可以按照自己的喜好创建"歌单"，并以此为依托发现、分享和社交。当前在网易平台上发表作品的独立音乐人已达8万名。

（3）阿里音乐

阿里音乐组建于2015年3月16日，由阿里巴巴集团旗下的两款音乐服务应用虾米音乐和阿里星球（天天动听）合并而成。

2018年3月6日，阿里音乐和网易云音乐宣布达成版权互授合作，进一步丰富歌曲资源，成为广受年轻人喜爱的一款音乐App，阿里音乐对音乐流派的分类比较系统，拥有较多的外语歌曲资源。

（4）腾讯音乐和腾讯视频

腾讯音乐娱乐集团（TME）旗下包括音乐流媒体和社交娱乐两大主要业务，涵盖酷狗音乐、QQ音乐、酷我音乐、全民K歌四款产品。

腾讯音乐为用户提供在线音乐、在线K歌和音乐直播服务，致力于深耕中国音乐产业，通过发现、听、唱、看、演出、社交场景体验，为用户带来优质多元的数字音乐服务。

2018年，腾讯视频将韩国Mnet电视台的音乐选秀节目 *Produce 101*

引入国内，推出了中国首部女团青春成长节目《创造101》。因乡土气息浓厚，虽以韩国原版为蓝本，但仍被国内观众称为"土创"。"土创"召集了101位选手，通过任务、训练、考核，让选手在明星导师的训练下成长，最终选出11位选手，组成偶像团体出道，开启了我国女团选拔节目的先河。

（5）抖音

抖音App是一款可以拍摄短视频的音乐创意社交软件，也是一款广受年轻人喜爱的音乐短视频社区平台。在这里用户可以选择歌曲，拍摄音乐短视频，形成自己的作品。不知从何时开始，抖音神曲《我们不一样》开始响彻大街小巷，这首充满乡土味的歌曲爆红过程却十分时髦，原来音乐人高进为陌陌主播大壮创作了这首歌曲后，吸引了数十万的关注，随后，《我们不一样》在抖音以配视频转发的方式迅速走红，成为年度"爆款"，大壮也一举成为年入千万的网红歌手。在此过程中，短视频App、直播平台、社交网站都功不可没。

（6）其他直播平台和社交App

无论是PC直播还是移动直播，无论是游戏直播还是购物直播，每类平台都造就过大量网红，9158、六间房、斗鱼、花椒、映客、陌陌这些泛娱乐泛社交平台的造星功能更是不可小觑，它们打造的网红无论是名气、粉丝数量，甚至商演收入都不逊于影视明星。作为斗鱼造星的典型代表，冯提莫更是在传统卫视上与杨宗纬、张韶涵两位知名歌手分别合作了歌曲《凉凉》和《淋雨一起走》。

各网络平台协同造星的态势已然兴起，这种颠覆传统造星观念和秩序的新业态使互联网产品与传统娱乐产业日渐融合，甚至拥有了唱片公司、经纪公司、节目制作公司的多重身份。

如果一名歌手突然爆红，那么其作品也会跟着火起来，有些歌曲沉寂多年，被翻唱后却知名度大增，可见歌曲与歌手之间的关系实在微妙。红不红，热不热，要看歌曲质量和歌手的演唱功力，也要看天时、

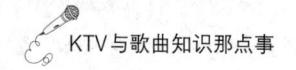

地利及人和。

KTV的投资经营者应对歌手群体进行深入了解，才不至于贻笑大方，这是搞好本职工作的基础，也是传播和传承中国音乐文化的责任使然。

作为受众，我们也希望乐坛能够出现更多形象正面、才华横溢、德艺双馨的音乐人和歌手，以繁荣我国的音乐文化事业，更希望新歌、好歌不断涌现，丰富我们的卡拉OK歌曲库，满足人民群众日益增长的精神文化需要。

第十七章
幕后创作很辛苦，期盼首首都突出

当一首歌曲走红后，最先被大众熟知的就是歌曲的演唱者，词曲作者们只能做幕后英雄，在很长一段时间内都不为人所知。

岂不知在音乐圈里，一些词曲作家的地位相当高，不少知名歌手为求一曲不惜三顾茅庐。因为不是随便一位词曲作家都能创作出叫好叫座的歌曲作品，也不是大牌词曲作家创作的每首歌曲都能大红大紫，除了文化底蕴、天赋、勤奋，还要看运气和是否符合大众的耳缘，种种因素的综合叠加，方能造就一首歌曲的走红。当然，歌坛上不断涌现的创作型歌手本身就是词曲作者，多才多艺，一专多能，不仅自作自唱，还能给其他歌手量身定做歌曲作品，创作了不少传世佳作。

词曲作家虽然不像歌手那样时常以光鲜耀眼的形象出现在大众面前，但是，他们创作的作品为大众带来了欢乐和美的享受，所以，词曲作家的劳动和创造理应受人尊重。不过，词曲作家的收入普遍比歌手微薄得多，但是，他们的付出却毫不含糊，尤其是那些老一代的词曲作家，更是兢兢业业、一丝不苟，每一个字、每一个音节都要仔细推敲，反复修改，否则，也不会产生经典之作。

在此我们希望 KTV 的投资经营者能对这些歌曲背后的英雄们多一些了解，也算是对自身音乐素养的补充。

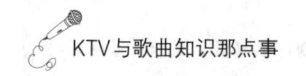

第一节　在幕后默默付出的词曲作家（者）

每一首歌曲背后都有一群默默奉献的音乐人，可惜无论是顺风顺水的兴盛时代，还是惨淡经营的低谷期，人们对词曲作者的重视和尊重却远远不够。他们默默无闻地为台前的歌手们输送着才智的结晶，自己却遭遇了不合理的待遇甚至盘剥。词曲作者们创造性的劳动及价值往往被轻视、忽略，"雇佣工"的角色使他们无法与歌手、导演、制作人享有同样的权益。

一、词作家

众所周知，歌曲离不开歌词这个要素，歌词属于诗歌的一种。在古代，入乐的诗歌被称为"歌"，不入乐的称作"诗"或"词"。两者在情感抒发、意境描摹等创作初衷上没有区别，但前者在结构、节奏方面要受到乐曲的制约，在韵律上还要贴合听觉艺术的特点，顾及歌者的演唱方便等等，故遣词造句更为凝练。可见，歌词即歌曲的本意所在，要配合曲子旋律一同出现，是语言艺术的最高层次。人们把专业从事歌词创作，并且取得一定成就的人士称为词作家，在古时称为"词人"。

1. 词作家的定义

词作家泛指以歌词创作为业的人，也特指在创作领域享有盛名和成就的人。一般而言，能被称为"家"者，其作品不仅出版发行，而且广为流传，被大量受众喜爱和传唱。

词作家往往具有敏锐的感受、丰富的情感和生动的想象力，具有卓越的创造力和鲜明的创作个性，极具创新意识；还应具备专门的艺术技能，熟悉并掌握歌曲的艺术语言和专业技巧。

2. 词作者的定义

相对于词"作家"而言，词"作者"的门槛就低很多了，创作过歌词的人士都可以被称为词作者，也可特指某一首歌曲的歌词作者。如今自媒体盛行，自制歌曲的传播渠道日益丰富，催生了大批职业及非职业音乐人，虽然水平参差不齐，但对音乐的热爱和创作激情却值得称道。一些业余词作者也偶有佳作，一曲成名，成为其他草根作者的偶像。

二、曲作家

作曲家是一种艺术称谓，在传统西方音乐体系中指那些创作交响乐、歌剧或室内乐等古典音乐作品的专业作者。创作歌曲的作者则被称为歌曲作者，也就是我们通常意义上的曲作家。

1. 曲作家的定义

曲作家是作曲音乐人的总称，即专门创作音乐作品的作家，艺术表现形式为谱曲。狭义的曲作家意为创作过大量歌曲作品、在专业领域和社会上享有一定知名度、作品被大众熟知或认可的专门创作音乐作品的音乐家。

曲作家必须充分了解音乐形式，针对不同的形式实施有区别的作曲方式。比如为戏剧作曲，就要考量演员的发声和演唱音域；为流行歌曲作曲，就要了解旋律、情感和流行趋势。如果专为某一位歌手创作，还要考虑其音乐风格和发声特点。

2. 曲作者的定义

曲作者可泛指歌曲的曲谱创作者，也可指专业或非专业的歌曲曲谱创作者。目前，我国的音乐爱好者总量日益增多，曲作者的数量也越来越庞大，不少人因爱好音乐开始尝试创作，虽然并非科班出身，但天赋异禀，半路出家，也能创作出广受大众喜爱的歌曲作品。

三、词曲作者与歌手的关系

没有词曲作者的创造和辛勤付出，歌手就没有演唱内容，无歌可唱，再动听的嗓音，再高超的演唱技巧都无用武之地。虽然词曲作者经常身居幕后，默默无闻，但他们的灵感和才智为歌手提供了施展艺术才华的客观条件，只有在歌词和曲谱的基础上，歌手才能进行二次创作，将艺术化的语言与科学化的歌喉相结合，塑造出鲜明生动、悦耳动听的听觉形象——

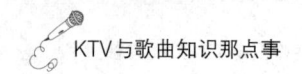

歌声。

当然，如果离开了歌手的二次创作，就没有人来表现语意凝练的歌词及典型化、情感化的旋律音调，那么词曲作者借以抒发感情，表达思想的作品缺失了表达者，无异于衣锦夜行，难觅知音。

四、创作型歌手

艺术是相通的，在如今的歌坛，跨界捉刀的音乐人比比皆是，他们不仅歌声动人，创作能力也十分出众，有的歌声未红，作品先爆；有的唱作俱佳，一举成名。

比如大家熟知的歌曲《传奇》，其曲作者李健本是民谣组合"水木年华"的成员之一，也是一名创作型歌手。离开组合后，李健推出了首张个人专辑，其中就包括这首后来红遍大江南北的《传奇》，可惜这首歌曲在当时并未引起轰动，直至知名女歌手王菲在春晚的舞台上唱响了这首歌曲，才广为人知。李健的另一首作品《风吹麦浪》发行后也没有激起水花，直到著名演员孙俪演唱了这首歌曲后，才引发了人们的关注，不得不说，李健的音乐生涯真是历尽坎坷，千折百回。

而华语流行乐坛无可争议的"创作天王"周杰伦却恰好相反，年仅21岁就凭首张创作专辑 *Jay* 俘获了大批歌迷，一举获得多个奖项，震惊了华语乐坛。多年来，他不仅发行了24张专辑，为他人创作了百余首经典歌曲，还为后来者普及了R&B和中国风音乐风格，影响了大量创作歌手和音乐人。

第二节　中国词曲作家介绍

一名优秀的音乐创作人产生的社会价值要远超一名歌手，而且一旦走上正轨，其创作生命将会很长。由于中国词曲作家的数量太过庞大，无法一一列举介绍，下面简要介绍几位，以飨读者。

一、中国内地（大陆）词曲作家及其经典作品

1. 中国内地（大陆）词作家

北京大学歌剧研究院名誉院长乔羽是我国著名的词作大家，幼时因家庭生活拮据，高中时期即担任小学教员补贴家用，1946年进入晋冀鲁豫边区北方大学学习后，开始进行专业创作。代表作有《让我们荡起双桨》《我的祖国》《人说山西好风光》《刘三姐》《难忘今宵》等。

著名剧作家、词作家阎肃出生于1930年5月9日，卒于2016年2月12日，原名阎志扬，河北保定人。歌剧《江姐》是阎肃的成名作，这部歌剧在1964年公演后，立即引起轰动，阎肃也因此受到了毛泽东的接见。他勤恳创作一生，为观众留下了不少感人至深的歌曲作品，如《红梅赞》《敢问路在何方》《前门情思大碗茶》《我爱祖国的蓝天》《北京的桥》《长城长》《雾里看花》等。

著名词作家王健1928年出生于北京，自中学时期就开始在报刊上发表短文和小诗，大学毕业后进入初组的中央歌舞团工作。数十年来，她为听众创作了许多广受欢迎的歌曲作品，如《歌声与微笑》《绿叶对根的情意》《爱的人间》《未了情》《历史的天空》等等。

2. 中国内地（大陆）曲作家

说起第八届中国音协副主席徐沛东，或许很多90后、00后并不熟悉，但一提到他创作的音乐作品，恐怕全国人民无人不知、无人不晓，譬如《亚洲雄风》、电视剧《篱笆、女人和狗》三部曲、《雍正王朝》《走向共和》《辣妹子》《十五的月亮十六圆》等等。

当代著名女作曲家谷建芬于1935年出生于日本大阪，1941年回国后定居大连，50年代开始担任当时中央歌舞团（现中国歌舞团）的创作员至今。谷建芬的一系列作品从80年代初就获得了听众的热烈欢迎，她创作的大量脍炙人口的作品已经成为当代中国经典歌曲的重要组成部分，如《滚滚长江东逝水》《歌声与微笑》《妈妈的吻》《绿叶对根的情意》《思念》《烛

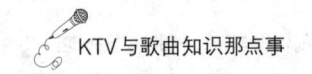

光里的妈妈》《历史的天空》《今天是你的生日》等。

著名作曲家王立平，从业多年来创作了大量的影视音乐作品，具有浓厚的民族风格和鲜明个性，且词曲兼长。其所创作的许多歌曲优美动听、情深意切，富于哲理和文化内涵，雅俗共赏，广为流传。如为电视剧87版《红楼梦》谱写的全剧音乐，耗时四载，青灯黄卷，只为寻觅属于《红楼梦》的音符。《枉凝眉》《红豆曲》《葬花吟》等风格各异而又主题鲜明的插曲为这部史诗级巨著中的人物赋予了满腔的惆怅和无限的感慨。王立平为影视剧创作的歌曲还有大家熟知的《驼铃》《少林寺》《牧羊曲》《大海啊，故乡》《说聊斋》等等。

由于篇幅所限，无法将诸多优秀音乐人一一详加介绍，暂以列表形式总结如下，供大家参考：

内地（大陆）词曲作者列表

序号	姓名	专长	代表作
1	李叔同	作词	《送别》
2	沈心工	作词	《男儿第一志气高》
3	赵元任	作曲	《教我如何不想她》
4	黎锦晖	作词、作曲	《毛毛雨》《妹妹我爱你》《桃花江》《特别快车》《夜深沉》《小小茉莉》《蔷薇处处开》
5	黎锦光	作词、作曲	《夜来香》《哪个不多情》《香格里拉》《拷红》《襟上一朵花》《钟山春》
6	陈歌辛	作曲	《玫瑰玫瑰我爱你》
7	贺绿汀	作曲	《天涯歌女》《摇篮曲》《游击队歌》
8	刘雪庵	作曲	《何日君再来》《流亡三部曲》《长城谣》
9	冼星海	作曲	《黄河大合唱》《到敌人后方去》《青年进行曲》《保卫卢沟桥》
10	李劫夫	作曲	《我们走在大路上》《革命人永远是年轻》《沁园春·雪》
11	王莘	作曲	《歌唱祖国》
12	刘炽	作曲	《我的祖国》《让我们荡起双桨》《英雄赞歌》
13	聂耳	作曲	《国歌》《义勇军进行曲》《卖报歌》《铁蹄下的歌女》《毕业歌》
14	乔羽	作词	《让我们荡起双桨》《我的祖国》《人说山西好风光》《刘三姐》《难忘今宵》

（续）

序号	姓名	专长	代表作
15	谷建芬	作曲	《滚滚长江东逝水》《歌声与微笑》《妈妈的吻》《绿叶对根的情意》《思念》《烛光里的妈妈》《历史的天空》《今天是你的生日》
16	王立平	作曲	《枉凝眉》《红豆曲》《葬花吟》《驼铃》《少林寺》《牧羊曲》《大海啊，故乡》《说聊斋》
17	阎肃	作词	《红梅赞》《敢问路在何方》《前门情思大碗茶》《我爱祖国的蓝天》《北京的桥》《长城长》《雾里看花》
18	徐沛东	作曲	《亚洲雄风》《篱笆墙的影子》《雍正王朝》《走向共和》《辣妹子》《十五的月亮十六圆》
19	王健	作词	《歌声与微笑》《绿叶对根的情意》《爱的人间》《未了情》《历史的天空》
20	孟卫东	作曲	《同一首歌》《今夜无眠》《中国进行曲》《新闻联播片头曲》
21	雷振邦	作曲	《刘三姐》《五朵金花》《冰山上的来客》《芦笙恋歌》
22	雷蕾	作曲	《好人一生平安》《渴望》《少年壮志不言愁》《重整河山待后生》《投入地爱一次》
23	易茗	作词	《好人一生平安》《渴望》
24	林汝为	作词	《重整河山待后生》《少年壮志不言愁》
25	傅庚辰	作曲	《红星照我去战斗》《闪闪的红星》《毛主席的话儿记心上》《歌唱大别山》
26	赵季平	作曲	《好汉歌》《红高粱》配乐、《霸王别姬》配乐、《大话西游》配乐
27	刘晓光	作词	《在希望的田野上》《那就是我》
28	施光南	作曲	《在希望的田野上》《最美的赞歌献给党》《月光下的凤尾竹》《祝酒歌》
29	苏越	作曲	《血染的风采》《黄土高坡》《热血颂》
30	张宏光	作曲	《向天再借五百年》《精忠报国》《春天的故事》《常回家看看》
31	张千一	作曲	《青藏高原》《嫂子颂》《女人是老虎》
32	印青	作曲	《走进新时代》《西部放歌》《天路》《世纪春雨》
33	李海鹰	作词、作曲	《我不想说》《弯弯的月亮》《牧野情歌》《七子之歌》
34	陈小奇	作词、作曲	《涛声依旧》《我不想说》《九九女儿红》
35	三宝	作曲	《亚运之光》《不见不散》《暗香》《你是这样的人》
36	陈涛	作词	《霸王别姬》《精忠报国》《孔雀东南飞》《暗香》《从头再来》《你》
37	孙川	作曲	《雾里看花》《万事如意》《感谢》
38	吴颂今	作词、作曲	《井冈山下种南瓜》《风含情水含笑》《你那里下雪了吗》
39	崔健	作词、作曲	《一无所有》《新长征路上的摇滚》

(续)

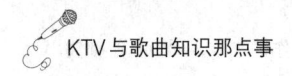

序号	姓名	专长	代表作
40	郑钧	作词、作曲	《赤裸裸》《灰姑娘》《回到拉萨》
41	朴树	作词、作曲	《那些花儿》《白桦林》《生如夏花》
42	高晓松	作词、作曲	《恋恋风尘》《同桌的你》
43	许巍	作词、作曲	《蓝莲花》《那一年》《故乡》
44	李健	作词、作曲	《传奇》《风吹麦浪》《贝加尔湖畔》
45	刘欢	作词、作曲	《凤凰于飞》《红颜劫》《千万次的问》
46	龚淑均	作词	《最长的旅途》《雪花红梅》《清风来过》
47	文颖秋	作曲	《最长的旅途》《爱过那张脸》
48	曹轩宾	作曲	《可惜不是你》《同手同脚》
49	汪峰	作词、作曲	《北京北京》《怒放的生命》《飞得更高》
50	许嵩	作词、作曲	《最佳歌手》《雅俗共赏》《玫瑰花的葬礼》《城府》
51	张敬轩	作词、作曲	《断点》、*My Way*

二、中国香港词曲作家及其经典作品

1. 中国香港词作家

香港词坛有"前三杰""后三杰"的称谓,"前三杰"指"词坛三宗匠"黄霑、卢国沾和郑国江。

"词坛教父""鬼才"黄霑曾是一名广告人,"人头马一开,好事自然来"的传奇广告语就出自他之手。黄霑一生笔耕不辍,创作了2000多首歌曲,可谓有华人的地方,就有他的音乐,许多我们耳熟能详的电影、电视剧的主题曲都是他的大作,如《沧海一声笑》《男儿当自强》《我的中国心》《道》等等。从他的词中,我们能看到创作者的一腔侠义情怀和深厚的文学功底,黄霑不愧是公认的才气第一、歌坛的传奇人物和香港的时代标签。

卢国沾的主业是电视监制,虽然作词只是业余爱好,质量却极高,《大地恩情》《小李飞刀》《万里长城永不倒》都是他的大作。郑国江是香港"产量"最高的词人之一,他从20世纪70年代起就开始为港乐贡献优秀作品,如邓丽君的《漫步人生路》、张国荣的《风继续吹》、梅艳芳的《似水流年》、陈百强的《涟漪》和《偏偏喜欢你》、林子祥的《真的汉子》和徐小凤的《随想曲》等。

这三位都是粤语歌坛草创之初,奠定粤语词坛的巨擘人物。后港乐时代,则以林夕、黄伟文和周耀辉为翘楚,这三人即为港乐"后三杰"。

被称为"一代词圣"的林夕,经典作品不计其数,歌坛巨星们基本都演唱过他的词作,如《红豆》《富士山下》《少女的祈祷》《北京欢迎你》《因为爱所以爱》《至少还有你》等。他的词将意境与文学性高度结合,达到了中文创作的高峰,不仅在音律上朗朗上口,同时歌词中迷离朦胧的意境又给人以充分的回味空间,可以说,林夕词作的意象表达暂时无人能及。2008年,林夕拿到了香港歌坛的殿堂奖项"金针奖",这是香港歌坛的最高荣誉,可见,林夕在香港词坛的地位和"后港乐时代香江词神"的称谓实至名归。

与林夕(原名梁伟文)合称香港词坛"两个伟文"的黄伟文,其词作风格与林夕完全不同,有人形容为:林夕写的是"我爱你,但我无法得到你",而黄伟文写的是"我得不到你,但是我爱你"。林夕教会人们感悟爱情,与爱和平相处,而黄伟文却令迷失在爱情中的人们进行自我救赎。其代表作为《好结果》《欢乐今宵》《喜帖街》《最佳损友》《喜剧之王》等。

当年20岁出头的周耀辉凭借为"达明一派"创作的歌曲《爱在瘟疫蔓延时》一鸣惊人,开始了他的填词生涯。此后周耀辉不仅成为"达明一派"的御用词人之一,也逐渐成长为当今华语歌坛举足轻重的资深词作家。周耀辉的词风华丽精致,游走于主流与非主流之间,丰富的内涵令人惊叹,在芸芸华语作词人中独树一帜,其代表作品为《爱在瘟疫蔓延时》《维纳斯》《色盲》。著名词评人梁伟诗曾这样评价:"香港三大词人,林夕多情,黄伟文摩登,周耀辉另类。"

2. 中国香港曲作家

香港乐坛首屈一指的作曲家,引发过粤语流行曲风潮的始祖——"乐坛教父"顾嘉辉,在40余年的创作生涯中,谱写了千余首作品,更因影响力已经超出音乐范畴,所以英、中两国政府先后向他颁发了勋衔爵位和紫荆勋章。顾嘉辉早年在西方学习音乐知识，却能"洋为中用"，回港后继续创作中式五音歌曲，使当时翻唱之风正盛的香港乐坛涌入一股清流，令人肃然起敬。顾嘉辉这种坚持"中国风"的创作理念还影响了许多后来者，从推广中国文化的角度来看，他显然是一位功臣。顾嘉辉创作的流行曲不但能一时间在坊间热播，更能流传数十年，甚至成为一座城市的文化符号，譬如其代表作《上海滩》《万水千山总是情》《狮子山下》等。

一说到"歌神"，很多人都会想到张学友，殊不知"歌神"还有一位前辈——"香港第一代歌神"许冠杰。作为现代粤语流行歌曲的开山鼻祖，许冠杰创造的香港口语演绎法开创了香港本地歌曲的新纪元，对粤语歌曲的推行和发展起到了决定性作用；同时，他还是香港乐坛自谱、自填、自唱的先驱人物，其经典作品有《天才白痴梦》《双星情歌》《铁塔凌云》《浪子心声》《半斤八两》等。

香港摇滚乐队 Beyond 的主唱、创队成员黄家驹是中国乐坛的一面旗帜，他的作品富有朝气、充满力量，不仅旋律性极强，更难得的是歌曲内容侧重于对现实的关注，对文化、人文、社会环境乃至政治都高度敏感。黄家驹的作品思想深刻，带领无数年轻人进入了真正的音乐殿堂，指引他们踏上音乐之路，鼓舞他们重新起航。其代表作品为《光辉岁月》《大地》《海阔天空》《真的爱你》、Amani 等。

香港著名音乐人雷颂德，集作曲、作词、编曲及监制于一身，为许多歌手创造过乐坛奇迹，在香港流行音乐史上有着不可磨灭的地位。雷颂德擅长多种曲式，其中最令人印象深刻的当属其曾经掀起的电子舞曲热潮，如为歌手陈慧琳、黎明等人创作的脍炙人口的电子舞曲作品《失忆周末》《越夜越有机》等。其代表作为《情深说话未曾讲》《风花雪》《强》。

陈光荣作为香港音乐的中坚力量，曾为电影《古惑仔》系列、《风云》《无间道》《头文字D》等著名影视作品配乐。早期郑伊健的很多歌曲都出自陈光荣的手笔，如《风云》《一生爱一个》等，其代表作为《挥着翅膀的女孩》《听风的歌》《友情岁月》。

由于篇幅所限，无法将我国香港地区的优秀音乐人一一详细介绍，暂以列表形式总结如下，供大家参考：

香港地区词曲作者列表

序号	姓名	专长	代表作
1	周聪	作词、作曲	《一枝竹仔》《祝寿歌》
2	姚敏	作曲	《春风吻上了我的脸》《情人的眼泪》《小小羊儿要回家》
3	顾嘉辉	作曲	《啼笑因缘》《上海滩》《万水千山总是情》
4	许冠杰	作词、作曲	《鬼马双星》《半斤八两》《天才与白痴》
5	卢国沾	作词	《大地恩情》《小李飞刀》《万里长城永不倒》
6	郑国江	作词	《风继续吹》《等》《真的汉子》
7	黎彼得	作词	《梨涡浅笑》《印象》《宫心计》
8	黄霑	作词、作曲	《上海滩》《沧海一声笑》《男儿当自强》《倩女幽魂》《我的中国心》
9	林振强	作词	《千千阙歌》《依然》《每天爱你多一些》
10	林敏骢	作词	《雾之恋》《爱在深秋》《无心睡眠》
11	林夕	作词	《红豆》《富士山下》《少女的祈祷》《北京欢迎你》《因为爱所以爱》《至少还有你》
12	黄家驹	作词、作曲	《光辉岁月》《大地》《海阔天空》《真的爱你》、Amani
13	周耀辉	作词	《爱在瘟疫蔓延时》《维纳斯》《色盲》
14	潘源良	作词	《谁明浪子心》《怎么舍得你》《明日世界终结时》
15	周礼茂	作词	《边缘回望》
16	刘卓辉	作词	《情人》《大地》《逝去日子》《灰色轨迹》《长城》
17	黄贯中	作词、作曲	《大地》《逝去日子》《愿我能》《原谅我今天》
18	雷颂德	作词、作曲	《情深说话未曾讲》《风花雪》《强》
19	陈少琪	作词	《号码》《画心》《随它吧》
20	黄伟文	作词	《好结果》《欢乐今宵》《喜帖街》《最佳损友》
21	小美	作词	《真的爱你》《夕阳醉了》《一起走过的日子》《有谁共鸣》
22	金培达	作曲	《特务迷城》《夏么么茶》《星愿》

（续）

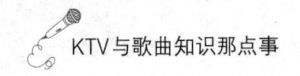

序号	姓名	专长	代表作
23	陈辉阳	作曲	*Shall We Talk*、《K歌之王》《少女的祈祷》
24	伍乐城	作曲	《合久必婚》《下一站天后》《薰衣草》
25	卢冠廷	作曲	《凭着爱》《快乐老实人》《一生所爱》《岁月神偷》《少林足球》
26	向雪怀	作词	《难得有情人》《哪有一天不想你》《朋友》《月半小夜曲》
27	黎小田	作曲	《问我》《大地恩情》《人在旅途洒泪时》
28	泽日生	作曲	《富士山下》《钟无艳》《尘埃落定》《披星戴月》
29	Eric Kwok（郭伟亮）	作曲	《幸福摩天轮》《喜帖街》
30	柳重言	作曲	《红豆》《单车》《天下无双》《失恋王》
31	邓紫棋	作词、作曲	《泡沫》《倒数》《回忆的沙漏》

三、中国台湾词曲作家及其经典作品

1. 中国台湾词作家

"词坛泰斗"庄奴与乔羽、黄霑并称华语"词坛三杰"，在70至90年代华语乐坛的影响力可谓一时无两。当年，有华人的地方就有邓丽君的歌声，而没有庄奴就没有邓丽君，因为邓丽君演唱过的经典歌曲，约80%都出自庄奴的手笔。

"行云流水五十年，吟风弄月歌三千"，这是庄奴的诗作，亦是他一生的写照。50余年，庄奴笔耕不辍，作品超过3000首，很多经典歌曲至今仍在传唱，如《小城故事》《垄上行》《甜蜜蜜》《又见炊烟》等等。

作为华语乐坛的教父级人物，李宗盛的创作能力无疑是公认的泰山北斗，他的歌词直接纯粹，少有生僻字，也没有华丽的词藻，看似平淡无奇的字眼，却能直击心灵，有一种化腐朽为神奇的魔力，让人听来感同身受。都说"年少不懂李宗盛,听懂已是曲中人"，虽然每个人的感情经历都不一样，但总能在他的作品中找到答案和共鸣。其代表作为:《我是一只小小鸟》《当爱已成往事》《爱的代价》《山丘》等。

梁弘志是台湾乐坛以叙述情感见长的一位音乐大师,他与著名作曲人叶佳修齐名。梁弘志的《恰似你的温柔》捧红了蔡琴,并把台湾民谣运动推向了高潮。叶佳修的名字听起来可能会有些陌生,但说起他的作品《外婆的澎湖湾》《乡间的小路》《踏着夕阳归去》,恐怕整个华人世界无人不晓,而且人人信手拈来。

周杰伦的"御用"词人、中国风词作家方文山创作了许多经典歌曲,在歌词创作上呈现出时尚轻盈与古典婉约两大特色。方文山十分擅长以小见大,从景色着手扩散至人与情,灵性十足,且颇具画面感,又能将传统文化与流行元素相融合,故而独树一帜,成为与创作歌手周杰伦默契十足的黄金搭档。其代表作为:《青花瓷》《七里香》《发如雪》《东风破》《威廉古堡》等。

2. 中国台湾曲作家

了解台湾国语歌坛的音乐人,提到左宏元,都会恭敬地称一声"左老师"。无论是论资历、讲辈分,还是细说作品与销售量,年近90高龄的左宏元都当之无愧。自1956年从政战学校音乐科毕业后,左宏元已完成了近2000首歌曲的创作,如《今天不回家》《风从哪里来》《千年等一回》《彩云飞》等畅销歌曲。他还独具一双慧眼,发掘了当年仅14岁的"歌坛天后"邓丽君。如果说邓丽君是美酒,那么左宏元就是咖啡,二人碰到一起,便成了美酒加咖啡,一杯复一杯。短短数年间,二人合作了许多经典歌曲,至今仍广为传唱,如《美酒加咖啡》《你怎么说》《千言万语》等。

被誉为乐坛"幕后金手指"及"60年代群星会时期音乐教父"的著名曲作家翁清溪,笔名汤尼,是台湾音乐史上的重量级人物。从60年代起,只要被翁清溪相中的歌手,在他的量身打造之下,没有一个不爆红的。翁清溪与著名词作家庄奴并称为"一代歌后"邓丽君的"御用"音乐人,为其创作了大量备受歌迷喜爱的歌曲。其代表作品为:《小城故事》《月亮代表我的心》《几时再见》《追梦》《人约黄昏后》等。

在华语歌坛上,罗大佑与李宗盛被并称为"音乐教父",但李宗盛却

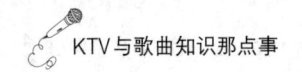

谦逊地表示："罗大佑在我心里是一个英雄式的人物，是一个时代的标志，他的音乐创造才能是无与伦比的，他创造了台湾音乐的一个历史阶段，他才是真正的台湾音乐界重量级人物"。早在70年代，罗大佑还是医学院学生的时候，就开始进行音乐创作，恰逢台湾新文化运动如火如荼之际，他的歌曲作品《之乎者也》《将进酒》《亚细亚的孤儿》为文化运动的蔓延增添了熊熊巨焰。

随后罗大佑弃医从乐，专业从事音乐创作。当时台湾正好处于"解冻期"，罗大佑顺势成为台湾最大的一面旗帜，数十年来，他以音乐为武器，单枪匹马与台湾恶劣的社会环境做斗争，又被称为"台湾的堂吉诃德"。罗大佑对流行音乐创作做出的贡献是划时代的，从他之后，华语流行音乐进入了一个新时代，从原来完全不入流的雕虫小技上升到了一个全新的高度。他的代表作品《东方之珠》《明天会更好》《追梦人》《爱人同志》《光阴的故事》《童年》《恋曲1990》《鹿港小镇》《皇后大道东》更是成为永恒的经典和时代的标志。

"华语R&B教父"陶喆毕业于加利福尼亚大学洛杉矶分校，1993年以音乐制作人的身份出道，1997年转型成为歌手。他熟练把玩各种音乐风格，R&B、摇滚、布鲁斯、流行、爵士等信手拈来，他的作品编曲精致，混音技术过硬，新意层出不穷，不仅率先将R&B曲风引入台湾流行乐坛，还创作了大量广受歌迷欢迎的流行音乐作品，如至今仍然常被点唱的《今天你要嫁给我》《爱，很简单》《普通朋友》《小镇姑娘》《寂寞的季节》、*Melody*等。

谈起台湾的"创作天王""殿堂级男歌手"，非周杰伦莫属，周杰伦是真正意义上将R&B提升到中国流行乐主流高度的音乐人，他的作品打破了中国流行乐坛长年停滞的僵局，其创作思路对流行音乐的发展和拓展意义深远，在中国流行音乐发展史上留下了浓重的一笔。

周杰伦还开创了现代流行音乐"中国风"的先河，对中国文化输出和传播做出了杰出贡献，如《发如雪》《东风破》等歌曲曾被各国歌手翻唱，或在特殊场合表达对中国的友好。周氏中国风歌曲还广泛结合了戏曲和民族元素，加上各种乐器的配合，造就了丰富多样的音乐曲风，表达了古色古香的中国韵味，含蓄优雅，和谐明快。其代表作品为：《双节棍》《以父之名》《菊花台》《青花瓷》《七里香》等等。

由于篇幅所限，无法将我国台湾地区的优秀音乐人一一详细介绍，暂以列表形式总结如下，供大家参考：

台湾地区词曲作者列表

序号	姓名	专长	代表作
1	左宏元	作曲	《今天不回家》《风从哪里来》《千年等一回》《彩云飞》
2	庄奴	作词	《小城故事》《垄上行》《甜蜜蜜》《又见炊烟》
3	翁清溪	作曲	《小城故事》《月亮代表我的心》《几时再见》《追梦》《人约黄昏后》
4	罗大佑	作词、作曲	《东方之珠》《明天会更好》《追梦人》《爱人同志》《光阴的故事》《童年》《恋曲1990》《鹿港小镇》《皇后大道东》
5	李宗盛	作词、作曲	《我是一只小小鸟》《当爱已成往事》《爱的代价》《山丘》
6	梁弘志	作词	《恰似你的温柔》
7	叶佳修	作词	《外婆的澎湖湾》《乡间的小路》《踏着夕阳归去》
8	小虫（陈焕昌）	作词、作曲	《我是不是你最疼爱的人》《爱江山更爱美人》《心太软》《我可以抱你吗》
9	许常德	作词	《如果云知道》《爱我的人和我爱的人》《城里的月光》
10	季忠平	作曲	《如果云知道》《解脱》《悬崖》《爱一个人好难》
11	陈志远	作曲	《再回首》《梅花三弄》《爱上一个不回家的人》《天天想你》
12	涂惠源	作曲	《听海》《剪爱》《往事随风》《飞鸟与鱼》
13	林秋离	作词	《听海》《剪爱》《哭砂》
14	熊美玲	作曲	《心甘情愿》《哭砂》《谢谢你的爱》
15	陈大力	作词、作曲	《大海》《潇洒走一回》《回家》
16	陈秀男	作曲	《大海》《潇洒走一回》《不是每个恋曲都有美好回忆》
17	陈乐融	作词	《再回首》《感恩的心》《为了爱梦一生》
18	王文清	作词、作曲	《一场游戏一场梦》《忘了你忘了我》《惦记这一些》《故事的角色》《一生何求》

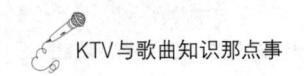

序号	姓名	专长	代表作
19	童安格	作词、作曲	《其实你不懂我的心》《明天你是否依然爱我》《把根留住》《忘不了》《耶利亚女郎》《爱与哀愁》
20	陈晓霞	作词	《约定》《看得最远的地方》《下一个天亮》《可不可以不勇敢》
21	姚若龙	作曲	《最浪漫的事》《遗失的美好》《会呼吸的痛》《情书》《离歌》《解脱》《约定》《分手快乐》
22	翁孝良	作曲	《天天想你》《想念我》《我的未来不是梦》《奉献》
23	张宇	作曲	《用心良苦》《雨一直下》《月亮惹的祸》《一言难尽》
24	十一郎	作词	《用心良苦》《雨一直下》《月亮惹的祸》《一言难尽》
25	鲍比达	作曲	《偶然》《过去就过去》《记忆路线》《新不了情》
26	林利南	作词	《千纸鹤》《999朵玫瑰》《相约到永久》
27	周传雄（小刚）	作曲	《我的心太乱》《黄昏》《蓝色土耳其》
28	郭子	作曲	《原来你什么都不要》《祝福》《别在伤口撒盐》《忠孝东路走九遍》
29	邬裕康	作词	《忠孝东路走九遍》《稻草人》《我要快乐》《流星雨》
30	李安修	作词	《忘情水》《天意》《真永远》
31	陈信荣	作词	《黄昏》《我难过》《花香》
32	陶喆	作曲	《今天你要嫁给我》《爱，很简单》《普通朋友》*Melody*《小镇姑娘》、*Melody*
33	周杰伦	作曲	《双节棍》《以父之名》《菊花台》《青花瓷》《七里香》
34	方文山	作词	《青花瓷》《七里香》《发如雪》《东风破》《威廉古堡》
35	陈信宏（阿信）	作词、作曲	《燕尾蝶》《洋葱》《拥抱》
36	吴青峰	作词、作曲	《小情歌》《我好想你》《十年一刻》

可见，歌曲的幕后创作工作十分繁重、辛苦，不仅要求创作者有一定的音乐和文学素养，还需要热爱生活、体验生活、观察生活，不断扩大视野，增加知识储备，善于学习各种音乐语言，通过学习鉴赏各地区、各民

族的音乐文化、传统乐曲和国内外的古典及现代优秀音乐作品，吸收养分，为己所用，具备坚持不懈、吃苦耐劳的敬业精神，勤学苦练，方能有朝一日创作出经典佳作，得到受众的认可和喜爱。否则，作品空洞，毫无内涵，不是无人问津，就是昙花一现，随即被湮灭在茫茫歌曲库中。

　　我们的歌曲库中，不乏大腕音乐人创作的卡拉 OK 经典金曲，这些歌曲虽历经时间的洗礼，却历久弥新，经常出现在常唱歌曲排行榜的前列。想必通过本章的学习，大家在点唱这些经典金曲时，一定会想到在它背后默默耕耘的创作者们。

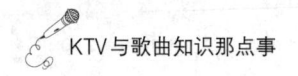

第十八章
歌曲创作有版权　依法缴费理当然

每首卡拉 OK 歌曲都是词曲作者和歌手创作的成果，背后不仅有音乐人的辛勤付出，也有制作单位和出品公司的一份功劳，所以卡拉 OK 歌曲的版权由上述个人和单位共同拥有。

尽管《中华人民共和国著作权法》（下称《著作权法》）1990 年就开始颁布实施，但 2007 年以前，KTV 行业的歌曲版权管理却很宽松，KTV 没有建立起缴费意识，也没有权利人到 KTV 去维权和收费，KTV 一直在享受着免费的晚餐。

2007 年后，卡拉 OK 歌曲的版权问题引起了社会各界的重视，国家开始着手规范 KTV 行业的版权缴费工作，KTV 经营者的版权缴费意识逐渐苏醒，经过 10 多年的努力，虽然阻力重重，但也取得了一定的成效。

其实，KTV 所缴纳的版权歌曲费属于正常的成本支出，如果 KTV 没有正确的认识，必然会面临法律风险。

通过对音乐文化及相关知识的学习，想必 KTV 的投资经营者可以体会创作音乐作品并非易事，要发展中国的音乐文化事业，就需要大家共同努力，坐享其成、非法侵占权利人的劳动成果是不光彩的行为，更是违法行为。

第一节　法律对著作权的保护

尽管卡拉 OK 歌曲是供给大众使用的，但也要依法缴纳版权使用费，如果不清楚卡拉 OK 歌曲的权利归属，拒不缴费，就会触犯法律，面临严惩。

一、歌曲版权的组成

1. 词曲权利

任何一首歌曲都离不开词曲，词曲是歌曲的基本元素，也构成了歌曲的根权利。在词曲的基础上，衍生出了很多其他的音乐形式，卡拉 OK 歌曲最初也只具有这两种元素，后来才发展为四种元素的组合。

（1）词曲作者的情况

词和曲可以分别有多位创作者，也可以只有一名创作者，也有词曲作者分别来自不同国家、不同地区的情况，所以，词曲的权利分类看似简单，实际上却很复杂。

（2）词曲权利的归属

歌曲的词与曲既是艺术创作成果，也是一种商品。如果词曲权利没有出售或转让，那么该权利天然属于创作者所有。如果已出售，那么权利也随之发生转移；如果发生多次交易，该权利也会发生多次转移，所以，词曲权利的归属问题比较复杂，也给后期的确权工作带来了很大困难。

（3）词曲的使用权

如果某机构或个人要制作一首歌曲的卡拉 OK 版本，应向歌曲的词曲权利人支付相应的费用，如果未经权利人同意，私自使用词曲，则属于违法行为。

2. 画面权利

卡拉 OK 歌曲具备视频画面元素后，随即产生了画面权的归属问题。不同的画面种类对应不同的权利归属人。

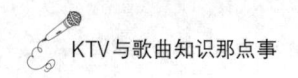

（1）MTV 版本

MTV 版本的拍摄手法和制作流程与电影类似，其版权属于投资方。当前 MTV 版本的卡拉 OK 歌曲估值很高，故此类歌曲将成为收费的主要对象。

（2）演唱会版本

演唱会版本的画面源于演唱会举行过程中的现场录像，与 MTV 版画面有质的区别，经济成本和人力成本均低于后者，以"谁是画面的制作者，谁就是版权的所有者"的原则来看，演唱会版本画面的版权属于演唱会的举办方。如果拍摄者没有经过举办方的同意，则无权拍摄，更无权将非法拍摄的画面制作成卡拉 OK 歌曲进行牟利。

（3）影视画面版本

如果卡拉 OK 歌曲画面由歌曲出处的影视作品画面剪辑而成，那么画面的版权方为该影视剧的投资方；如果卡拉 OK 歌曲使用的是其他影视素材，那么还应获得素材权利方的授权，否则就是非法使用，属于盗版画面。

（4）风景人物版本

风景人物版本可分为几类，如果该歌曲的原始画面就是风景人物，那么版权属于歌曲的制作方；如果是其他组织或个人自行制作的画面，则要看其使用的视频画面是否得到授权，否则，也属于盗版画面。

3. 复制权

KTV 若要将卡拉 OK 歌曲收纳进自家的歌曲库中，为经营所用，就涉及了复制权的问题。

4. 演唱者与歌曲版权的关系

很多人都认为，歌曲的演唱者就是歌曲版权的所有者，其实并不尽然。很多演唱者只是词曲的表演者，而词曲的版权甚至演唱者本人的表演权都另有权利拥有方。就好比某些软件的版权归开发公司所有，而不归开发者个人所有一样，歌手与唱片公司签约后，就成了公司员工，其作品所有权归公司所有。

二、音乐版权的性质

音乐版权又称音乐著作权，是指音乐作品的创作者对其创作的作品依法享有的权利，主要包括：音乐作品的表演权、复制权、广播权、网络传输权等财产权利和署名权、保护作品完整权等精神权利。

版权是为了保护创作者的权利而设立的，主要涉及的权益涵盖人身权和财产权。著作人身权包括署名权、发表权、保护作品完整权和修改权。著作财产权则包括复制权、发行权、出租权、展览权、表演权、放映权、广播权、信息网络传播权、摄制权、改编权、翻译权、汇编权和应当由著作权人享有的其他权利。

卡拉OK歌曲属于音乐作品，也有著作权。要使用卡拉OK歌曲，就要依法向权利人缴纳费用，获得许可后再进行使用。

三、与歌曲版权相关的法律法规

1. 著作权法

在我国的《著作权法》中，版权通常被叫作著作权，著作权涵盖人身权和财产权，著作权可以转让，但人身权利一般不允许转让或放弃。国家于1990年9月7日颁布的《中华人民共和国著作权法》，在2010年2月26日修订后，执行至今。

2. 卡拉OK歌曲所涉及的著作权

（1）词曲版权和录音版权

一首歌曲经过词曲作者的创作后产生了第一层权利——词曲版权，随后经唱片公司录音制作后成为音制品，录音制作者享有制作者权。不过音制品的制作者权及唱片公司的其他相关权益均属从词曲作者著作权上延伸出的子权利。著作权可以转让，比如，一首歌曲卖给了某个公司，这首歌曲著作权的财产权就转给了这个公司，原词曲创作者只享有署名权和约定分成。

（2）表演权

表演权是指著作权人自己或者授权他人公开表演作品，以及用各种手

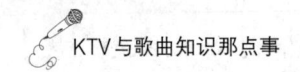

段公开播送作品的权利。特点在于必须以公开的方式进行，面向不特定的多数人。表演的形式可分为两种：第一，现场表演，指演出者运用演技，向观众表现作品的行为；第二，机械表演，指作品的表演以物质载体的形式，如唱片、影片或激光唱片、激光视盘等被制成录音录像作品发行后，该复制件的购买人对其进行商业性使用的行为。

KTV向消费者提供的卡拉OK歌曲应取得歌曲权利人的授权，否则就侵犯了其表演权。

（3）放映权（广播权/公播权）

由于卡拉OK歌曲为视频文件，需要在显示设备上进行播放，这就涉及了歌曲的放映权，又称为广播权，台湾地区称为公播权。对歌曲放映权的侵害属于民事责任范畴。

（4）词曲的改编权

很多普通歌曲并没有被权利人或单位制作成卡拉OK版本，制作机构应在获得权利人授权后再行制作，否则就属于侵犯改编权的行为。已出版的歌曲如果要进行画面和字幕改动，也应先取得歌曲权利人的授权。对词曲改编权的侵害属于民事责任范畴。

（5）歌曲的复制权

没有取得歌曲复制权前，不得随意进行复制，否则将触犯法律，情节严重者还将面临刑事处罚。

第二节　对违法使用版权歌曲行为的处罚

一、歌曲版权的收费方

1. 版权收费的集体管理组织

（1）中国音乐著作权协会

中国音乐著作权协会简称"音著协"，是中国最早针对音乐版权实施管理的集体管理组织。最初凡是与音乐有关的版权事宜，都由其代替权利人进行管理，目前主要负责对词曲权利的管理。如各营业场所使用的背景音乐，互联网上传播的歌曲等词曲应用情况。

（2）中国音像著作权集体管理协会

2007年成立的中国音像著作权集体管理协会，简称"音集协"，专门接受权利人关于卡拉OK歌曲授权事宜的委托，专项管理卡拉OK歌曲的使用与收费事务。同时，"音著协"也委托"音集协"向KTV收取词曲权利费用，这样可以避免两个集体管理组织重复履行同一职责，可视为协会之间的相互委托。

（3）集体管理组织的职责

无论是"音著协"还是"音集协"，都是著作权的集体管理组织，其职责是号召权利人加入协会，帮助权利人行使权利，因为很多使用者找不到权利人，权利人也无法一一对接使用者，所以需要集体管理组织发挥作用。没有加入著作权集体管理组织的权利人，则无法通过组织来行使权利。

2. 个体权利人

根据歌曲版权属于私权利的原则，任何歌曲的版权所有人都可以自行维权。有些权利人没有加入集体管理组织，也可以用个人名义进行维权，按照《著作权法》的规定，上述行为合理合法。

二、对拒不缴纳歌曲版权使用费行为的处罚

1. 行政罚款

中国各地都有管理KTV企业的行政机构，在国家层面由文旅部（原文化部）或国家版权局负责，地方机构为"文广新局"，对拒不缴纳歌曲版权使用费的单位和个人可处以教育、罚款、没收设备等行政处罚。

2. 民事赔偿和刑事处罚

如果KTV因侵权行为被权利人或权利人代表起诉至法院，则属于民事诉讼范畴，法院的判决结果一般为：要求KTV对权利人停止侵权、进行赔偿，

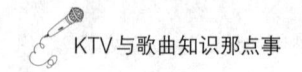

赔偿金额将远远大于行政罚款的数额。

当原告非权利人个人，而是国家公安机关和检察院时，判罚的结果轻则罚款，情节严重的，KTV 的经营者还要坐牢，在法院最终判决之前，违法者要在拘留所中度过羁押期。

三、法院的判罚依据

如果 KTV 拒不缴纳版权歌曲使用费，随时会收到权利人方发出的律师函或法院发出的传票。根据《著作权法》第四十九条规定："侵犯著作权或者与著作权有关的权利的，侵权人应当按照权利人的实际损失给予赔偿；实际损失难以计算的，可以按照侵权人的违法所得给予赔偿。赔偿数额还应当包括权利人为制止侵权行为所支付的合理开支。权利人的实际损失或侵权人的违法所得不能确定的，由人民法院根据侵权行为的情节，判以 50 万元以下的赔偿。" 2012 年 3 月 31 日，国家版权局在官网公布了《著作权法》修改草案，并征求公众意见。侵犯著作权的赔偿标准从原来的 50 万元上限提高到 100 万元，并明确了著作权集体管理组织的功能。也许很多朋友不太理解权利人的实际损失如何界定，下面我们来解释一下：

1. 收益法

侵权人的违法所得是指 KTV 在经营期间，非法使用卡拉 OK 歌曲获得的经济利益。这是非常难计算的，因为有的消费者到 KTV 根本没有点唱歌曲，那么 KTV 就没有非法使用歌曲获利，譬如很多商务 KTV 就有这种情况；即使消费者在 KTV 里点唱歌曲，也未必一定会点唱权利人的作品；消费者点唱了权利人的歌曲，但无法计算点唱次数，所以，无论是 KTV 还是权利人，都无法得出一个准确的数据。在双方都无法提供具体数据的情况下，法院无法按照该法条对 KTV 进行判罚。

2. 损失法

所谓损失法，是指依照 KTV 非法使用权利人的作品，对其造成的损失来进行判罚的方法。但权利人无法计算每一家 KTV 令其造成的损失，也无法拿出 KTV 令自己蒙受损失的具体证据，如果计算少了，权利人自己吃亏；如果计算多了，法院也未必采信。所以，这笔账也不好算。

3. 自由裁量权

在无法使用收益法和损失法对 KTV 的侵权行为进行判罚时，法官可以使用法律赋予的自由裁量权，依法对侵权者做出 100 万元以下的惩罚。这个额度比较宽泛，从 1 元到 100 万元之间都有可能。具体判罚原则应依从各省高院的相关司法解释和规定，当前，各省的判罚标准也不一致，有的省每首侵权歌曲可判罚 1000 元，有的不足 1000 元。根据各省的判罚标准，可以计算出 KTV 的赔偿金额，若按照每首歌曲 1000 元来计算，1000 首侵权歌曲应赔偿权利人 100 万元。但众多权利人不会集结在一起，共同诉讼，一般都是分批分期进行的，对 KTV 而言是小刀子割肉。从多年来 KTV 遭遇的维权诉讼状况来看，要么是没人告，只要是告了，KTV 胜诉的可能性就很小。

四、当前的缴费困境

1. 卡拉 OK 歌曲库的反担保责任

卡拉 OK 歌曲库是 KTV 的经营之本，如果库中的卡拉 OK 歌曲不合法，那么 KTV 也无法顺利经营，甚至还会官司缠身，陷入无休止的诉讼之中。但是，当前没有任何一个机构能同时拥有歌曲库中 20 万首歌曲的所有版权，即便是集体管理组织"音集协"和"音著协"也鞭长莫及，即便 KTV 按规定向各组织缴费，仍存在遭遇个体权利人诉讼的风险。除非有机构承诺收费后可代替 KTV 承担所有的法律责任，即所谓的反担保条款，否则，KTV 永远无法解决版权问题。

目前，"音集协"拥有的授权歌曲数量最多，所以，KTV 向"音集协"缴费是最佳选择，起码可以合法使用大部分歌曲，如果"音集协"能承担反担保责任，则可解决 KTV 的全部后顾之忧。

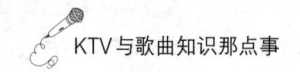

2. 删除歌曲与经营之间的关系

除缴费外，没有其他方式可以规避版权诉讼的风险，除非 KTV 将所有涉及诉讼风险的歌曲全都删掉。如此一来，恐怕要删除一半歌曲，虽然降低了法律风险，但会令经营陷入困境。

3. 不懂得如何应诉

对于 KTV 的经营者来说，谁也不愿意天天吃官司，但若因歌曲版权问题遭遇诉讼，也只能应诉，如果 KTV 的经营者不懂法，则应尽快聘请专业律师。律师就和医院的分科大夫一样，分工明确，专业从事知识产权纠纷的律师不多，即使找到了对口律师，官司的胜算也不大。

由于《著作权法》有保护权利人的明文规定，如果 KTV 确实存在侵权行为，那么想打赢官司几乎是不可能的，只能对赔偿金额进行协商，所以，KTV 的经营者应了解基本的法律常识，以备不时之需。

4. 具备科学的点播数据统计方式

通过对法院判赔方式的了解，我们发现，如果 KTV 能向法院提供歌曲的点唱数据，就可以确认赔偿数额，但是，对数据的统计必须科学有效，才能得到法官的采信。目前，统计点唱数据的软件有很多，但是，均无法得到法官的采信，当前绝大部分 KTV 的知识产权案件都只能由法官采用自由裁量权来进行判罚。

第三节　遵纪守法才能基业长青

KTV 从开张之日起，就要遵守法律，服从法规，诚信经营。版权问题因涉及法律法规，所以，更应给予重视。

一、要尊重权利人

1. 歌曲是 KTV 的经营之本

卡拉 OK 歌曲是 KTV 的经营之本，没有卡拉 OK 歌曲，KTV 就无法营业。KTV 不仅要有一定数量的歌曲库存，还要积极吸纳、添加新歌曲，可见，KTV 每天都在与歌曲版权打交道，如果不解决版权问题，每天都会面临被诉的风险，这也是当前 KTV 行业存在的普遍现象。

2. 每首歌曲都是权利人的劳动成果

KTV 不生产卡拉 OK 歌曲，每首歌曲都源于音乐人的劳动创造，版权费收益就是音乐人劳动价值的体现之一，而 KTV 也是靠这些卡拉 OK 歌曲来维持经营的，所以，尊重音乐人的劳动是原则问题，我们应该像尊重工人、农民等其他劳动者一样，尊重音乐人和艺术家，不窃取他们的劳动果实，按规定缴纳版权使用费。

KTV 的投资经营者应将版权使用费作为经营成本的一部分进行规划，切不可想方设法逃避缴费，更不可强行抵制。无论有没有权利人前来收费，法律都认可权利人的权利和歌曲的价值，只要权利人启动了收费程序，KTV 就要积极响应。

二、要遵守法律

1. 全世界都有知识产权意识

知识产权法并非中国一国所特有，在世界范围内，很多国家都有知识产权意识和相关法律。只有保护知识产权，才能激发创造力，产生更多的发明创造和优秀作品，否则，没有保护就没有动力，创作者也会失去创作激情。

2.KTV 也要增强法律意识

很多 KTV 的投资经营者对歌曲版权相关的法律问题知之甚少，缴费意识薄弱，但 KTV 要依靠卡拉 OK 歌曲进行营利，如果退回到二元素卡拉 OK 时期，或许就不用缴纳诸多费用，但也无法吸引客人前来消费，所以，KTV 的投资经营者要面对现实，了解基本的缴费常识，增强法律意识。

国家对音乐知识产权的重视程度越来越高，除了依照《中华人民共和国著作权法》的规定对违法行为进行处罚外，每年还开展"剑网行动"，

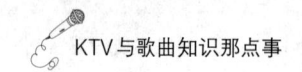

对网络侵权盗版行为进行专项治理，一些独立的音乐版权拥有方也开始以起诉 KTV 的方式进行维权，所以，KTV 如果不尽快找到合法使用版权歌曲的路径，就会给经营埋下巨大隐患。

三、提高警惕，避免上当

当前很多 KTV 都想采用积极的方式来解决版权问题，不想天天因为版权纠纷而烦恼，同时大家也希望歌曲库中的歌曲能够多多益善，版权费用则越低越好。一些骗子抓住了 KTV 的迫切心理，号称自己可以协助解决版权问题。KTV 若不提高警惕，一着不慎，就会落入骗子精心设置的陷阱。

1. 纯粹的欺骗者

（1）根本无法解决版权问题的诈骗者

在当前版权缴费工作混乱的情况下，很多 KTV 都急于解决问题，一些行骗者看准时机，打着可以"全面解决版权问题"的旗号在 KTV 行业中招摇撞骗。要判断对方是否骗子，其实很简单，让其出示 KTV 歌曲库中每首卡拉 OK 歌曲的版权授权证明即可。另外，如果这些人能够全面解决问题，必然具备所有歌曲的版权，比"音集协"等组织拥有的版权还丰富，那"音集协"就毫无存在的意义了。

（2）用其他手段作挡箭牌的欺骗者

近来，还出现了一些号称使用其出售的点歌设备和歌曲库，就能全面解决版权问题的欺骗者，很多 KTV 听闻这种两全其美的好事，欣喜不已，以为自己讨了个大便宜，殊不知，已被骗子的花言巧语所迷惑。试想一下，国家出台的《著作权法》是要保护权利人的，想取得权利人的授权，起码要经过权利人的委托。众多权利人不将代理权委托给"音集协"，反而委托给一个来路不明的企业？难道该企业比"音集协"的实力还雄厚吗？另外，"音集协"每年给权利人分发上亿元的版权费，一个设备商能给权利人多少费用？权利人会将无价之宝白白拱手奉上吗？其实，KTV 只要开动脑筋，稍微思量一番，就能识破这种假把戏，只是当前局面混乱，难免盲听盲信，相信总有一天会真相大白，水落石出。

2. 非法集体管理组织

所谓非法集体管理组织，是相对于合法的集体管理组织而言。非国家批准组建的集体管理组织，只能是一些为特定的个体权利人或权利企业代理行使权利的公司，但是，如此类企业以企业身份集结不同个体权利人或不同唱片公司的歌曲作品权利面向社会进行收费时，就涉及了行使正式集体管理组织的权利，即为非法集体管理组织，其主体资格不被法院所认可，故向其缴费也无法获得歌曲的合法使用权。

2007年以前，KTV缴纳歌曲版权费的意识还是一片空白，也养成了免费使用版权歌曲的"习惯"。如今，随着"依法治国，有法必依"指导思想的推进，一切都要按法律规定办，一切"坏习惯"都得改，相信经过相关机构的普法和2007年进行至今的版权歌曲收费工作，已经令KTV意识到免费使用版权歌曲的时代一去不复返了。

天下没有免费的午餐，既然KTV无法创作卡拉OK歌曲，还必须使用卡拉OK歌曲，那么就应该对创作者付以酬劳，况且对KTV而言，这个数额是完全可以承受的。若拒不缴纳，或将面临诉讼之灾，罚款更加不菲。

我们希望KTV行业是一个各种供需关系良性循环的行业，KTV出售的酒水、小吃需要采购成本，使用的经营场地需要支付租金，那么KTV赖以生存的卡拉OK歌曲也不能免费使用，理应支付版权费用。只有这样，KTV行业才能形成一个合理、合法的运作闭环，和谐、良性地发展。

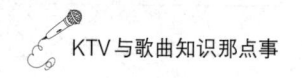

第十九章
音乐文化要承传　责任艰巨别怕难

我们前面介绍了音乐文化和卡拉OK歌曲的相关知识，目的就是希望KTV的投资经营者能给予重视，坚定从业信心，担负起传播、传承音乐文化的重任。

投资KTV就是投资一个传播、传承音乐文化的平台，如果KTV里没有歌曲而只有酒水的话，也不会被称为文化娱乐场所。正因为KTV是一个唱歌的场所，唱歌的过程也是娱乐的过程，而且歌曲又是音乐文化的组成部分，所以KTV才被认定为文化娱乐场所。

消费者到KTV点唱卡拉OK歌曲，除去娱乐成分，其实质为音乐文化的传播和传承。如果想让消费者经常莅临，就需要KTV的投资经营者重视歌曲库，把歌曲库建设好、维护好，这样才能长久地为传播、传承音乐文化贡献力量，为投资赢得回报，所以说，KTV行业是一个对中国音乐文化有极大贡献的行业。

虽然经营KTV能获得一定的利润，但是，如果没有前期的巨大投入，就无法打造这个传播、传承音乐文化的平台，无论KTV获利还是亏损，大众都能在此受到音乐的熏陶，得到精神的享受，都能通过点唱心仪的歌曲来间接传播、传承音乐文化。

KTV在中国发展了近40年，中国文化娱乐协会的数据表明，2018年KTV的总量为5万家左右。这么多的KTV企业，每天、每年都在为音乐文化默默奉献，对中国音乐文化的传播、传承作用不容忽视，我们也衷心希望KTV的平台作用能够继续发扬光大。

第一节　KTV 是传播和传承中国音乐文化的平台

KTV 自进入中国后，就对音乐文化的传播和传承起到了巨大作用，虽然早期其作用还不太明显，但经过几十年的发展，如今的 KTV 已经成为传播、传承音乐文化的重要平台。

一、中国的音乐文化需要得到传播和传承

中国是一个文明古国，音乐作为文明不可或缺的一部分，在数千年文化的滋养下不断发展传承，至今，我们仍能受到音乐文化的感染和熏陶，这都得益于音乐文化跨越时空的传播和传承。

1. 中国的音乐文化发展了上千年

中国音乐文化经过上千年的发展，形成了多种类、多体裁、多风格互相融合、继承发展的特点。中国音乐可大致分为五大类：歌曲、歌舞音乐、说唱音乐、戏曲音乐、器乐，每类音乐又有多种体裁和形式，虽因时代、地域、民族不同而风格迥异，但都具有难以磨灭的中华基因，是中华民族文化宝库中的珍贵财富。

2. 音乐文化需要传播和传承

原始社会的狩猎和祭祀活动中开始出现了最早的中国民歌，揭开了五音汇聚的音乐史页。经过千年的发展演变，中国音乐吐故纳新，借鉴融汇，构成了缤纷华美的中华乐章。但是，在中国音乐文化的发展过程中，由于各种原因，也遗失了不少珍贵的音乐作品。当前科技高速发展，技术手段不断更新，我们有条件也有义务将优秀的音乐作品保存下来，传播开来，传承下去。

二、传播、传承音乐文化有多种平台

在生产力低下、科技创新能力不足的过去，思想文化想要源远流长，代代相传，是颇为困难的。很多物质文化和非物质文化遗产都随着岁月的

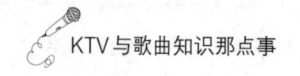

推移，湮灭在了历史的长河中。

在科技高速发展的今天，记录方式多样，有效传播手段众多，传播、传承音乐文化的平台也日益丰富，必然会为保护、传承音乐文化增添助力。

1.传播、传承音乐文化平台的多样性

传播、传承音乐文化不能仅靠师傅带徒弟、口耳相传的原始方式，要与时俱进，全面运用现代科技力量，最广泛地进行深度传播和传承。当前最常见的传播平台有电视、电影、KTV、互联网等，这些平台都对传播、传承音乐文化起到了重要作用，我们要充分发挥上述平台的作用，并且继续打造新型平台。

2.KTV是传播、传承音乐文化的特殊平台

尽管卡拉OK这种形式在20世纪60年代才开始出现，至今也不过60年左右，但是，这种娱乐模式却颇受大众的喜爱，如今KTV已风靡全球。世界各国都有卡拉OK的忠实粉丝，各种KTV场所也遍布各地，尤其在亚洲地区，KTV场所更为密集。

卡拉OK这种娱乐模式自20世纪80年代进入中国后，就一直存留并发展至今，其间，经营模式和规模不断变化，最终形成了当前的KTV模式。如今，KTV已经成为无可替代的点唱卡拉OK歌曲的最佳场所，也成为传播、传承音乐文化的重要平台。

三、KTV对传播、传承音乐文化做出了极大贡献

KTV出现之初，不少人对其抱有偏见，时至今日，一些老年群体对KTV的刻板印象仍未改观，不过，KTV对传播、传承音乐文化事业的贡献是不可抹杀的。

1.KTV场所和包房数量十分可观

中国是全世界KTV场所最多的国家，目前约有KTV 5万家，按每家包房数20间计算，全国共有KTV包房100万间。日本虽为卡拉OK的发源地，

但 KTV 场所的数量连中国的 1/10 都不到，包房数量自然更少，在亚洲的其他国家，KTV 也很普及，但都无法与中国的体量相较。

2.KTV 每年的客流量和歌曲点唱量巨大

我国是一个人口大国，喜爱唱歌的人数也颇为可观，KTV 每年的客流量约等于整个欧洲的人口总量。

（1）客流量

如果按 100 万间 KTV 包房计算，每天每包接待两位客人，全国 KTV 每天共迎客 200 万人，年客流量高达 7.3 亿人次，相当于中国一半的人口数量。

（2）歌曲点唱数量

如果按到 KTV 消费的人群每人点唱 3 首歌曲计算，每年全国的 KTV 消费者共计点唱歌曲近 22 亿首（次），这是一个非常庞大的数字，对音乐文化的传播、传承贡献巨大。

3.KTV 的特殊之处

相比印刷品、电视、电影、互联网等其他平台而言，KTV 是一种特殊的平台，具体表现在以下几个方面：

（1）参与性

在 KTV 里，不分男女老少，人人都可以拿起麦克风，尽情歌唱，展示自己的歌声与魅力，比那些只能收听或观看他人演唱的平台更具自主性和娱乐性。

（2）社交性

KTV 是一个聚会娱乐的场所，亲朋好友们在这里欢聚一堂，既可以联络感情，又可以点唱自己喜爱的卡拉 OK 歌曲，还可以互相观摩学习，提高演唱水平，具有明显的社交属性。

（3）贡献性

KTV 作为营利性场所，对音乐文化产业链的拉动作用不可小觑，既可以帮助音乐人获得收益，增加其创作动力，还可以为国家纳税，创造财富。

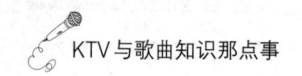

第二节　KTV应具备高品质歌曲库

无论何时，消费者都期望获得高性价比的服务，前往 KTV 消费的人群也一样。要为消费者提供高品质服务，就需要 KTV 的全体人员共同努力。

一、大众是传播、传承音乐文化的主体

毛泽东曾经说过："人民，只有人民，才是创造世界历史的动力。"邓小平指出："群众是我们力量的源泉，群众路线和群众观点是我们的传家宝。"可见，人民群众是历史的创造者，也是文化的创造者和继承者，人民大众是传播、传承音乐文化的主体。

1.KTV 的服务对象是大众

KTV 是一个面向大众的公共服务平台，其服务对象就是社会大众，只有扎根群众沃土，急群众之所急，想群众之所想，满足广大群众的点唱需求，KTV 才能财源广进，事业才能蒸蒸日上，所以，KTV 的经营者和服务人员要尽可能地为客人提供高品质服务。

2.大众对音乐文化的传播、传承作用

大众是音乐文化传播和传承的主体，没有大众，音乐文化就失去了生存的土壤，再无存在的必要和意义。KTV 的投资经营者要时刻牢记，人民群众是文化的传播者，是文明的传承者，要以为人民服务为己任；服务人民就是服务传播、传承音乐文化的伟大事业，就是在为中国音乐事业做贡献。

二、KTV是传播、传承音乐文化的平台

KTV 不仅是一个娱乐场所，还是带有文化属性的娱乐场所，通过长期的观察调研和思考分析，我们还可将其列为传播、传承音乐文化的平台之一。KTV 与其他平台一起，为我国的音乐文化传播、传承事业做出了巨大贡献。

1.人们对 KTV 的负面印象

在很长一段时间内，KTV 都背负着一些负面评价，甚至今天仍有少数

经营者在运营时超越了法律红线，给整个 KTV 行业带来了负面影响。对于害群之马，绝不能姑息，因为他们损害的不仅仅是个人的形象和名誉，还玷污了整个 KTV 行业。

2. KTV 的正面作用已成为主流

绝大多数 KTV 都是遵纪守法的，毕竟前期的投资巨大，开门营业就是为了获利，并不想刻意违法乱纪、违规经营。随着量贩式 KTV 的出现和普及，人们对 KTV 的认识逐渐改善，开始意识到 KTV 的正面作用。况且，个别行为无法代表整体，我们也不可因为个别不法经营者的行为而否定整个行业的正面作用。

3. 要使员工明确服务的重要意义

KTV 的服务人员要明确工作的意义，把自己当成传播、传承音乐文化的使者，把自己的工作当成传播、传承音乐文化过程的重要环节，如此才能给客人带来如沐春风的消费体验。

三、歌曲库是传播、传承音乐文化平台的核心

如果说 KTV 是一个具有先进性的传播、传承音乐文化的广阔平台，那么歌曲库就是这个平台的核心与支撑。没有歌曲库，平台就无法建设和运行；没有优质歌曲库，KTV 这个平台就会缺少滋养和力量支撑，无法长足发展。

1. 歌曲库是大众所需的精神粮仓

KTV 这个音乐平台的核心就是歌曲库，而且是专业的卡拉OK 歌曲库，它如同一个音乐大粮仓，装满了大众需要的精神食粮，只有这个粮仓不断扩充，才能满足大众日益增长的精神需求。

2. 歌曲库的质量关系到大众的使用体验

歌曲库的质量至关重要，大众到 KTV 里点唱歌曲，就如打开粮仓获取粮食。如果歌曲的质量不过关，就如同粮仓中的粮食霉变蛀虫，令人大倒胃口，无法食用。如果大众因此不再来取粮，那么这个粮仓就形同虚设，只能荒废。

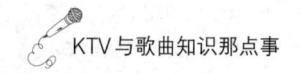

第三节 KTV要努力打造优质的演唱平台

既然KTV是一个传播、传承音乐文化的平台，大众又是传播、传承音乐文化的主体，那么KTV的从业者就应该致力于为大众打造一个优质平台，在中国音乐发展史上留下光辉的一页。

一、放大服务人员的格局

格局是指一个人的眼光、胸襟、胆识等心理要素的内在布局。格局大的人看问题高屋建瓴，目光长远；格局小的人拘泥于眼前得失，斤斤计较。由此说明，格局对个人成长和事业发展起着决定性的作用。

1. 提高服务人员的文化素养

放大服务人员的格局，首先要提高其文化素养。KTV的服务人员不仅要具备基本的服务意识，还要增强文化素质和品德修养，意识到自己肩负着传播、传承音乐文化的重任，力争成为一个有文化、有道德、高情操的音乐使者。虽然KTV服务人员的文化素质偏低，但其服务的对象文化素质可不低，只有缩小这个差距，才能提升服务品质，更好地满足客人的需求。

2. 培养服务人员的音乐素养

放大服务人员的格局，还要提高其音乐素养。KTV的服务人员必须意识到自己从事的是音乐文化工作，必然要增强自身的音乐素养，广泛了解音乐文化知识，努力学习卡拉OK歌曲知识，即使不能成为专家，也不能做门外汉，只有用专业知识武装自己的头脑，才能为客人提供更优质的服务。

二、打造好歌曲库这个平台核心

歌曲库是KTV平台的核心，为了打造好这个平台，VOD商和KTV耗费了不少心血，但就目前的情况来看，"革命尚未成功，同志仍需努力"。

我们要坚定信心，持续发力，灵活应对可能出现的各种问题，为大众呈现一个接近完美的歌曲库，令 KTV 这个传播和传承音乐文化的平台大放异彩。

1. 将歌曲库作为运营之本

歌曲库是 KTV 的运营之本，KTV 全体从业人员必须牢固树立这个意识，不可动摇。如果没有歌曲库，场所就没有顾客，从业者也无从获利；如果没有高品质的歌曲库，场所就无法拓展客源，从业者也得不到满意的收益，长此以往，前景堪忧。

2. 重视歌曲库的质量

歌曲库质量是 KTV 服务质量的直接体现，要想吸引客人，留住客人，维护老客，招徕新客，就必须有一个质量过硬的高品质歌曲库。俗话说"不怕不识货，就怕货比货"，有些 KTV 的经营者人无远虑，目光狭窄，认为自家的歌曲库足足够用，殊不知天外有天，库外有库，一旦与竞争者狭路相逢，漏洞百出的歌曲库立刻无处遁形，只能甘拜下风，惨淡收场。

3. 重视歌曲库建设的每个细节

歌曲库的建设工作是一项持久战，不可一蹴而就，无法一劳永逸，只能靠日复一日的细心打磨，才能打造出一个近乎完美的歌库。KTV 虽然不能直接参与歌曲库的建设工作，但可以献言献计，监督监察每个细节，力求尽善尽美。

三、服务好传播、传承音乐文化的主体

在 KTV 行业中，如果不服务好大众，KTV 就无法营利，音乐文化更无法得到传播和传承。

1. 全方位做好服务大众的基础工作

KTV 在服务大众这个传播、传承音乐文化的主体时，也要注意装修、家具、电子设备的设计与规划，找到适合场所定位的最佳配置，让大众在格调高、空气优、设备新的环境中尽情享受音乐带来的轻松和愉悦，超预期完成传播、传承音乐文化的重任。

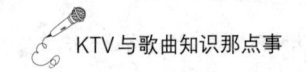

2. 重视服务大众的歌曲库专项工作

歌曲库是 KTV 的经营之本和盈利之基，要想为大众提供更优质的服务，就要不吝惜金钱，也不能心存侥幸，只有充分重视，踏踏实实，始终如一地进行信息反馈系统建设，依法缴纳版权歌曲使用费和各种费用，才能打造出一个造福大众的优质歌曲库，稳固自己的经营之本和盈利之基。

人民群众是中国音乐文化传播、传承的主体，KTV 是音乐文化传播、传承的重要平台，KTV 行业的从业者是传播、传承中国音乐文化的使者，我国音乐文化的发展、传播和传承离不开三者的协同发力。遥望前路，道阻且长，我们身负重任却不能有丝毫懈怠，只能昂首向前，携手共进。

第二十章
歌曲质量是核心　全面重视益无尽

在前面的章节中，我们围绕卡拉 OK 歌曲知识已经谈了许多，但归根结底还是要唤起大家对卡拉 OK 歌曲的重视，因为卡拉 OK 歌曲不仅与 KTV 的经营休戚相关，还关乎整个 KTV 行业的兴衰存亡，于中国音乐文化的传播、传承更是至关重要，所以，我们需要了解卡拉 OK 歌曲的相关知识，也希望诸位对卡拉 OK 歌曲的质量给予重视。

提升歌曲库的质量并非易事，需要投入巨大的人力、物力、财力，当然，前提还是 KTV 的投资经营者对歌曲库的正确认识，只有大家充分意识到歌曲库的质量如果再不提升，将损害整个 KTV 行业，才会积极行动起来，身体力行地推动歌曲库的建设和发展。

细究歌曲库质量下降和无法逆向改造的原因，大约缘于一些 VOD 商本身就不懂歌曲的相关知识，也不懂得判断歌曲优劣的标准，如果听之任之，视而不见，将会对 KTV 场所和整个 KTV 行业的发展带来负面影响。

中国的卡拉 OK 歌曲独具特色，与国际卡拉 OK 歌曲有很大的区别，这种特色也造就了歌曲质量和点唱体验的不同。同理，我国的 KTV 行业也具有中国特色，野蛮生长，不拘一格，但在迅速发展的同时没有兼顾可持续性发展和前瞻性，故未来的道路必然崎岖险阻，还需业界诸位多多尝试和探索。

我们希望每位 KTV 的投资经营者都是懂音乐的行家，都能对歌曲库的优劣点评一二并给出合理的改进意见，这样才能站在一定的高度与 VOD 商并肩联手，将歌曲库打造得更加完美。

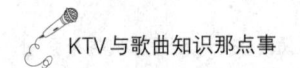

第一节　歌曲库的质量直接决定KTV的效益

想必很多KTV的投资经营者都清楚，建设一个KTV需要如何规划装修、采购设备，如何办理经营手续，如何招聘和培养人才，但是，很多人到现在都没搞清楚，KTV到底是靠什么营利的，厘不清这个问题，就等于一脑袋糨糊，必然会影响KTV的收益。

一、歌曲库是KTV的经营之本

KTV的投资经营者应该时刻牢记：歌曲库是KTV的经营之本、盈利之基、发展之源，只有提高认识，坚定信念，明确方向，企业才能有"钱途"，未来才能有希望。

1. 没有歌曲库就没有KTV

我们一再强调，KTV被称为"文化娱乐场所"的根本原因是KTV拥有歌曲资源，歌曲是音乐文化的重要组成部分，所以，KTV才归文化主管部门管辖。如果没有歌曲库，KTV就失去了"文化"属性，不能再被称为"文化娱乐场所"。

2. 没有歌曲库就没有经营收益

经过几十年的发展，KTV的性质和作用已被大众所熟知。如果说哪家KTV没有卡拉OK歌曲，那将成为国际玩笑，可以说，没有哪个客人是因为KTV的酒水、小吃前来消费的，全都是为了点唱卡拉OK歌曲而来。点唱卡拉OK歌曲肯定离不开歌曲库，所以，没有卡拉OK歌曲库，KTV就没有经营收益。

二、歌曲库的优劣关乎KTV的盈亏

随着市场经济的发展，消费者对产品质量的要求愈发严格，尤其在KTV遍地开花、全国经济整体下行的今天，KTV场所的盈亏完全掌握在尊贵的"上帝"——消费者手中。唯有拥有一套高品质的歌曲库才能得到"上帝"

的认可，场所才能营利，否则只能在残酷的竞争中甘拜下风，以亏损告终。

1. 歌曲库的质量决定了KTV的服务质量

既然消费者都是冲着 KTV 的歌曲库来的，那么 KTV 就要拿出诚意，用优质歌曲库来服务大众。歌曲库的质量代表了 KTV 的服务水平，也决定了 KTV 服务质量的上限，尽管 KTV 并没有直接参与歌曲库的各项建设工作，但是，其对经营所用的歌曲库具有选择权，对后期歌曲库的质量维护环节也有判断优劣的义务。

2. 歌曲库的质量与KTV的经营效益有关

KTV 的收益来源于消费者，想要获得良好的经营效益，就必须为消费者提供高品质的服务。歌曲库的质量决定了 KTV 的服务质量，所以，提升卡拉 OK 歌曲质量，打造一个完美歌库，满足顾客所需，才能获得源源不断的经济收益。可见，歌曲库的质量与经营效益直接相关，且与经营效益成正比，歌曲库的质量是关乎 KTV 生死存亡的头等大事。

三、为消费者提供最好的歌曲库是KTV的责任

虽然很多 KTV 的投资经营者暂时还意识不到歌曲库的重要性，但拥有一套优质歌曲库可以提高核心竞争力，提升经营业绩却是不争的事实。一些具有大格局和新理念的 KTV 投资经营者不仅意识到了歌曲库的重要性，还将为消费者提供最好的歌曲库当成自己的责任并开始为此努力。

1. 转型升级过程中歌曲起到了主导作用

近几年，KTV 开始进行痛苦的转型升级，转型升级的方式尽管有很多，但都离不开卡拉 OK 歌曲这位主角。如果只顾采纳其他互联网功能而忽视了卡拉 OK 歌曲，那无疑是本末倒置，也会令 KTV 失去其基本属性，所以，在转型升级过程中，卡拉 OK 歌曲是贯穿始终的，而且起到了主导性作用。

2. 要保证基础歌曲库的质量

基础歌曲库是指 KTV 开业之初所选择和使用的歌曲库，这套歌曲库对

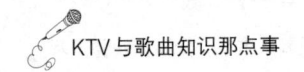

KTV而言至关重要，如果随意选择，将对经营和口碑造成不良影响。如出现问题，应及时纠正，亡羊补牢，犹未晚矣。

3. 要保证所添加的新歌的质量

新歌是KTV运营中不可或缺的新鲜血液，如今的歌坛虽然缺少"爆款"，但新歌却层出不穷。KTV要经常添加新歌，才能满足经营所需，如果一个KTV的歌曲库长期没有更新和变化，就会丧失竞争力，流失顾客，造成经济损失。

但是，KTV必须注重新歌的质量，不可盲目求新，或仅重数量不重质量，否则歌曲再多、再新鲜，也难以获得消费者的认可。

4. 不惜一切代价提升歌曲库的质量

歌曲库的质量等同于KTV的生命，没有什么比生命更可贵，为了提升歌曲库的质量，KTV要不惜一切代价把这项工作作为首要任务。同时，KTV还应意识到，提升歌曲库的质量并非一日之寒，但只要多一份投入，就会多一份回报。

第二节　保障歌曲库的质量是VOD商应尽的义务

单靠KTV的一己之力，是无法保障歌曲库质量的，必须依靠歌曲提供商来实现。当前最常见的歌曲提供商当属VOD商，但是，并非所有的VOD商都能保障歌曲质量，因为这项艰巨的工作不是喊喊口号，也不是请客吃饭，而是需要踏踏实实地劳动和坚持不懈地付出。

一、歌曲库中尚存大量问题

我们在前面的章节中曾经提及，没有完美的歌曲库，只有无限趋近完美的歌曲库。现存的歌曲库虽然良莠不齐，但总有差强人意者，不过，无论在横向比较中多么出色的歌曲库，依然拘于客观原因而存在这样那样的瑕疵，需要进一步完善，这个现象是业内共识，毋庸讳言。

1. 歌曲库多为 VOD 商所提供

目前，绝大多数 KTV 使用的歌曲库都是由其使用点歌设备的研发厂商——VOD 商所提供的，属于赠品性质，但国家工商行政管理总局相关规定，即便为赠品，也要保证质量。由于 VOD 商的专业素养和经营理念不尽相同，故其所提供的歌曲库质量也有所差异。

2. 歌曲库多由 VOD 商所维护

歌曲库的维护工作包括但不限于每日添加歌曲、整改问题歌曲和补充缺失歌曲。这些维护性工作多由 VOD 商承担，当前几乎没有 KTV 可以自行维护。

二、歌曲库的质量问题必须由 VOD 商来解决

一些 VOD 商虽然不是音乐领域的专业人士，但在责任感的驱使下，将提高音乐素养、学习歌曲知识作为歌曲库建设工作的前提和基础，在他们的持续努力下，相信歌曲库定会日臻完美。

1. 歌曲库中的问题必须由 VOD 商来解决

当前歌曲库中依然存在大量的问题歌曲，这些歌曲的瑕疵无论是否为 VOD 商造成的，都应该由其负责整改。因为歌曲库是 VOD 商组建和补充的，其中的问题歌曲影响到了客人的点唱体验，理应由 VOD 商负责修缮。

2. 歌曲库中的问题都可以解决

从原理上讲，歌曲库中的所有问题都可以得到解决，但是，解决这些问题需要付出很大的代价，自从 VOD 商免费为 KTV 提供基础歌曲库开始，就一直是义务劳动，默默付出。若要 VOD 商在短时期内自费解决歌曲库的全部问题，无疑是痴人说梦，即使得到了足够的资金支持，仅靠 VOD 商一己之力，也无法彻底解决问题，但是能解决大部分问题。

三、保障歌曲库质量的办法

歌曲库的质量与 KTV 的经营收益休戚相关，在了解到这一点后，KTV

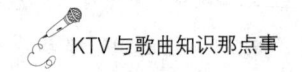

的投资经营者大概会成为最关注歌曲库质量的群体，那么在此我们就介绍一下保障歌曲库质量的办法。

1. 建立歌曲库的评判标准

不同的 VOD 商对歌曲库的认知有着巨大差异，如果一个 VOD 商连判断歌曲库优劣的标准都不了解，就不要再期待其能提供一个高品质歌曲库了。

2. 对每首歌曲都进行分析和画像

建立起评判标准后，有责任心的 VOD 商还会依照标准，将歌曲库中的卡拉 OK 歌曲逐首分析，形成详尽的数据记录，等于为每首卡拉 OK 歌曲都整理出了一个档案，细致描绘歌曲画像，直观反映歌曲质量。

3. 制定完善的工作流程

一个有责任感的 VOD 商一定会重视歌曲库的建设，从基础歌库的构建到每日新歌的添加，再到问题歌曲的整改，绝无漏失；还会为此制定工作规范，完善协调机制，形成操作流程，确保歌曲库建设工作的顺利开展。

四、提升歌曲库质量必须付出成本

天上不会掉馅饼，世上没有白得利，想要提升歌曲库的质量就必须付出一定的成本，该成本又可细分为人力成本、财力成本和版权成本。

1. 必须投入人力成本

我们曾经讲过，VOD 商的制作部起码需要 20 名员工，才能维护好歌曲库。如今，VOD 商家所剩无几，每个品牌都拥有 5000 家以上的 KTV 用户，如果连制作部的规模都无法保证，又何谈维护这么多 KTV 用户的歌曲库呢？当然更无法打造出高品质歌曲库。

2. 必须投入财力成本

就目前的歌曲库而言，要想臻于完美，起码需要 1 亿元的预算，想必任何一家 VOD 商都不愿意如此大手笔地投入，如果每年只投入 1000 万元，则需 10 年才能完成现存歌曲库的整改工作。如果一个 VOD 商既不想投入人力，又不想投入财力，那么这家VOD商出品的歌曲库一定好不到哪里去，恐怕又是烂歌库一套。

3. 必须投入版权成本

歌曲库本应由KTV自行组建，但因其能力不足，条件不具备，只能委托VOD商进行组建，但VOD商是销售点歌系统软件、硬件的企业，歌曲库并不属于其经营对象，所以，若VOD商承担了这项重任，将面临法律风险。为避免纠纷，很多VOD商每年都会向"音集协"依法缴纳歌曲复制费和其他费用，因为侵害复制权行为情节严重的，属于刑事案件，当事人会遭遇牢狱之灾。从表面上看，VOD商缴纳复制费是在防范经营风险，实际上是在为KTV挡雷，KTV作为受益者，理应承担部分成本。

第三节　保障歌曲库质量绝不可敷衍了事

很多KTV都对歌曲库的质量满不在乎，认为天下歌库都一样，随便来一套就能开张营利，这种不负责任的"想当然"思想必会遭到现实铁拳的重击，只怕到时已经损失惨重，悔之晚矣。

一、歌曲是KTV的第一经营要素

成功的KTV经营者有很多，若探寻其成功之道，恐怕100位经营者会有100种说法，但是万变不离其宗，归根结底都离不开一个根本点，那就是卡拉OK歌曲。

1.KTV的日常工作十分繁杂

KTV不仅具有娱乐属性，还具有文化属性，更承担着传播、传承音乐文化的重任，任重而道远。不仅如此，KTV还是一个服务型企业，每天笑迎八方来客，需要从业者具备极强的服务意识和强大的抗压能力，因为和客人打交道是最难的，所以，KTV的日常工作除了维持正常运营外，还要维护、协调与客户的关系，千头万绪，十分繁杂。

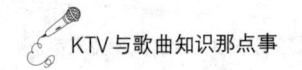

2. 歌曲库建设是所有工作的重中之重

无论 KTV 日常工作多么繁杂，都必须找到工作重点，抓住主要矛盾，瞄准盈利源头。歌曲库建设是 KTV 所有工作的重中之重，如果没有歌曲库，KTV 就无法经营；如果歌曲库的质量不好，客人自然不会买账，KTV 就失去了经济收益，其他工作也会变得毫无意义。

二、重视对歌曲库质量的评估

拥有一套高品质的歌曲库并不是终点，KTV 不仅要知其然，还要知其所以然。KTV 要获取一套优质歌曲库，还要了解判定歌曲库优劣的标准，否则人云亦云，偏听偏信，极易被心术不正之人所利用，上当受骗。

1. 必须将歌曲库质量的评估工作放在第一位

任何 KTV 都必须将歌曲库质量的评估工作放在首位，为客人把好质量关，毕竟投资 KTV 不是供投资者自己娱乐的，而是为了服务大众、获取利润，如果放松了对歌曲库质量的评估，就等于漠视客人的感受，拿自己的投资打水漂玩，最终一定会在经营上栽个大跟头。

2. 必须对歌曲库质量的评估有深入认识

KTV 的投资经营者不仅要具备远见卓识，还要注重对音乐文化和时尚潮流的吸纳，只有增广见闻，提高对歌曲库质量的鉴别能力，才能真正将音乐文化与商业运作紧密结合。

3. 必须采用行之有效的评估方法

即使一些 KTV 的投资经营者对音乐文化知之甚少，也要力求看懂歌曲库的质量数据总结表，发现各类数据的不同点，再对照歌曲库的实际情况进行评估，采取行之有效的评估方法，才能为经营提供保障。

三、评估歌曲库不可马虎潦草

歌曲库的评估工作是一项严肃的任务，并非儿戏，不可马马虎虎，浮皮潦草，有的 KTV 投资经营者不愿踏踏实实学习相关知识，认认真真进行卡拉 OK 歌曲的质量评估，最终只能自食苦果。

1. 歌曲库之间的差别如同霄壤

我们坚决反对以品牌论成败，对歌曲库的质量采取"一刀切"的评估法，即使有些 KTV 的投资经营者认同这种方法，但在行业中沉浸多年的 VOD 商绝不认可。卡拉 OK 歌曲的评价标准是客观的、科学的、实事求是的，真金不怕火炼，用数据和事实说话，孰优孰劣，高下立判，不容任何人忽略和混淆。

2. 评估歌曲库要具备火眼金睛

如果对歌曲库及相关知识一无所知，仅靠经验或简单抽查几首歌曲就算完成评估，是绝对行不通的，还会贻笑大方。在关系到 KTV 生死存亡的大事上，一定不能怠慢，要以专业角度来考察 VOD 企业和歌曲库，否则就是门外汉经营 KTV，无论多么努力，最终一定败北。

3. 评估歌曲库要全面客观

当前 VOD 商在销售点歌系统时，都会附带提供一套基础歌曲库，所以，在考察 VOD 软件、硬件产品时，还需要仔细考察歌曲库，不可偏废，这样才能全面、客观地做出评价和选择。

考察歌曲库时要注意按照卡拉 OK 歌曲四元素的标准进行全面审核，切不可随机点选两首歌曲就算完成任务，万事大吉，这是极不负责任的做法，应该杜绝。

4. 评估歌曲库应具备发展性眼光

歌曲库是在不断发展改进的，必须具备发展性眼光和思维，而不是一叶障目，只看眼前就妄下定论。应着眼未来，考察歌曲库的持续发展动力和空间，确保自己选择的既是优质基础歌曲库，又是可逐步优化的高品质歌曲库，只看当下，不看前路，必然无法保障歌曲库的远期质量和未来的发展。

可见，卡拉 OK 歌曲的质量是 KTV 经营的命脉所在，一个场所想要营利，

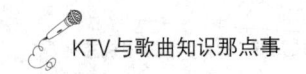

想要增强核心竞争力，就必须拥有一套质量过硬、可持续优化的高品质歌曲库。高品质歌曲库不仅能给场所带来利润，还可满足消费者所需，促进音乐文化事业的发展，可谓一举多得，多方受益。

在众多质量不一的产品中千淘万漉，吹沙见金也并非易事，必须具备火眼金睛，才能识别真假，这就要求广大的KTV投资经营者们认真学习相关的行业知识，力争成为专家，经过不懈攀登，才能到达事业巅峰。

后 记

经过三年的酝酿和编写，终于要将此书奉献给 KTV 行业了，至此，我们已经为 KTV 行业奉献了三本拙著《投资 KTV 那点事》《KTV 与互联网那点事》《KTV 与歌曲知识那点事》，文笔不精，略表绵力，但是，"三部曲"的完结并不意味着结束。也许某天，我们又会携经验和智慧的结晶，再次与诸位相逢，期盼这一天早点到来。

中国音乐文化博大精深，我们的所知所言不过是沧海一粟，对问题的分析和理解也比较片面浅薄，希望这部抛砖引玉之作能引发大家对音乐文化的兴趣和探究，为行业带来更好的作品。

纵观"三部曲"，本书对于 KTV 的从业者来说尤为实用，因为卡拉 OK 歌曲是 KTV 的经营之本，KTV 的投资经营者可以奉行自己的投资理念；也可以对互联网漠不关心，却无法脱离卡拉 OK 歌曲去经营 KTV。可以说，本书才是对 KTV 经营核心的深度剖析。

本书中所涉及的"独门秘籍"属于商业机密，本不该公之于众，但是，我们对这个行业爱得太深沉，期望太厚重，实在不能眼睁睁看着它衰落沉沦，所以，才愿意将核心竞争机密与大家共享。

其实，我们专注于歌曲库的优化提升并不是为了获利，而是希望在传播、传承音乐文化的过程中贡献出自己的一份力量，我们完全可以把多年来的获利全部分掉，但我们没有这么做，而是将利润全部投入到打造优质歌曲库的工作之中。如果不这么做，恐怕整个 KTV 行业都无人去做，KTV 所使用的歌曲库依然破烂不堪，毫无改观。幸好由于我们一马当先，为人之所不为，才能带动部分同行，使大家逐渐意识到音乐文化的重要性，共同着手改善当前歌曲库的现状。只要人人都能增强意识，舍得投入，歌曲库的

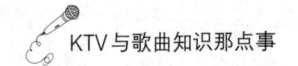

质量就会越来越好，KTV的整体服务质量也会随之提升，还将间接带动整个KTV行业的健康、有序发展。

通过近20年的努力，我们可以自豪地说，自己在KTV行业的磨砺中对音乐文化产生的理解是最深刻的，见解是最独到的。因为到目前为止，业内还没有人能把中国音乐文化讲明白，也没有人能把卡拉OK歌曲知识说清楚，我们可谓是业内对卡拉OK歌曲进行剖析的先驱。

也许，光懂得中国音乐文化和歌曲理论知识还不够，还需要真正将理论吃透，再落实到行动上，这项浩繁的大工程耗时、耗力、耗财，但只要有决心和勇气，讲究方式和方法，就一定能取得成功。我们也看到，一些KTV场所和某些同行曾有意开展这项工作，但结果都是虎头蛇尾，半途而废，因为做好这件事太难了，单靠一家单打独斗无法完成。尤其是KTV，绝不会将大把利润投放到歌曲库改造项目上。但是，我们也希望每家KTV每年都能拿出一个员工的薪资预算来进行投入，助力专业之人做专业之事。KTV的投资经营者也只有找对行家，共同分担成本，才能共同完成这项惠及KTV行业的大工程。

虽然本书中的很多观点已不新鲜，都是老生常谈，但我们依然期望通过这种"絮叨"的方式唤起KTV行业从业者的注意，望大家拿出刷手机的时间来学习一下卡拉OK歌曲的基本概念，了解一下卡拉OK歌曲画面、字幕、伴奏、原唱这四大组成元素，掌握评判卡拉OK歌曲优劣的标准。尤其是KTV的投资经营者，只有掌握了这些知识，方能对自家的歌曲库进行评估，思考一下其究竟能否令消费者满意。

既然KTV是一个传播、传承音乐文化的平台，那么KTV的投资经营者就应该有所担当，通过培训服务人员，令其掌握歌曲知识，明确自身作为文化传播使者的神圣职责，开拓格局视野，更好地为消费者服务，为传播、传承音乐文化做出贡献。

总之，我们希望KTV行业更加繁荣美好，我们也愿意继续拿出诚意，交付真心，勤勤恳恳工作，兢兢业业耕耘，朝夕不倦，为传播、传承音乐

文化事业而奋斗终生，同时，也希望得到KTV投资经营者的大力支持。在此，本书编委会的所有成员向帮助审读拙作并提出宝贵意见的专家和老师表示感谢，也向认可本书的原则理念，并据此开展工作的所有KTV行业的从业者、朋友们致以崇高的敬意和衷心的感谢。

《KTV与歌曲知识那点事》编委会

2019年5月1日